A história e os dias:
a historicidade do cotidiano e
o protagonismo dos indivíduos

inter
saberes

A história e os dias:
a historicidade do cotidiano e o protagonismo dos indivíduos

Antonio Fontoura

intersaberes

Rua Clara Vendramin, 58 . Mossunguê . CEP 81200-170 . Curitiba . PR . Brasil
Fone: (41) 2106-4170 . www.intersaberes.com . editora@intersaberes.com

Conselho editorial
Dr. Alexandre Coutinho Pagliarini
Dr.ª Elena Godoy
Dr. Neri dos Santos
Dr. Ulf Gregor Baranow

Editora-chefe
Lindsay Azambuja

Gerente editorial
Ariadne Nunes Wenger

Assistente editorial
Daniela Viroli Pereira Pinto

Preparação de originais
Thayana de Souza Araújo Dantas
Mycaelle A. Sales

Edição de texto
Arte e Texto

Capa
Débora Gipiela (*design*)
donatas1205, Everett Collection, fizkes, stockfour e connel/Shutterstock (imagens)

Projeto gráfico
Bruno de Oliveira

Diagramação
Carolina Perazzoli

Equipe de design
Débora Gipiela

Iconografia
Maria Elisa Sonda
Regina Claudia Cruz Prestes

Dados Internacionais de Catalogação na Publicação (CIP)
(Câmara Brasileira do Livro, SP, Brasil)

Fontoura, Antonio
  A história e os dias: a historicidade do cotidiano e o protagonismo dos indivíduos/Antonio Fontoura. Curitiba: InterSaberes, 2020.

  Bibliografia.
  ISBN 978-65-5517-728-2

  1. Cotidiano 2. Historiografia 3. Indivíduo e sociedade I. Título.

20-39395   CDD-907.2

Índices para catálogo sistemático:
1. Historiografia   907.2

Cibele Maria Dias – Bibliotecária – CRB-8/9427

1ª edição, 2020.
Foi feito o depósito legal.
Informamos que é de inteira responsabilidade do autor a emissão de conceitos.
Nenhuma parte desta publicação poderá ser reproduzida por qualquer meio ou forma sem a prévia autorização da Editora InterSaberes.
A violação dos direitos autorais é crime estabelecido na Lei n. 9.610/1998 e punido pelo art. 184 do Código Penal.

Sumário

9 *Apresentação*
13 *Como aproveitar ao máximo este livro*

Capítulo 1
Em busca do cotidiano

(1.1)
22 Cotidiano e passado

(1.2)
39 Como trabalhar a história do cotidiano?

Capítulo 2
Cotidiano, indivíduo e história

(2.1)
66 A contraposição à "grande história"

(2.2)
70 Uma história antiquária

(2.3)
76 Indivíduos e sociedade

(2.4)
80 A história vista de baixo

(2.5)
87 Micro-história e cotidiano

Capítulo 3
105 **Temporalidades cotidianas**

(3.1)
108 Historiadores como viajantes do tempo

(3.2)
113 As muitas velocidades do tempo cotidiano

(3.3)
121 Vergonha e mudança histórica

(3.4)
134 O ato sexual cotidiano

Capítulo 4
163 **A vida privada**

(4.1)
166 Cotidiano e vida privada

(4.2)
175 A vida privada no Brasil

(4.3)
186 Cotidianidade e papéis sociais

Capítulo 5
209 **A vida pública**

(5.1)
213 Cidades e paisagens urbanas

(5.2)
229 Cotidiano, trabalho e lazer

Capítulo 6
253 **Cotidiano e necessidades. Necessidades?**

(6.1)
258 Nascer

(6.2)
263 Crescer

(6.3)
272 Comer

(6.4)
280 Envelhecer

(6.5)
283 Morrer

301 *Considerações finais*
305 *Referências*
323 *Bibliografia comentada*
327 *Respostas*
329 *Sobre o autor*

Apresentação

Este livro tem como objetivo apresentar um conjunto de discussões preliminares que envolvem a história do cotidiano. Trata-se de um texto introdutório às diferentes abordagens teóricas, bem como um panorama sobre alguns dos distintos e principais temas abordados pela historiografia.

Mas o que é *história do cotidiano*? Você não irá encontrar aqui uma resposta a essa questão que não se inicie com um cauteloso e tateante "Bem, depende". Pois depende de qual corrente teórica seja considerada, quais historiadores tenhamos em mente, quais temas estejamos pesquisando. Se, a partir da segunda metade do século XX, os estudos históricos começaram a valorizar o passado das pessoas ditas *comuns*, não há, certamente, qualquer homogeneidade de princípios, métodos e abordagens das várias correntes de pensamento que possa ter constituído uma unificada história do cotidiano. Isso é bom, porque evita qualquer monopólio intelectual sobre essa historiografia, além de enriquecer com variadas perspectivas a análise dos modos de ser e de viver de outros tempos. Contudo, também é mau, pois a expressão se torna um inadequado guarda-chuva conceitual para trabalhos que podem ser, além de contraditórios entre si, equivocados sob um ponto de vista teórico e metodológico. O anacronismo ainda passeia livre nesse campo historiográfico e é mesmo um de seus apelos.

Seria trabalho fútil, sisífico, escrever um livro que abordasse todos os temas ligados à cotidianidade. Imaginar a imensidão de papel necessária para detalharmos a rotina de uma única pessoa (no campo da ficção, James Joyce tentou fazer isso em seu *Ulisses*) nos fornece a perspectiva do impossível trabalho que seria manejar todos os cotidianos, de todos os tempos – mesmo de maneira genérica. Assim, uma obra como essa é, ao mesmo tempo, preenchida por suas lacunas, além de fruto de escolhas que são mais ou menos arbitrárias.

Há lacunas que são mais graves do que outras. Certamente, mais discussões sobre a contemporaneidade seriam bem-vindas, como sobre a influência das mídias de massa ou a importância dos hábitos de consumo em nosso dia a dia. Outros temas, especialmente os presentes no Capítulo 6, poderiam ser aprofundados, pois possuem uma bibliografia e uma riqueza de abordagens que ali mal puderam ser arranhadas. Uma obra como esta, porém, tem determinados objetivos que acabariam sendo prejudicados se fosse extensivamente longa, ainda que mais completa. Assim, e repetindo todo autor medíocre que se percebe de repente incapaz de dar conta dos temas que pretendeu abordar, lanço a responsabilidade às leitoras e aos leitores: torço para que o texto os incentive a se aprofundar em temas que, aqui, não puderam ser trabalhados, senão muito superficialmente.

A estrutura do livro é arbitrária, mas não muito. Preferi dar atenção às discussões conceituais ligadas à história do cotidiano porque, francamente, parece-me ser o aspecto ainda mais deficiente dentro dessa abordagem historiográfica. Assim, o Capítulo 1 se inicia com uma discussão sobre o termo protagonista da obra – *cotidiano* – e de que forma podemos abandonar seus usos corriqueiros em busca da construção de um conceito. Já o Capítulo 2 procura aprofundar as discussões apresentando as formas pelas quais a cotidianidade foi, ao longo do tempo, trabalhada pela historiografia, estabelecendo paralelos entre os princípios teóricos de diferentes correntes históricas e suas particulares visões sobre o cotidiano.

O longo Capítulo 3 se centra em temas ligados ao anacronismo, problema fundamental de muitas histórias do cotidiano que estão ainda à disposição de leitores e leitoras. Procura não apenas apontar os problemas de parte dos estudos históricos sobre o cotidiano, mas discutir exemplos de diferentes pesquisas que trabalham a cotidianidade em suas específicas temporalidades.

O Capítulo 4 trata da vida privada, provavelmente o aspecto do cotidiano mais abundante de bibliografia, por conta da influência da escola de Annales. O Capítulo 5, por sua vez, estabelece um contraponto, discutindo a vida pública e como há muita cotidianidade nos afazeres diários que realizamos na presença, na companhia, com o apoio ou apesar de outras pessoas.

O Capítulo 6 procura discutir aspectos cotidianos da corporalidade, como o nascer, o crescer, o comer, o envelhecer, o morrer (outros tópicos poderiam ser abordados, como o sorrir, o dormir, o adoecer etc.). Seu objetivo é demonstrar que, mesmo naquelas experiências que são universais ao cotidiano dos seres humanos, elementos históricos e culturais fundamentam seus momentos, usos, significados e práticas.

Um último conselho antes de se iniciar, efetivamente, a obra: não ignore as atividades presentes no final dos capítulos. Não foram pensadas para simples fixação de conteúdo, e sim como aprofundamento de questões discutidas no capítulo, ou mesmo para abordar temas importantes que não puderam, por alguma razão, serem tratados no texto principal. Como deveria ocorrer em todo livro que se pretende didático, neste também as questões são conteúdo.

Espero que a leitura seja agradável.

Abraços,
Antonio.

Como aproveitar ao máximo este livro

Empregamos nesta obra recursos que visam enriquecer seu aprendizado, facilitar a compreensão dos conteúdos e tornar a leitura mais dinâmica. Conheça a seguir cada uma dessas ferramentas e saiba como elas estão distribuídas no decorrer deste livro para bem aproveitá-las.

Introdução do capítulo

Logo na abertura do capítulo, informamos os temas de estudo e os objetivos de aprendizagem que serão nele abrangidos, fazendo considerações preliminares sobre as temáticas em foco.

Síntese

Ao final de cada capítulo, relacionamos as principais informações nele abordadas a fim de que você avalie as conclusões a que chegou, confirmando-as ou redefinindo-as.

Atividades de autoavaliação

Apresentamos estas questões objetivas para que você verifique o grau de assimilação dos conceitos examinados, motivando-se a progredir em seus estudos.

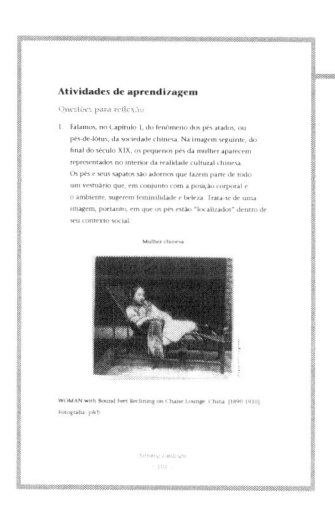

Atividades de aprendizagem

Aqui apresentamos questões que aproximam conhecimentos teóricos e práticos a fim de que você analise criticamente determinado assunto.

Bibliografia comentada

Nesta seção, comentamos algumas obras de referência para o estudo dos temas examinados ao longo do livro.

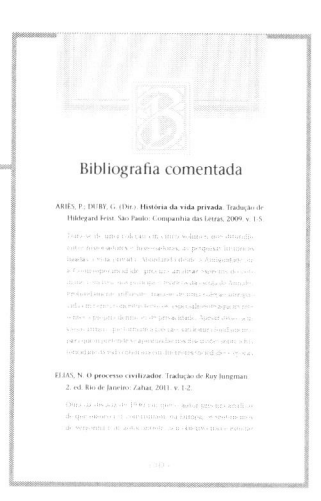

Capítulo 1
Em busca do cotidiano

Talvez você não conheça os Tikopias. Trata-se de um povo que habita uma ilha de mesmo nome, localizada na Melanésia e que faz parte das Ilhas Salomão. O antropólogo neozelandês Raymond Firth (1901-2002) viveu com os Tikopias entre 1928 e 1929, e é dessa época o relato a seguir sobre as atividades diárias que ocupavam aquelas pessoas. Dizem os editores que nunca é de bom tom iniciar um capítulo com uma citação longa, mas o trecho é importante.

A aldeia desperta cedo. Num dia normal, as pessoas afastam os lençóis de tecido de casca de árvore logo depois do alvorecer, empurram para o lado as portas de palha com um ruído e se perdem no ar frio da manhã. Acorrem para a praia ou para a margem do lago a fim de atender aos apelos da natureza e se banhar, fazendo seu asseio à vista de todos, ainda que a alguma distância uns dos outros. [...] Logo depois, os membros aptos da família se dispersam rumo a suas atividades. Estas variam de acordo com a estação e os caprichos de cada um; a escolha pessoal é permitida desde que seja obtido o alimento. [...]

Quando o sol declina no zênite, o local começa a animar-se. Chegam pessoas isoladamente ou em pequenos grupos, quase todas carregando alguma contribuição para a próxima refeição. A preparação e o consumo desse alimento é o ponto principal das atividades diárias, o foco das energias de cada membro da comunidade. [...] Num ambiente civilizado, o indivíduo tende a considerar a refeição como um intervalo na verdadeira ocupação da vida: um agradável relaxamento social [...]. Numa sociedade primitiva, pode ser, como em Tikopia, a principal atividade diária em si mesma. O trabalho da primeira parte do dia conduz a ela e, depois que ela se encerra, vem a hora da recreação. [...]

Na tarde fria, quando o sol começa a se pôr [...] grupos de homens, depois de completado seu trabalho diário, estão sentados na areia, proseando,

fumando e mascando bétele[1]*. [...] As redes estão dependuradas para secar, uma mulher está sentada ao fundo trançando uma bela esteira de pândano*[2]*. [...]*
À medida que se aproxima a noite, o lado social da vida da aldeia se torna mais evidente. Aos poucos, mais e mais pessoas se afastam lentamente de suas casas em direção ao lugar na praia onde a multidão está reunida, a conversa se generaliza, iniciam-se os jogos entre os rapazes, luta-livre, fetaki (uma espécie de esgrima com bastões), praticam o arremesso do dardo tika, ou jogam para o alto e apanham em seus puçás de cabos longos [...]. (Firth, 1998, p. 138-142)

Fica claro o esforço do antropólogo em sintetizar o que seria um dia típico na sociedade dos Tikopias. Firth (1998) nos transmite algumas ideias do que denominaríamos *vida privada* dos Tikopias, como aspectos da higiene deles, além de claramente diferenciar os momentos de trabalho daqueles de descanso ou diversão. Essa diferenciação teria sido imposta pela forma do antropólogo ver aquela sociedade (pois é um aspecto comum da realidade de ocidentais) ou seria algo próprio da realidade dos Tikopias? De toda forma, e como todo bom texto antropológico, Firth procurou estabelecer uma tradução da realidade da vida dos Tikopias para o público ocidental, salientando

---

1   *Erva agradável à mastigação.*
2   *Árvore semelhante à palmeira, mas não da mesma família. Possui folhas longas e finas, como espadas.*

diferenças – como os costumes ligados à alimentação[3] – e destacando similaridades. Analisando-se essa descrição, seria justo afirmar que sabemos um pouco mais sobre o **cotidiano** dos Tikopias? Não se apresse na resposta e não se deixe iludir pela aparente obviedade.

Apesar de suas especificidades, a história compartilha com a antropologia o constante temor de impor as próprias concepções de mundo a outras sociedades, sob o pretexto de melhor entendê-las. O que devemos discutir aqui é se esse não é o caso de uma história do cotidiano. Se, por um lado, existem diversos e valiosos textos sobre a história do cotidiano das sociedades da Antiguidade, há, por outro, uma linha historiográfica que defende que a própria noção de cotidiano, e mesmo a ideia de existir um cotidiano, seriam invenções historicamente recentes. Desse modo, seria inadequado falar em *cotidianos* para a Antiguidade ou a Idade Média, por exemplo. Para essa linha de raciocínio, o cotidiano seria uma espécie de subproduto do desenvolvimento do capitalismo, portanto inexistente em sociedades pré-modernas.

Assim, este capítulo procurará discutir a ideia de cotidiano, para que se possa definir, exatamente, as possibilidades e os limites de sua história para diferentes sociedades e épocas. Então, o que é esse tal cotidiano que pretendemos historicizar?

---

[3] *A diferenciação entre povos "civilizados" e "selvagens" que Firth estabelece em seu texto era comum entre os estudos antropológicos das primeiras décadas do século XX. Não tome esses termos, que hoje sabemos equivocados e infelizes, como uma concepção de superioridade: Firth, assim como outro grande antropólogo de quem foi aluno, Bronislaw Malinowski (1884-1942), pretendia compreender a realidade de outros povos com base em suas próprias características, e não estabelecer uma comprovação da suposta superioridade ocidental.*

(1.1)
COTIDIANO E PASSADO

No livro VII de sua coleção *História natural*, Plínio, o Velho (23-79 d.C.), procurou discutir certos aspectos do conhecimento de sua época e cultura – que hoje conhecemos como *Roma Antiga* – sobre o corpo humano. Nele tratou de diferentes questões biológicas e comportamentais, inclusive dedicando um capítulo à questão das mortes súbitas, para ele "a maior felicidade da vida" (curiosa opinião, adequada à forma como Plínio encarava a vida). A descrição de como ocorreram algumas dessas mortes, como detalhadas por Plínio, interessa-nos aqui.

> *Emílio Lépido, quando saía de casa, bateu com o dedão do pé na porta do quarto. Aufústio estava seguindo para o Senado, quando tropeçou no comício[4] e expirou. [...] Bebio Tânfilo expirou enquanto perguntava a um escravo que horas eram; Aulo Pompei morreu logo após saudar os deuses no Capitólio; e Juvento Talna, o cônsul, enquanto celebrava um sacrifício. [...] O juiz Bebio, enquanto dava uma ordem para uma ampliação de fiança; Terento Córax, enquanto fazia registros em seus tabletes no Fórum [...]. Júlio, o médico, enquanto aplicava, com sua sonda, uma pomada no olho de um paciente. Aulo Mânlio Torquato, cônsul, morreu no ato de alcançar um bolo no jantar; Tusco Vala, o médico, enquanto tomava um gole de muslum[5]; Apio Saufeio, enquanto retornava do banho, depois de beber um pouco de vinho e água, e comia um ovo; Quincio Escápula, enquanto jantava com Aquílio Galo; Décimo Saufeio, o escriba, enquanto fazia o desjejum em sua casa. Morreram no ato sexual Cornélio Galo e Tito Hetério [...].* (Pliny, the Elder, 1855, tradução nossa)

---

4   Comitium: *local do fórum de Roma onde era realizada a "comitia curiata", com julgamento de determinados tipos de crimes.*

5   *Vinho com mel, uma das mais apreciadas bebidas dos romanos.*

Sair para o Senado, aplicar uma pomada, comer um bolo, determinar fiança, perguntar as horas, beber vinho, ir ao banho, comer um ovo, praticar o ato sexual: ao discutir a fragilidade da vida e enfatizar o caráter aleatório das mortes súbitas que poderiam ocorrer em qualquer momento, Plínio nos legou um documento interessante com instantâneos bastante peculiares da vida dos romanos. Não aparecem aqui as conquistas de César, a construção de aquedutos, as guerras contra Cartago, mas quase seu oposto: minúsculos flagrantes dos romanos em situações de seu dia a dia. Ações corriqueiras, talvez mesmo banais, incomuns de serem apresentadas em livros de história (especialmente os escolares).

O adjetivo *cotidianos* parece qualificar perfeitamente esses atos. Não apenas por serem rotineiros, ordinários, corriqueiros, mas também porque talvez reconheçamos, nas ações daquelas pessoas falecidas há cerca de dois milênios, determinados comportamentos que, com algumas adaptações, preenchem nosso próprio dia a dia, em nossa própria época. Toda nossa solidariedade vai para Emílio Lépido, pois sabemos o quanto dói bater com o dedão do pé na porta do quarto. Assim, lendo as muito breves descrições de Plínio, parece possível dizer que conhecemos um pouco mais sobre o cotidiano dos antigos romanos. E parece ser mesmo possível, e talvez tentador, construir uma história desse cotidiano.

Há, porém, que se tomar cuidado com este termo – *cotidiano*. Para historiadores e historiadoras, ele carrega perigos. Invoco aqui duas frases já muito citadas em tantas obras de história: a primeira é a do romancista britânico L. P. Hartley (1895-1972): "o passado é um país estrangeiro. Eles fazem as coisas diferentes lá" (citado por Arnold, 2000, p. 6, tradução nossa); a segunda é do também romancista, mas estadunidense, Douglas Adams (1952-2001): "O passado é agora realmente como um país estrangeiro. Eles fazem exatamente as mesmas coisas lá" (Adams, 1996, p. 116, tradução nossa). Essas frases, frequentemente contrapostas, revelam um problema metodológico fundamental aos estudos históricos: deve haver por parte de historiadoras e historiadores um determinado distanciamento em relação ao passado, porque se trata de uma realidade sociocultural diferente da nossa, e ainda mais diferente quanto mais retornarmos no tempo. Igualmente, deve haver determinadas identidades e pontos de contato entre nós e esse passado: são esses pontos que nos permitirão tornar inteligíveis essas diferentes realidades, permitindo a escrita de um texto histórico. Historiadores não são antropólogos do passado, contudo, também é tarefa deles traduzir a realidade de outros tempos para os leitores do presente, semelhante ao que fez Firth em relação aos Tikopias.

Quando pretendemos discutir o cotidiano das pessoas de outras épocas e lugares, os limites entre o estranhamento e o familiar podem facilmente se dissolver. E este é, realmente, um perigo: quando analisamos, por exemplo, alguns dos ricos mosaicos existentes na vila romana de Casale, datada do século IV a.C., diferenças e semelhanças com nossa própria realidade podem nos confundir. É difícil não interpretarmos, à primeira vista, a representação romana como sendo a de duas mulheres usando biquínis e jogando bola. Há semelhanças: de fato, ao que tudo indica participam de uma atividade esportiva que se utiliza de uma bola colorida. Há diferenças: o que nos parecem biquínis são, na verdade, duas específicas peças de roupa. A parte superior, *strophium*, usualmente feita de linho; a inferior, um subligar comum em várias sociedades antigas, feito de tecido grosso ou couro, utilizado em atividades esportivas por atletas ou escravos.

Figura 1.1 – Mosaico da Vila de Casale

K. Roy Zerloch/Shutterstock

O que nos leva a um segundo perigo em relação à ideia de "cotidiano". Se tomarmos esse termo ingenuamente, ignorando a especificidade dos comportamentos das sociedades do passado, não escreveremos nada mais do que uma enciclopédia de curiosidades. Nós vamos ao cinema, os romanos iam a anfiteatros; nós temos penteados variados, os antigos egípcios preferiam perucas; comemos com garfo e faca, os europeus até o período moderno comiam apenas com as mãos. Não há nada errado, em si, com essas afirmações. No entanto, trabalhando de forma simplista com a história do cotidiano, corremos o sério risco de transmitir uma ideia de universalismo, quase de biologicismo, nas análises sociais. Pois, produzindo uma história do cotidiano dessa forma, acabamos sugerindo que as pessoas são iguais em todas as épocas e sociedades, mudando apenas detalhes superficiais e cosméticos: dorme-se diferente, banha-se diferente, veste-se diferente.

Como dizem os estadunidenses: *first things first*. Então, não há dúvida de que o cotidiano existe, pelo menos para a nossa realidade. Devemos, porém, buscar compreender se esse termo pode ser construído como um conceito aplicável a sociedades diferentes, sem corrermos o risco de anacronismos ou etnocentrismos.

1.1.1 Uma ideia supostamente recente

O filósofo francês Henri Lefebvre (1901-1991), autor da citação a seguir, é um dos mais referenciados pensadores sobre a importância do cotidiano nas sociedades contemporâneas.

> *A vida cotidiana está profundamente associada a todas as atividades e as engloba com todas as suas diferenças e conflitos; é seu ponto de encontro, sua ligação, seu terreno comum. E é na vida cotidiana que a soma total das relações que tornam o humano – e cada ser humano – completo toma sua aparência e sua forma. Nela são expressas e satisfeitas as relações que colocam em jogo a totalidade do real, embora de certa maneira seja sempre parcial e incompleta: amizade, camaradagem, amor, necessidade de se comunicar, brincar etc.* (Lefebvre, 1991, p. 97, tradução nossa)

Aqui, ele defende a validade do cotidiano na qualidade de parte significativa da experiência humana, contrapondo-se a uma secular tendência dos estudos filosóficos de associar o cotidiano ao inferior, ao insignificante, ao mítico e ao desinteressante. As atividades de nosso dia a dia, tão comumente rotuladas como *banais*, deveriam receber, afirmava Lefebvre, especial atenção, pois representariam a trama em que efetivamente as pessoas viveriam, estabeleceriam suas relações pessoais e sociais, construiriam suas experiências. Estaria no cotidiano – durante muito tempo desprezado também pelos estudos históricos – o significado da própria existência, da "totalidade do real".

Não apenas na filosofia, como é o caso de Lefebvre, mas também na sociologia – que, nas ciências humanas, inaugurou os estudos sobre o tema –, parece ser bastante difícil definir precisamente a ideia de cotidiano, de tal forma que seja possível utilizá-lo como um conceito. O sociólogo alemão Norbert Elias (1897-1990) questionou assim a suposta universalidade do cotidiano:

> *Refere-se [o conceito de cotidiano] aos camponeses vietnamitas, aos nômades Massai do Quênia, aos bárbaros e armados cavaleiros do início da Idade Média, aos mandarins chineses e às classes superiores atenienses e romanas, que não trabalhavam como os membros das sociedades industriais contemporâneas, ou é simplesmente um tema especulativo, alçado ao universal pela paroquial perspectiva do presente?* (Elias, 1978, p. 29, tradução nossa)

Os estudos históricos, é bom que se diga, não resolveram esse problema, mesmo existindo há algumas décadas uma historiografia que se autodenomina, ou pode ser classificada como, *história do cotidiano*. Nela, usualmente, não fica explícito o conceito de cotidiano ou de vida cotidiana com que trabalha. Pode-se, por vezes, reivindicar ligação com determinada linha teórica – o marxismo de Henri Lefebvre e Agnes Heller, as sucintas fundamentações da **nova história**, especialmente Jacques Le Goff e Fernand Braudel, os princípios gerais da *Alltagsgeschichte*[6] –, mas, ainda assim, o conceito tende a ser deixado na penumbra. Pode haver genéricas referências ao comer, ao dormir, ao andar, ao morar, como exemplos da definição de cotidiano, que não se estende demasiado além do sentido comum dado ao termo, mas que, ao mesmo tempo, apresenta-se como passível de historicização. Diferentes autores, mesmo declarando os mesmos princípios

---

6   Essas perspectivas serão vistas com mais detalhes adiante.

teóricos, podem apresentar definições conflitantes, evidenciando o caráter multifacetado e polissêmico do termo.

Essa dificuldade conceitual é especialmente preocupante se consideramos hipóteses que afirmam que o cotidiano seria construção historicamente recente, como fez a historiadora Mary del Priore (1952-). Segundo ela, em trecho tão frequentemente citado, seria possível "falar de 'invenção do cotidiano' em torno do século XVIII" (Priore, 1997a). Quais os fundamentos dessa afirmação? Podem ser destacadas, aqui, duas linhas teóricas que argumentam sobre esse suposto surgimento historicamente recente do cotidiano.

A primeira linha, de orientação marxista, parte dos filósofos Henri Lefebvre e Agnes Heller. Lefebvre procurou, em sua obra *Crítica da vida cotidiana* (1947), argumentar sobre a importância do cotidiano na qualidade de tema filosófico. Para Lefebvre, a filosofia ocidental teria, especialmente desde o Iluminismo, relegado o cotidiano a um aspecto inferior da realidade e, por isso, filosoficamente desprezível, pois nada mais seria do que reles preocupações de pessoas comuns. A ênfase da modernidade na degradação filosófica do cotidiano não seria um processo autônomo, afirmou Lefebvre, mas estaria intimamente ligada ao desenvolvimento do capitalismo. Sendo a realidade capitalista firmemente fundada no mundo produtivo, que passou a ser considerado o mais valioso e importante, construiu-se um determinado aspecto da realidade, a vida cotidiana, que, fora dessa esfera de produção, passava a ser considerada de menor valor.

O raciocínio do autor pode ser exemplificado: enquanto nas sociedades modernas, nas quais vivemos, o trabalho e a vida diária (ou a vida fora da esfera da produção) seriam duas instâncias bem separadas, nas sociedades pré-modernas a vida rotineira e o trabalho estariam intimamente entrelaçados e não haveria distinção entre ambos. Portanto, não existiria para as sociedades pré-capitalistas um momento de "trabalho" distinto de outro de "lazer", por exemplo, ou um momento de trabalho separado de outros aspectos da vida rotineira – diferenciações comuns à nossa realidade. Recuperar a validade do conceito de cotidiano seria assim, para Lefebvre, um instrumento intelectual usado para revalorizar as potencialidades da sociedade, permitindo uma reintegração completa entre vida e trabalho.

Ideias semelhantes, e especialmente influentes nos estudos históricos brasileiros sobre o cotidiano, foram apresentadas pela filósofa húngara e também marxista Agnes Heller (1929-2019) em seu livro *O cotidiano e a história* (1992). Há muitos pontos de contato entre os argumentos de Heller e os de Lefebvre.

Segundo Heller (1992), não seria possível compreender o cotidiano como se fosse algo deslocado de outras esferas da realidade. Na verdade, apenas compreendendo as relações socioeconômicas em que o próprio dia a dia se insere é possível compreender os significados da cotidianidade. Assim como acreditava Lefebvre, seria consequência do próprio desenvolvimento econômico capitalista a percepção da existência de um determinado aspecto da vida rotineiro e monótono (o cotidiano) existindo de maneira independente de outro – que passou a ser considerado mais importante – ligado aos setores produtivos. Apenas algumas atividades específicas do cotidiano consideradas superiores, como as artes ou a ciência, seriam valorizadas, mas somente por estarem relacionadas às elites.

Para Heller (1992), seria possível identificar determinada historicidade na construção desse sentido de cotidiano. Afirmou a filósofa que existiriam períodos históricos em que "o ser e a essência não se apresentam separados e as formas de atividade da cotidianidade não aparecem como formas alienadas" (Heller, 1992, p. 38). Ou seja, as atividades produtivas e as do dia a dia não estariam separadas. Tal fator teria ocorrido, por exemplo, no Renascimento, quando teria sido produzida uma ética vinculada aos problemas da percepção cotidiana e uma arte que não se subordinava à religião.

Porém, Heller identifica que, a partir do século XVII, a "brutalidade da acumulação primitiva" (Heller, 1978, p. 152, tradução nossa) teria gradualmente rompido o vínculo existente entre os ritmos da vida cotidiana e o sistema produtivo. Antes integradas ao conjunto da vida, as tarefas e a rotina do dia a dia teriam sido gradualmente relegadas a um espaço social específico: o cotidiano, local do mítico e do preconceituoso, desprovido da verdade científica e da realidade produtiva que se apresentavam como seu contraste. Assim, socialmente desvalorizado (e submetido a uma lógica tecnocrática do Estado moderno), o estudo sobre o cotidiano foi praticamente desconsiderado pelo pensamento ocidental.

Dentro da lógica marxista que alimenta suas análises, Agnes Heller defende que todo pensamento que desconsiderar a realidade cotidiana de homens e mulheres estará contribuindo para a manutenção da alienação e servindo de instrumento de manutenção do *status quo*. E, por sua vez, todo pensamento que busque mudanças sociais significativas deveria considerar as potencialidades presentes na vida cotidiana e as possibilidades de realizações artísticas, filosóficas e morais, próprias dos seres humanos. Portanto, conhecer o cotidiano – inclusive historicamente – faria, assim, parte de um projeto mais amplo de mudança social, por romper com determinada dicotomia produzida pelo sistema capitalista que teria deslocado a realidade do dia a dia para uma condição de importância inferior.

Do ponto de vista propriamente historiográfico, as conclusões de Lefebvre e Heller tendem a coincidir: sendo o cotidiano parte da realidade construída em consonância com o desenvolvimento do capitalismo, não faria sentido utilizar esse conceito em se tratando de sociedades pré-capitalistas. Afinal, nelas, como vimos, não haveria a dissociação entre esfera produtiva e rotinas diárias. O que entendemos por *cotidiano* seria inexistente para outras sociedades e épocas.

Para além dessa perspectiva marxista, uma segunda abordagem que argumenta a favor de uma invenção historicamente recente do cotidiano foi defendida por Jean-Marie Barbier (1946-), em seu trabalho sobre o cotidiano e sua economia (1981). Inspirado nas ideias do filósofo francês Michel Foucault (1926-1984), Barbier (1981) afirma que o ambiente doméstico teria se constituído, a partir do século XVI, em um espaço privilegiado de controle e de formação de sujeitos. Consequência de determinado desenvolvimento do capitalismo, em que a vida cotidiana se diferenciaria da vida produtiva, o cotidiano doméstico teria se tornado repleto de práticas específicas de higiene, educação e moral domésticas, difundindo um conjunto de códigos de conduta de economia adequado à formação dos indivíduos para essa nova sociedade. Ainda que considere a influência econômica, a perspectiva de Barbier se centra nos temas do poder e na criação de controles micropolíticos. Para o autor, o cotidiano se constituía na forma de um espaço autônomo da realidade, responsável pela criação de tipos específicos de sujeitos adequados à sociedade capitalista. No século XVIII, esse modelo teria sua estrutura praticamente concluída, marcando o que seria esta "invenção" do cotidiano.

Lefebvre, Heller, Barbier, Del Priore e outros tantos estariam certos? O cotidiano é, realmente, uma invenção recente?

Há alguns problemas nas hipóteses que defendem esse excepcionalismo de nossa época sobre a existência do cotidiano. Primeiramente, não parece ser correto afirmar que foi apenas com o advento do capitalismo que surgiu uma diferenciação entre momentos produtivos e outros não produtivos; da mesma forma que não parece ser possível demonstrar que as sociedades pré-modernas tivessem necessariamente essa holística e idealizada integração entre vida produtiva e cotidiano.

O exemplo dos Tikopias pode ser recuperado aqui: segundo a descrição antropológica, pareciam existir momentos considerados obrigatoriamente de trabalho e outros especificamente de diversão, relativamente bem-demarcados em seu dia a dia. E esse é apenas um dos vários exemplos quer poderiam ser utilizados para demonstrar que, apesar de não tão nítidas quanto as que surgiram com o capitalismo, em diferentes sociedades e épocas também havia uma diferenciação entre momentos de trabalho e de não trabalho. Se o exemplo dos Tikopias não bastar, podemos analisar o seguinte desabafo do romano Plínio, o Jovem (62-114 d.C.), em carta a um amigo que havia viajado para se divertir.

> *Você está lendo, pescando, caçando ou fazendo os três? Você pode fazer tudo junto às margens do Lago Como, pois há muitos peixes no lago, jogos de caça nos bosques próximos, e todas as oportunidades para estudar nos recônditos de seu retiro. [...] Só me incomoda que me neguem seus prazeres, pois eu os anseio como um homem doente anseia por vinho, banhos e fontes frias. Pergunto-me se alguma vez serei capaz de me livrar dessas correntes constritivas [...] e duvido que alguma vez o farei. Novos negócios se acumulam sobre os antigos, antes que os antigos estejam terminados, e à medida que mais e mais elos são adicionados à corrente, eu vejo meu trabalho se estendendo cada vez mais e mais a cada dia.* (Pliny, the Younger, 1969, tradução nossa)

É fato que, com o capitalismo, os momentos de lazer e os de trabalho ficaram excepcionalmente marcados e regulados de maneira enfática. Mas Plínio deixa claro que, também para ele – ou seja, também na Roma Antiga –, havia uma notável diferença entre os momentos de trabalho e os de, por assim dizer, diversão, lazer, descanso. Poderiam ser invocados outros tantos exemplos, de outras tantas sociedades, evidenciando que a crença de que em sociedades pré-modernas (quais? De onde? De quando?) haveria uma total integração entre trabalho e vida cotidiana talvez revele algo de romantismo ou mesmo de saudosismo de uma suposta era de ouro. De toda forma, trata-se de uma afirmação que não concorda com as fontes históricas nem, nesse caso, com as conclusões antropológicas.

O segundo problema em relação à tese da invenção do cotidiano está ligado à noção de que não se pode confundir o surgimento de **nosso** cotidiano (ou seja, os modelos de cotidiano que seriam comuns às sociedades capitalistas contemporâneas), com **todo** cotidiano de todas as épocas. Em outras palavras, talvez seja verdade que nossa forma de conceber e viver o cotidiano tenha se estruturado em torno do século XVIII. Saliente-se o *"talvez"*. Mas é equivocado desconsiderar outras vivências de cotidiano, igualmente válidas. E todas elas são abertas à compreensão histórica.

1.1.2 As abordagens historiográficas

O que os estudos históricos têm efetivamente a dizer sobre esse debate conceitual? Por um lado, o ignoraram. Veremos nos capítulos seguintes como se constituiu uma primeira história do cotidiano, destinada ao público em geral, na forma de um nicho editorial motivado pela curiosidade de leitores sobre a rotina diária dos povos do passado. Esse modelo de história do cotidiano, surgido nas primeiras décadas do século XX e ainda bastante popular, desconsiderou as discussões teóricas sobre a existência do cotidiano em outras épocas e sociedades.

Já o mundo acadêmico, por outro lado, passou a se preocupar com essa questão nas últimas décadas do século XX. São essas preocupações que nos interessam neste momento. E, na verdade, seria bastante desejável, em uma obra que trata da historicidade do cotidiano, argumentar que estão bem sedimentados na historiografia os princípios teóricos e as metodologias específicas relacionados à análise das vivências comuns e diárias dos povos do passado; mas isso não seria correto. Se desejarmos nos aproximar do que tem sido feito sob o rótulo de *história do cotidiano* nas últimas décadas, deveremos, além de constatar sua fragilidade conceitual, aproximarmo-nos de uma espécie de genealogia dessa historiografia.

Uma primeira identidade da história do cotidiano como campo específico da historiografia acadêmica pode ser buscada em seu surgimento – mais especificamente, na existência de certo "inimigo comum" contra o qual se insurgiram historiadoras e historiadores. Em meados do século XX, em processo que influenciou também a produção histórica no Brasil, os diversos campos historiográficos buscavam variados suportes teóricos, visando produzir grandes análises do desenvolvimento histórico. Mantinham em comum o fato de privilegiarem a análise dos grandes processos e das estruturas: os fundamentos econômicos das diferenças de classe e do desenvolvimento do capitalismo, entre os marxistas; a modernização da industrialização e sua relação com desenvolvimento econômico e político, pelos weberianos; os estudos demográficos franceses e suas análises das populações a partir de dados da produção agrícola, variações da demografia, índices de preços; os modelos computacionais e as análises contrafactuais de processos históricos, pelos cliometristas estadunidenses (Stone, 1991). Em tese destituídos de narrativas, tratava-se de trabalhos históricos que salientavam o determinismo econômico e, sob a crença de estarem fazendo uma verdadeira ciência, recheavam insípidos textos historiográficos de séries numéricas, tabelas, gráficos, por vezes abrangendo recortes temporais bastante amplos. "A história que não é quantificável não pode pretender ser científica" (1979,

p. 15, tradução nossa) decretou Emmanuel Le Roy Ladurie (1929-), um dos expoentes da escola francesa de Annales[7].

Essas grandes abordagens promoveram, em muitos casos, o sumiço do indivíduo e, no limite, da própria história. Os contextos históricos – eventos ou processos – não eram vistos como resultado coletivo de ações individuais, mas seu oposto: eram estudados grandes conceitos, como capitalismo, classe, ideologia, estrutura, sociedade, e as diversas possíveis relações entre si. Dentro dessas grandes perspectivas, os indivíduos eram concebidos à semelhança de algas que seguem a direção da maré: independentemente de sua vontade, as pessoas pareciam determinadas a agir conforme demandavam as estruturas. Segundo o filósofo marxista franco-argelino Louis Althusser (1918-1990), por exemplo, seria melhor mesmo retirar os indivíduos da análise histórica, pois apenas assim seria possível elaborar uma ciência social que fosse efetivamente científica. Para Le Roy Ladurie (1979), o que se entendia como fenômenos históricos era apenas consequência de uma história, para ele mais verdadeira e profunda, que era efetivamente imóvel.

Os resultados concretos dessas abordagens, que se pretendiam científicas, acabaram sendo frustrantes para muitas historiadoras e historiadores. Produziram-se trabalhos em que conceitos esotéricos pareciam se influenciar mutuamente, por meio de elaboradas construções teóricas que não mantinham qualquer relação com as verdadeiras ações dos indivíduos. Soma-se isso, ainda, ao próprio momento histórico, vivido de maneiras específicas nos diferentes países ocidentais, inclusive o Brasil, do qual o ano de 1968 se tornou

---

7   *No que é aparentemente uma contradição considerando-se esta afirmativa, o próprio Ladurie foi o autor de* Montaillou, *uma das mais conhecidas e referenciadas obras de história do cotidiano. Estudaremos essa obra adiante neste livro.*

referência: conjunto de mudanças culturais que tinha, dentre outros alvos, a valorização do indivíduo na sociedade e sua expressão, além de um questionamento às instituições estabelecidas ("Não confio em ninguém com mais de 30", diziam os jovens franceses). Também se passou a desconfiar de certa produção historiográfica considerada antiga, pois não podemos esquecer que historiadores e historiadoras são, também, indivíduos historicamente localizados.

A crise dos grandes modelos explicativos, desses paradigmas que até então haviam sido fundamentais nas ciências humanas, levou a reformulações que atingiram também a história. Houve um esfacelamento dos temas, que se multiplicaram conforme o interesse de pesquisadores e a disponibilidade das fontes, bem como um retorno à narrativa, que havia sido abandonada nos estudos históricos por ser, supostamente, acientífica (Stone, 1991). Nesse desenvolvimento, a antropologia passou a influenciar decididamente os estudos históricos. Por um lado, com a importação, pela história, do conceito antropológico de cultura, e pela noção de que as sociedades são também constituídas de símbolos, utilizados pelos atores sociais para dar sentido à sua realidade. Uma visão que trazia consigo a concepção de que os indivíduos agem de forma ativa em suas vidas, mediante suas crenças específicas, as condições sociais em que vivem e os objetivos que alimentam.

As diferentes abordagens historiográficas que tomaram o cotidiano como objeto de pesquisa surgiram, fundamentalmente, nesse momento e nesse contexto. Na verdade, como foi citado há pouco, já existiam abordagens de história do cotidiano fora do mundo acadêmico – no caso, na forma de literatura dirigida à população em geral. Entre os estudos acadêmicos de história, porém, esse é o momento do desenvolvimento de diferentes perspectivas teóricas, bem como de metodologias, que se ligam à história do cotidiano, as quais, sem dúvida, dialogaram entre si, além de manterem nítidos pontos de contato. A seguir serão apresentadas, apenas sucintamente, as principais das múltiplas abordagens ligadas à história do cotidiano. Tome os últimos parágrafos deste item como uma introdução rápida destes modelos e não se exaspere com sua brevidade: ao longo dos demais capítulos, serão aprofundadas as discussões sobre diferentes perspectivas e objetivos.

De todas, a única que efetivamente adotou literalmente o rótulo "história do cotidiano" foi a alemã *Alltagsgeschichte* – usualmente citada no idioma original. *Alltags* significa "cotidiano"; e *Geschichte*, "história". Surgida na Alemanha na década de 1970, procurava compreender de forma original o passado alemão, centrando sua atenção especialmente nas resistências e vivências cotidianas da população comum sob o regime nazista. Outras correntes historiográficas que adotaram o cotidiano como objeto principal, ou ao menos fundamental, são conhecidas por diferentes nomes. Comecemos com duas que foram especialmente importantes para a formação da própria *Alltagsgeschichte*: 1) a história vista de baixo e 2) a micro-história.

A denominada *história vista de baixo* surgiu originalmente na Inglaterra, na década de 1960, por historiadores marxistas ligados à chamada *New Left*, a "nova esquerda" inglesa. Seu objetivo não era estudar efetivamente o cotidiano, mas a realidade das pessoas comuns, especialmente trabalhadores, na construção de sua própria realidade social. Já a chamada *micro-história*, por sua vez, originou-se na Itália, na década de 1970. Sua perspectiva centrava-se na busca por compreender, extensivamente, uma determinada realidade bastante limitada, como as experiências de uma pequena comunidade ou de um único indivíduo. Para essa vertente, o cotidiano se tornou elemento fundamental para a compreensão da realidade social em que se dão as experiências individuais, em um interessante diálogo entre o micro (a pessoa ou a pequena comunidade) e o macro (a sociedade como um todo).

Historiadores ligados à escola francesa de Annales foram responsáveis por um grande número de estudos sobre história do cotidiano, embora com resultados variáveis. As obras de mais destaque são a de Fernand Braudel (1902-1985), *Estruturas do cotidiano*, publicada em 1973 (com um conteúdo não muito diferente do modelo de história antiquária que veremos adiante); *Montaillou*, publicada em 1975 por Emmanuel Le Roy Ladurie, com sua extensiva – e algo imóvel – análise de uma pequena comunidade francesa medieval, a qual se tornou um *best-seller*; além da influente e extensa coleção *História da vida privada*, publicada a partir de 1985, que abordou diferentes aspectos da vida cotidiana, em distintas sociedades e épocas – embora, segundo seus editores, seu objetivo não fosse o de produzir uma história do cotidiano.

A influência das ideias e abordagens do filósofo e teórico cultural russo Mikhail Bakhtin (1895-1975) também impactaram os estudos sobre história do cotidiano, especialmente aqueles ligados a festas populares. Sua obra sobre Rabelais, traduzida no Brasil com o título de *A cultura popular na Idade Média e no Renascimento*, da década de 1960, parte de uma análise cuidadosa da linguagem de Rabelais. Nela, Bakhtin procurou compreender como o sistema social renascentista era representado particularmente na obra *Gargântua e Pantagruel* e como, pela linguagem, seria possível identificar quais as ideias que circulavam naquele período.

Bem mais recente (que merece uma nota por não ser uma perspectiva historiográfica, mas um método) vem a ser a chamada *história oral*. Ela objetiva entrevistar indivíduos que tenham participado ou testemunhado eventos ou processos históricos, utilizando as respostas como fontes históricas. Por sua própria característica, refere-se apenas à história contemporânea e se tornou mais difundida apenas a partir dos anos 1980, com a popularização dos gravadores de áudio.

O método da história oral se aproxima da história do cotidiano por buscar compreender a realidade concreta, usualmente individual, dentro de certos processos históricos.

Por fim, pode-se citar *A invenção do cotidiano*, obra cujo primeiro volume foi escrito, e o segundo organizado, pelo historiador francês Michel de Certeau (1925-1986). Ao final deste capítulo será discutida esta obra.

Essa relação não é exaustiva. A apresentação sumária dessas diferentes perspectivas visa destacar a heterogeneidade de abordagens que sustentam a miríade de obras usualmente rotuladas como *história do cotidiano*.

(1.2)
COMO TRABALHAR A HISTÓRIA DO COTIDIANO?

Considerando-se os estudos históricos que envolvem o cotidiano, como podemos, por fim, defini-lo? Sem essa conceituação prévia, não poderemos nos atrever a escrever qualquer história do cotidiano sem cairmos em um sem número de falácias. Partindo das diferentes perspectivas historiográficas que tratam do cotidiano e o tomaram como objeto de estudo, podemos ensaiar determinadas delimitações do que, historicamente, pode-se definir como **cotidiano**, na condição de conceito aplicável a outras sociedades além da nossa.

Podemos, a princípio, caracterizar *cotidiano* como o espaço e momento das ações rotineiras e comuns, definido quase por aquilo que exclui: não é considerado cotidiano o que é excepcional, fabuloso, diferente, extraordinário. Porém, e ao mesmo tempo, o cotidiano é múltiplo. Existe o cotidiano do banal e do corriqueiro, espaço da repetição. É cotidiano o pegar o ônibus, lavar a roupa, alimentar o cachorro, trocar o gás. Assim, uma primeira possível síntese dessa face rotineira do cotidiano seria: **são cotidianas as atividades necessárias ao desempenho dos diversos papéis sociais dos indivíduos**. Marido, pai, cidadão, vizinho, professor, escritor, homem, amigo, filho: uma única pessoa pode desempenhar os mais diferentes papéis sociais. Cada um e todos demandam um conjunto de ações e comportamentos mais ou menos obrigatórios: como pai deve verificar as contas da escola, ajudar nas tarefas de matemática, trocar a lâmpada do quarto; como filho deve levar a mãe ao médico; como morador da casa deve cuidar do lixo, trocar o gás; como professor deve cumprir os horários das aulas, ocupar-se das provas. Ao mesmo tempo, a pessoa não será determinada por essas condições, e há certo espaço de liberdade em que é possível agir de forma original.

Trata-se de uma definição simples, mas que envolve consequências importantes sobre as atividades que podemos definir como *cotidianas*.

O cumprimento das atividades básicas dos diversos papéis sociais está ligado a sanções, que são mais ou menos condicionantes. Se o gás não é trocado, fica-se sem feijão; se as mensalidades da escola não são pagas, a criança poderá ser obrigada a mudar de escola; se alguém se ausenta do trabalho, pode ser demitido. Esses papéis estão ligados também a diferentes condições sociais e variam conforme a origem étnica, o gênero, a idade, a sexualidade. Por exemplo: o descumprimento de determinadas funções conjugais, no Brasil, historicamente impõe maiores sanções às esposas do que aos maridos; no século XIX, o desrespeito às exigências do trabalho teria consequências muitíssimo diferentes para um trabalhador livre e para um escravo.

Ou seja: o cotidiano não se vive mecanicamente ou de maneira impensada. Relaciona-se ao que é esperado de uma pessoa, em função de seus diversos papéis sociais.

E é também por essa razão que **o cotidiano desempenha importantes papéis de socialização**. É no cotidiano que se aprende a usar garfo e faca, a dizer "obrigado" e "por favor", a abordar pessoas, a relacionar-se com indivíduos de diferentes grupos sociais em específicas circunstâncias, a saber, enfim, ler e recitar os diferentes sinais culturais que permitem o trânsito nos mais diversos contextos.

Vivendo no Egito do século XXV a.C., o vizir[8] Ptah-Hotep deu os seguintes conselhos a um homem que pretendia iniciar uma família:

Se fores sábio, cuida da tua casa, ama a tua mulher. Enche-lhe o estômago, veste-lhe as costas; estes são os cuidados a serem dados à sua pessoa. A acaricie, satisfaça seus desejos durante o tempo de sua existência [...]. Vê o que ela aspira, o que ela pretende, o que ela considera. [...] Quando um filho recebe a instrução de seu pai, não há qualquer erro em seus planos. Treina o teu filho para ser um homem ensinável, cuja sabedoria seja agradável aos grandes. (Horne, 1917, p. 75-76, tradução nossa)

É possível identificar, neste pequeno trecho dos *Preceitos de Ptah-hotep*, o que seria uma idealização tanto da vida cotidiana quanto dos papéis sociais e de gênero. Há a descrição do que seria um cotidiano ideal no relacionamento entre esposos, por um lado, e no de pai e filhos, por outro, que são apresentados à maneira de instruções: Ptah-Hotep tinha em mente um determinado ideal de vida familiar que lhe era caro e pretendia ensinar como viver um cotidiano que construísse e perpetuasse esse ideal.

Parece ser possível identificar, nesse trecho de uma sociedade tão antiga e diferente da nossa, aspectos do cotidiano como discutidos anteriormente: ações comuns, muitas vezes rotineiras, que não apenas estão intimamente ligadas à vivência dos indivíduos em diferentes

---

8   Cargo de elevada importância política e militar.

épocas, como são fundamentais para sua própria integração social, além de para a construção e a manutenção da sociedade em que vivem.

Ou seja: viver o cotidiano é, também, aprender a transitar na própria sociedade em que se vive.

Deve-se considerar que em diferentes sociedades e épocas, os papéis sociais são também diferentes, o que leva a ideias diferentes de cotidianidade. O que consideramos como cotidiano poderia ser considerado excepcional ou exótico para outras culturas; portanto, não devemos impor nossa visão de cotidianidade a outras sociedades. Observe a imagem a seguir, produzida no século XVIII, na China. Ela revela uma atividade cotidiana das mulheres chinesas de então. Talvez você a conheça.

Figura 1.2 – Yaoniang atando seus pés

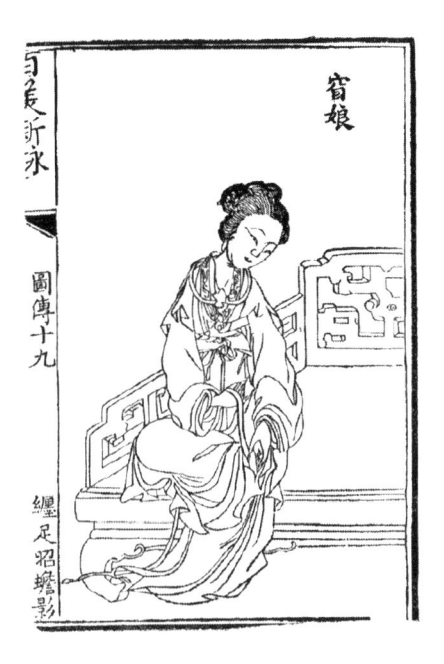

Uma mulher de nome Yaoniang aparece atando os próprios pés para mantê-los pequenos, dentro do modelo que os chineses denominavam *pés de lótus*. Essa era uma prática cotidiana para mulheres chinesas do século XII até as primeiras décadas do século XX: entre os 4 e 9 anos de idade, os pés das meninas eram quebrados para que os dedos fossem dobrados em direção à planta do pé, diminuindo, assim, seu tamanho. As famílias mais ricas contratavam especialistas na criação destes pés de lótus, enquanto nas mais pobres era uma atividade realizada pela mãe. Depois de quebrados, os pés eram amarrados para que permanecessem pequenos, pois o ideal de uma mulher chinesa era ter um pé em torno de 10 cm, pouco maior que um punho cerrado. Eventualmente era necessário que os pés fossem quebrados em outros momentos durante a vida, para que continuassem com o tamanho e a forma desejados.

A troca das bandagens, como apresentada na imagem, era uma atividade corriqueira, trivial, **cotidiana** para as mulheres chinesas, e era essencial à manutenção de seu papel social. Difere profundamente do que nós, com base em nossos princípios e cultura, consideramos como cotidiano, e isso é importante para esta discussão. A compreensão de por que tal ato foi, por tantos séculos, considerado habitual dentro daquela sociedade exige um trabalho histórico de entendimento da complexa relação que existia entre o papel da poligamia, diferença social entre os gêneros e as concepções culturais de beleza e pureza. Aplicar nossas concepções de vida cotidiana a essa prática não nos permite compreender suas razões e sua extensão, pois, ao contrário do que poderia sugerir uma opinião anacrônica, não seriam bons pais aqueles que se negassem a quebrar e moldar os pés da filha – "uma mãe ama sua filha ou os pés dela", dizia um ditado chinês –, mas seu oposto, por estarem condenando a menina a uma vida de solteira e, portanto, de privações, além de a tornarem um peso social para a família, visto que a jovem teria de ser sustentada.

Ou seja: o conceito de cotidiano deve ser considerado dentro do contexto cultural em que é praticado. Não existem atividades cotidianas universais, mas há em todas as sociedades cotidianos que lhes são específicos.

O cumprimento dos papéis sociais envolve inclusive atividades como higiene, alimentação e sono, que são elas próprias realizadas segundo certos códigos sociais.

Ou seja: a biologia humana, sem dúvida universal, é praticada cotidianamente pelas pessoas segundo suas específicas normas sociais – que não são, de nenhuma forma, universais.

As atividades no mundo do trabalho também possuem um cotidiano que lhes é próprio, adequado ao papel social de trabalhadores, escravos ou servos, por exemplo. Isso é importante, porque uma das definições de *cotidiano* comumente utilizada em textos historiográficos no Brasil, especialmente nos anos 1980, excluía o mundo do trabalho. Na obra *A vida fora das fábricas: cotidiano operário em São Paulo* (1987), da historiadora Maria Auxiliadora Decca, o cotidiano aparece definido como "condições concretas de existência dos trabalhadores fora da esfera de produção" (Decca, 1987, p. 10). Perceba como se trata de uma definição que concorda com as análises de Henri Lefebvre e Agnes Heller, vistas há pouco. Porém, **não** é a definição presente neste livro, como não é a definição utilizada pela grande maioria dos textos historiográficos ligados ao cotidiano.

Ou seja: existe um cotidiano também próprio ao mundo do trabalho.

Papéis sociais específicos excepcionais ou provisórios também podem exigir determinado cotidiano. Tal é o caso, por exemplo, da existência do cotidiano em campos de concentração nazistas

(Levi, 1988, p. 26): "Necessitamos de vários dias e de muitos socos e bofetadas, até criarmos o hábito de mostrar prontamente o número, de modo a não atrapalhar as cotidianas operações de distribuição de víveres", narrou o italiano Primo Levi (1919-1987), sobrevivente de Auschwitz. Em tais casos, as sanções ligadas ao papel de prisioneiro são absolutamente violentas e desumanas, demandando o cumprimento das atividades e comportamentos ligados a esse novo papel, que passam a ser considerados cotidianos. Casos semelhantes são os de institucionalizados – em presídios ou manicômios, por exemplo – que passam a seguir um novo e específico cotidiano.

Ou seja: existe também o cotidiano em situações limite, mesmo que não caracterizemos como "cotidiana" a existência em si de campos de concentração ou da vida em presídios.

O cotidiano pode, inclusive, não ser rotineiro. Em geral, associa-se a ideia de cotidiano à ideia de rotina, mas pode haver cotidianidade em eventos que se dão uma única vez ou poucas vezes na vida de uma pessoa. Por exemplo: para que uma mulher cumprisse seu papel social de esposa em boa parte da história do Brasil, fazia-se necessário o ritual do casamento; sem dúvida, não é um acontecimento rotineiro para aquela mulher em particular (usualmente, casa-se apenas uma vez em toda a vida), mas, socialmente, é um acontecimento cotidiano. Ritos que marcam a passagem para a vida adulta ou rituais ligados à morte são, também, exemplos de ações cotidianas, ainda que não sejam, para os indivíduos envolvidos, rotineiras.

Ou seja, existe um cotidiano que pode se definir quase que contraditoriamente por sua recusa: uma festa de aniversário, a viagem à praia, a cerimônia de casamento, a ida ao cinema. São atividades comuns, usualmente não diárias, e mesmo que marquem uma quebra da rotina acabam sendo, elas mesmas, cotidianas.

Há um espaço de manobra que permite a **apropriação individual da realidade cotidiana**, na medida das possibilidades sociais, além de desejos e originalidades dos indivíduos. Os pais não são todos iguais, como não o são as contadoras, os caçadores, as artesãs, os domadores, as esposas, os filhos.

Ou seja: agentes em sua própria realidade, dentro das possibilidades sociais e históricas, os indivíduos são capazes, inclusive, de participar da construção do próprio cotidiano. E é essa capacidade de criação e mesmo de contestação que torna possíveis as mudanças no cotidiano.

1.2.1 A importância da história do cotidiano

> *"Não é engraçado como dia após dia nada muda, mas quando olhamos para trás tudo está diferente?".*
> C. S. Lewis

Guarde essa citação do escritor irlandês C. S. Lewis (1898-1963). Ela está no centro dos principais objetivos dos estudos históricos.

A repetição parecer ser uma característica da vida cotidiana. E essa repetitividade tende a ser confundida, mesmo em estudos históricos, como a-historicidade ou a simples ausência de mudança. Concepção que, infelizmente, aparece de forma constante na historiografia do cotidiano, especialmente naquela destinada ao público em geral: "Como é que os antigos gregos passavam seus dias? Como cultivavam azeitonas e construíam cidades?" questiona a capa de certo livro paradidático sobre a vida cotidiana na Grécia Antiga (MacDonald, 1996a), deixando implícito que os gregos sempre plantavam azeitonas da mesma forma e jamais mudaram sua maneira de "passar os dias".

Porém, essa imobilidade é apenas aparente. O viver cotidiano é suficiente para que as pessoas não apenas passem por mudanças, mas as provoquem, mesmo que não percebam. Se deixarmos de lado episódios mais ou menos dramáticos como revoltas, revoluções, catástrofes, golpes políticos, a maior parte da história humana se passa na existência cotidiana, nesse viver diário em que nada parece mudar; mas que, quando se olha para trás, tudo está efetivamente diferente.

E eis o mistério da história do cotidiano: se não existe uma mão invisível que guia as mudanças históricas, devem ser as próprias pessoas que, vivendo suas vidas aparentemente sempre iguais, possibilitam, de alguma forma, as mudanças que estudamos na história. Nesse aparente paradoxo estão as instigantes possibilidades permitidas pela história do cotidiano.

A história do cotidiano nos permite **recuperar as experiências vividas de indivíduos do passado**, não os reduzindo a caricaturas e salientando sua possibilidade de agência: isto é, vendo-os agir conforme suas crenças, suas possibilidades, seus interesses, efetivamente como atores de sua narrativa de vida. Explicita a relação dialógica, muitas vezes conflituosa, entre as exigências sociais, por um lado, e, por outro, as possibilidades criativas de existência nas relações com sanções, poderes, identidades, diferenças sociais.

A história do cotidiano permite que experiências **individuais de resistência sejam recuperadas e contextualizadas**, propiciando que se compreenda tanto as maneiras pelas quais as sanções sociais conseguem submeter muitos indivíduos, quanto as vivências que se colocaram contra as normas sociais. Perceber o cotidiano passa a significar também entender as formas possíveis de modificá-lo, denunciá-lo ou mesmo combatê-lo.

Acompanhando as existências corriqueiras e diárias, é possível subverter as tradicionais explicações históricas, que tendem a partir do geral para o específico – quer dizer, das grandes explicações sociais para a vida dos indivíduos, que são tomados como meros exemplos. Pela história do cotidiano se pode perceber as formas pelas quais **o conjunto de ações individuais participa da construção dos próprios contextos históricos.**

E se, por fim, a história do cotidiano nos permite recuperar a agência individual e o papel das pessoas na construção da própria realidade que as cerca (e que, dialeticamente, as submete), temos condições de compreender o **desenvolvimento histórico, a mudança, a partir das ações cotidianas**; ainda que elas pareçam imutáveis, mesmo para os próprios indivíduos que as vivem.

1.2.2 Banais caminhos

Um dos principais referenciais teóricos da atual historiografia sobre o cotidiano encontra sua origem na obra *A invenção do cotidiano*, de 1980, do historiador francês Michel de Certeau. Trata-se de uma obra em dois volumes. No primeiro, com o subtítulo *As artes de fazer*, Certeau procurou desenvolver uma análise de como, a despeito do caráter opressivo da sociedade, as pessoas teriam condições de agir de maneira original e criativa, influenciando a realidade cotidiana à sua volta. Ou seja, os indivíduos não seriam usuários ou consumidores passivos da realidade, mas ajudariam, ativamente, a construí-la. No segundo volume, de subtítulo *Morar, cozinhar*, foram discutidas pesquisas realizadas na França que procuraram revelar as táticas desenvolvidas pelas pessoas para se apropriar dos elementos de seu cotidiano e reinventá-los criativamente.

Imagine duas calçadas que unem a cantina à biblioteca e que formam, entre si, um ângulo de 90°, como se fossem os catetos de um triângulo retângulo. Aos poucos, começa a se formar no gramado, antes imaculado, um pequeno atalho próximo à direção da hipotenusa entre os dois pontos. Não é exatamente na hipotenusa, porque, afinal, os seres humanos não são perfeitamente matemáticos, e árvores ou saliências do terreno influenciam o desenho algo espontâneo do trajeto; mas, sem dúvida, trata-se de uma união entre os dois prédios por um caminho mais curto do que aquele pavimentado e, digamos assim, oficial. Surge um atalho.

Figura 1.3 – Um atalho

Tais caminhos, que surgem espontaneamente na paisagem urbana, são um exemplo, conforme Certeau (2008 [1980]), de como os indivíduos interferem de maneira criativa na paisagem, de forma, inclusive, inesperada (e, muitas vezes, indesejada) pelos poderes estabelecidos. Diante da **estratégia** dos planejadores urbanos de construir caminhos pavimentados, que indicariam por onde as pessoas deveriam andar, as pessoas comuns se utilizam de **táticas** em seu próprio proveito: seja percorrendo caminhos mais curtos, seja descobrindo formas criativas de consumo da mídia de massa, seja recriando maneiras de viver. Segundo Certeau (2008 [1980]), as pessoas se aproveitam das brechas permitidas por seu cotidiano para agir de maneira criativa em função de seus objetivos e necessidades, dentro das possibilidades da realidade.

> **Estratégia e tática** é um par de conceitos criado por Michel de Certeau para tentar explicar as formas pelas quais as pessoas constroem o próprio cotidiano. A estratégia se refere aos grandes planejamentos e à realidade socialmente construída; sua temporalidade é de longa duração. Já a tática se refere às ações cotidianas, de curta duração, que se aproveitam de um momento fortuito para se fazerem presentes, para agir, para conseguir algum benefício. O planejamento do parque, com seus caminhos calçados e bem definidos, é um exemplo de estratégia; a criação de atalhos, que encurta distâncias e burla o planejamento original, é um exemplo de tática.

Esse modelo de interpretação do cotidiano tem se demonstrado muito útil para os estudos históricos. Diante de uma tradição historiográfica que tendia a colocar as pessoas comuns como reféns de determinados personagens privilegiados ou impotentes ante sua própria realidade – quando não simplesmente ignorantes, em contraposição a uma elite letrada –, Certeau (2008 [1980]) argumenta que o cotidiano não se apresenta de maneira monológica, mas em diálogo, constantemente construído entre a realidade e as pessoas, o mundo e suas condições, o cotidiano e as formas de vivê-lo. Nesse sentido, o cotidiano não seria algo que simplesmente aconteceria às pessoas, mas algo que, segundo Certeau (2008 [1980]), as pessoas ativamente ajudavam a construir de forma constante.

Síntese

A produção envolvida na historiografia do cotidiano é ampla, variada e não segue projetos teóricos ou abordagens metodológicas únicas. Em busca do indivíduo histórico e seu papel na construção das sociedades, diferentes historiadores, sob perspectivas específicas, construíram modelos de análise que procuraram recuperar a condição das pessoas como agentes históricos.

A multiplicidade de abordagens também se explica pela própria dificuldade em se definir o conceito de cotidiano. O que Agostinho[9] dizia sobre a ideia de tempo pode se aplicar à perfeição ao significado de *cotidiano*: "se não me perguntarem eu sei; se me pedirem para explicar, já não sei". Isso ocorre porque o termo é empregado em nossa sociedade com diferentes significados, nem todos passíveis de serem condensados em um único conceito. E lançar sobre o passado todos esses significados que são próprios da nossa realidade redundará em anacronismo, daí a importância de sua definição.

Pode-se definir o cotidiano como as atividades, mais ou menos obrigatórias, definidas pelos diferentes papéis sociais que as pessoas exercem em sua realidade. E, se nosso modelo de cotidiano não é universal, pode-se, sem dúvida, encontrar ações rotineiras, atividades obrigatórias, ações esperadas, em todas as sociedades humanas. Todas têm, sob diferentes formas, cotidianidade.

---

[9] *Santo Agostinho (354-430 d.C.), também conhecido como Agostinho de Hipona, foi um teólogo católico da Antiguidade e um dos padres da Igreja. Sua extensa obra filosófica abrange diversas áreas do conhecimento para além das reflexões religiosas.*

Atividades de autoavaliação

1. Criada em 1984, a canção *Cotidiano*, do cantor e compositor Chico Buarque, traz as impressões de um trabalhador sobre sua rotina diária. Leia a seguir um trecho da letra da canção.

> Todo dia eu só penso em poder parar
> Meio-dia eu só penso em dizer não
> Depois penso na vida pra levar
> E me calo com a boca de feijão

A letra apresenta determinadas concepções de cotidianidade que estão também presentes em correntes historiográficas ligadas ao estudo do cotidiano. O eu lírico é o trabalhador que narra suas impressões a respeito de sua rotina. Sobre suas ideias é possível afirmar:

a) A cotidianidade de que trata o texto não é tema histórico, pois se trata de eventos que jamais mudam.
b) Todos os dias são diferentes e há uma nítida irritação em relação à ausência de estabilidade em sua vida.
c) A esposa é apresentada como responsável por sua rotina e a vida do trabalhador seria mais livre se fosse solteiro.
d) O cotidiano apresentado na canção se refere principalmente à alimentação, por isso a referência final ao feijão.
e) Ele não aprecia a própria rotina de sua vida, mas as obrigações da "vida pra levar" o impulsionam a continuar.

2. Peixe, pães, sopa de funcho, arenque, anchovas e vinho: certamente você conhece, do artista florentino Michelangelo (1475-1564), esculturas como *Pietà* e *David*, pinturas como o teto da Capela Sistina ou a arquitetura da Basílica de São Pedro. Porém, é possível que desconheça a prosaica lista de compras de Michelangelo, pequeno instantâneo de suas preocupações cotidianas, ilustrada por ele para auxiliar seu empregado analfabeto que ia ao mercado.

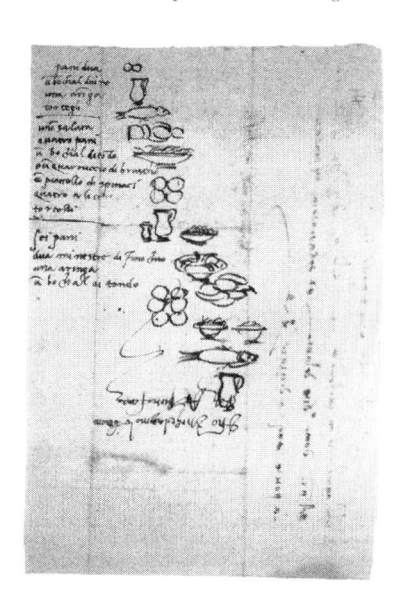

A lista de compras de Michelangelo

Com base nas discussões realizadas, no capítulo, sobre o cotidiano e a possibilidade de seu estudo histórico, por que se pode afirmar que esse documento trata do cotidiano de Michelangelo?

Antonio Fontoura

a) Porque é desimportante para sua vida, por isso é pouco conhecido pelos historiadores.
b) Porque se refere à criação da Capela Sistina, sua mais conhecida obra artística.
c) Porque é uma curiosidade divertida sobre Michelangelo.
d) Porque é algo absolutamente rotineiro, além de atividade comum e necessária.
e) Porque nega sua suposta genialidade artística.

3. Os Nuer são um dos maiores grupos étnicos do Sudão. Em 1940, o antropólogo inglês Edward Evans-Pritchard (1902-1973) publicou seus estudos sobre esse povo e, particularmente, sobre a relação que tais pessoas mantinham com seu gado. Leia adiante um trecho do trabalho de Evans-Pritchard.

Os homens acordam ao amanhecer entre seu gado e se sentam e os observam satisfeitos até ao fim da ordenha. Então, ou eles os levam para o pasto e passam o dia observando o gado comer, levando-o para a água, compondo canções sobre ele e levando-o de volta ao acampamento, ou ficam no curral bebendo seu leite, fazendo cordas para amarrá-lo e ornamentos para ele. [...] Os nuer limpam suas mãos e rosto com a urina do gado, especialmente quando as vacas urinam quando ordenhadas, bebem seu leite e sangue e dormem em suas peles ao lado de seu esterco. (Evans-Pritchard, 1992, p. 51, tradução nossa)

A respeito do conceito de cotidiano e da possibilidade de aplicá-lo a sociedades como a Nuer, é possível afirmar:

a) Não existe conceito de cotidiano entre os Nuer porque não existe, segundo sua concepção, ideias bem definidas em relação ao significado da palavra *trabalho*.

b) Embora diferentes da realidade ocidental, as atividades comuns necessárias à manutenção de sua própria sociedade podem ser denominadas *cotidianas*.
c) A aplicação do conceito de cotidiano sobre a realidade Nuer é um etnocentrismo, pois conceitos ocidentais não podem ser usados para entender diferentes contextos.
d) O conceito de cotidiano pode ser aplicado aos Nuer porque também eles possuem ideias sobre higiene e trabalho, como existe também entre os ocidentais.
e) Os estudos históricos tratam apenas de sociedades desenvolvidas, enquanto o estudo sobre os Nuer seria específico da antropologia.

4. Um dos iniciadores da corrente historiográfica alemã denominada *Alltagsgeschichte*, o historiador Alf Lüdtke (1943-2019), delineia, no trecho a seguir, algumas características dessa perspectiva de análise histórica.

Ao delinear os seus contornos essenciais, somos imediatamente tomados por um traço característico de muitas pesquisas e apresentações que tratam da história da vida quotidiana: centram-se nas ações e sofrimentos daqueles que são frequentemente rotulados de "pessoas comuns", termo tão sugestivo quanto impreciso. O que está em primeiro plano é o seu mundo de trabalho e de não trabalho. Descrições detalham moradia e desabrigados, roupas e nudez, hábitos alimentares e fome, o amor e o ódio das pessoas, suas brigas e cooperação, memórias, ansiedades, esperanças para o futuro. (Lüdtke, 1995, p. 3, tradução nossa)

Pela análise de Lüdtke, é possível afirmar, a respeito dos estudos relacionados à história do cotidiano:

a) A imprecisão conceitual de seu objeto de pesquisa, ainda que alguns temas sejam comuns a esses estudos.
b) A futilidade dos estudos sobre o cotidiano, evidenciada pelo uso do termo *pessoas comuns* para se referir à população.
c) Os documentos históricos relacionados à história do cotidiano são sempre produzidos pelo Estado.
d) O mundo do trabalho é considerado de superior importância em relação ao mundo do não trabalho.
e) A impossibilidade de se estudar o cotidiano de sociedades antigas, pois não conheciam esse conceito.

5. O periódico *A Plebe* foi um jornal dirigido aos operários fabris de São Paulo nas primeiras décadas do século XX. Uma de suas preocupações era a de discutir, em seus artigos, a realidade própria dos trabalhadores paulistas, como no caso do trecho da reportagem a seguir, que aborda o problema das habitações para operários e suas famílias. Leia o documento com atenção.

Somos nós que temos que reduzir ainda a magra ração de nossas parcas refeições, vendo os nossos filhos, as nossas companheiras, os nossos pais definhando de dia para dia por falta de alimentação suficiente e por termos de nos abrigar em míseros tugúrios, onde falta o desconforto, o ar, a luz e a higiene, vivendo numa promiscuidade desumana. (Habitações, 1927, p. 1)

Considerando-se as informações desse documento que trata do cotidiano operário paulista nas primeiras décadas do século XX, é correto afirmar:

a) O conceito de cotidiano deve considerar diferenças sociais como situação econômica, gênero, etnia, idade, dentre outras.

b) O documento não pode ser utilizado para discutir o conceito de cotidiano por se referir a uma população mais pobre.
c) A ideia de cotidiano se refere apenas ao mundo dentro do ambiente das fábricas, não abordando questões como moradia.
d) Devido à incerteza da vida da população mais pobre, não é possível afirmar que possuem um cotidiano.
e) O documento evidencia que a história do cotidiano não é influenciada por diferenças econômicas ou de classe em uma dada sociedade.

Atividades de aprendizagem

Questões para reflexão

1. Theodoor van de Velde (1873-1937) foi um médico holandês conhecido, também no Brasil, por seus livros que buscavam ensinar o ato sexual conjugal para casais, por meio de uma perspectiva moral relativamente conservadora. Sua obra tratava do organismo masculino e feminino, das diferenças biológicas entre ambos e de como o ato sexual deveria ser realizado de maneira adequada para promover o que Velde denominava *super matrimônio*: uma relação de parceria entre marido e esposa que tinha no prazer sexual de ambos um importante fundamento. Não se tratava de obra erótica ou que buscava a excitação dos leitores, mas sim de um texto médico, que visava a ensinar leitoras e leitores o que seria a adequada higiene do ato sexual.

Dito tudo isso, esta questão não é sobre essa obra ou mesmo sobre Velde. Em um exemplar de 1957 da obra *Fisiologia e técnica das relações sexuais*, é possível encontrar certos desenhos de caráter erótico produzidos por um leitor anônimo nas páginas do livro. Adiante são reproduzidos dois deles: o primeiro, no início do capítulo intitulado *Prelúdio*; e o segundo, ao lado da descrição do tema "beijo corporal".

Desenhos na obra de Velde

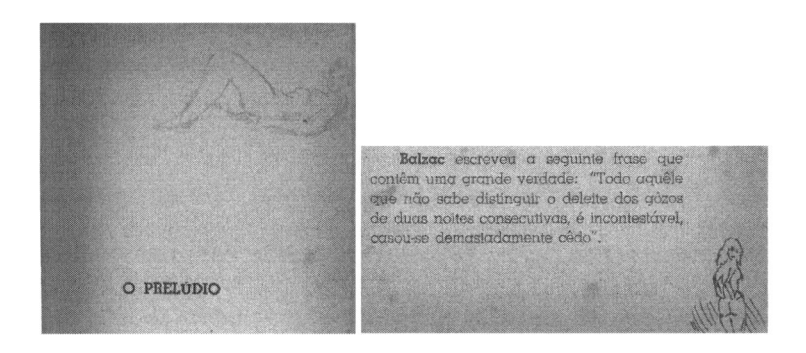

Fonte: Fontoura, 2019, p. 209-210.

No item 1.2.2, "Banais caminhos", foi apresentada a ideia do historiador Michel de Certeau de como os espaços urbanos são apropriados pelos indivíduos pela criação de atalhos, por exemplo. Eles se utilizam de determinada **tática**, em relação à **estratégia** definida pelo planejamento urbano. Porém, como foi dito anteriormente, a análise de Certeau não se refere apenas a espaços urbanos e caminhos, mas à existência cotidiana de uma forma geral. Como você poderia interpretar, com base nas ideias de Certeau, esses desenhos eróticos criados em uma literatura higiênica? Como você localizaria aqui a estratégia? E como identificaria a tática?

2. Qual a importância da história do cotidiano? Essa questão pretende levar você a participar de um debate tanto teórico quanto metodológico sobre os significados e a relevância dos estudos históricos sobre a vida cotidiana. O trecho a seguir foi escrito em 2008 por quatro historiadores adeptos da história do cotidiano (*Alltagsgeschichte*) alemã. Leia-o com atenção.

Embora os céticos ainda vejam o cotidiano como uma categoria frágil, alguns acreditam que a história da vida cotidiana entrou solidamente no mainstream da escrita histórica. "A polêmica não mais existe", escreve Alf Lüdtke. "O conflito da década de 1980 se resolveu sozinho. As perspectivas históricas do quotidiano pertencem ao conjunto das ciências sociais históricas, nacionais e internacionais". Até certo ponto, tornou-se moda para os historiadores experimentarem em suas narrativas gostos do cotidiano [...] sem envolver ou mesmo articular as implicações significativas dessa prática. (Steege et al., 2008, p. 377-378, tradução nossa)

Considerando sua experiência com os estudos históricos – tanto seus estudos acadêmicos quanto sua vivência como estudante nos ensinos fundamental e médio –, você acredita ser correto afirmar que a história do cotidiano integra as principais correntes (*mainstream*) historiográficas na atualidade? E qual a sua posição sobre a suposta fragilidade teórica desses estudos históricos sobre o tema? Em outras palavras, o cotidiano aparece integrado às demais análises históricas ou é apresentado apenas como curiosidade? Procure pensar em exemplos que justifiquem seu posicionamento.

E não se esqueça de que este é ainda o primeiro capítulo. Seu posicionamento a respeito dessa questão pode, ao longo do livro, alterar-se.

Atividade aplicada: prática

1. O pintor e desenhista Jean-Baptiste Debret (1768-1848) foi integrante da Missão Artística Francesa que, no início do século XIX, foi convidada pelo então rei de Portugal, D. João VI, a participar de atividades artísticas e culturais no Brasil. Em 1834, tendo retornado à França, publicou *Viagem pitoresca e histórica ao Brasil*, em que retrataria aspectos da natureza, das populações locais, da vida em várias regiões do Brasil, especialmente no Rio de Janeiro e, inclusive, do seu cotidiano.

    A imagem a seguir, intitulada *As primeiras atividades da manhã*, reproduziria alguns acontecimentos do cotidiano no Rio de Janeiro nas primeiras décadas do século XIX. A imagem é composta de quatro cenas. A legenda, acompanhada de trechos da explicação do próprio Debret (que corresponde a uma citação apenas, mas foi aqui fragmentada para fins didáticos), irá auxiliar você a contextualizá-las. Porém, antes de consultar a legenda, procure descobrir o que está ocorrendo. O que cada personagem parece estar fazendo? Você consegue reconhecer as atividades executadas?

As primeiras atividades da manhã, de Jean-Baptiste Debret

DEBRET, Jean-Baptiste. **As primeiras ocupações da manhã**. 1839. Litografia sobre papel: color.; 47,2 × 32,3 cm. Álbum: Voyage pittoresque et historique au Brésil.

Cena 1:

A cena se passa na rua da Ajuda às seis da manhã. A extremidade esquerda do desenho é delimitada pela única porta de entrada de um edifício térreo humilde, uma ilustre fábrica de balas. Estas balas doces são compradas embrulhadas numa folha de papel, cortadas de forma a poderem torcer os intervalos entre si e a formar um rosário composto por quatro ou oito papelotes. (Debret, 1839, p. 121, tradução nossa)

Cena 2:

A iluminação pública colocada imediatamente ao lado da fábrica de balas atrai também neste momento o cuidado diário de manutenção e limpeza confiado a empregados, cujo infame cheiro do óleo de baleia sinaliza aos transeuntes os negros ligados ao serviço da empresa de iluminação geral da cidade[10]. (Debret, 1839, p. 121, tradução nossa)

Cena 3:

O grupo do meio é formado por uma velha negra que dá seus trocados religiosamente para obter o benefício de beijar a imagem de um pequeno santuário onde está a efígie de cera da Nossa Senhora da Conceição, apresentada a ela por um velho homem. Este homem octogenário veste uma roupa azul clara, como membro da irmandade de Nossa Senhora da Conceição. (Debret, 1839, p. 122, tradução nossa)

Cena 4:

Finalmente, o espaço que falta descrever é preenchido por um mendigo, conhecido na cidade por suas atitudes, e que prova sua presença de espírito estendendo seu guarda-chuva meio aberto para receber esmolas que lhe são jogadas por uma senhora, através da janela do andar de cima. (Debret, 1839, p. 122, tradução nossa)

Seu objetivo nesta atividade é tomar a imagem e as explicações dadas por Debret como documentos históricos. Considerando-se o que foi discutido neste capítulo, o que aparece representado na imagem e nos textos que pode ser considerado parte do cotidiano do Rio de Janeiro do período? Que tipo de pesquisas históricas sobre história do cotidiano poderia ser produzido com base nas informações constantes nesses documentos?

---

10   *O segundo trabalhador está levando um tonel com óleo de baleia sobre a cabeça.*

Capítulo 2
Cotidiano, indivíduo
e história

Todo texto historiográfico que, de alguma forma, pretenda discutir a participação da população comum na história traz trechos do poema *Perguntas do operário que lê*, escrito em 1935 pelo dramaturgo alemão Bertolt Brecht (1898-1956): "Quem construiu Tebas, a de sete portas? Nos livros estão nomes de reis. Os reis carregaram pedras?" (citado por Konder, 1996, p. 95). Mas essa tradição tem um sentido: essas perguntas são bastante pertinentes para contrapor, em essência, dois modelos de se pensar o passado. Por um lado, aquele da história tradicional, reproduzida durante muito tempo nos livros didáticos, voltada às ações de reis, dos césares, às magníficas construções como a muralha da China e os palácios bizantinos. Por outro, a população comum – tomada, aqui, em um sentido bastante geral, pois essa própria população é diversa – de pedreiros para as grandes construções, de soldados para os exércitos, de habitantes de terras conquistadas.

Parte do objetivo da história do cotidiano é recuperar as experiências destes personagens, por assim dizer, esquecidos. Não se trata de tarefa fácil. Compreender a historicidade das habitações dos pedreiros gregos, as rotinas dos obreiros bizantinos ou a alimentação dos soldados romanos envolve desde problemas bastante práticos, como a escassez de fontes, até outros mais teóricos, pois simplesmente descrever as atribuições diárias daquelas pessoas não basta. Não se estará, dessa forma, fazendo história, tampouco compreendendo seu papel dentro da sociedade em que viviam. Pense bem: não é verdade que, se simplesmente descrevermos as vidas dessas pessoas, estaremos confirmando seu papel subalterno na história? Uma narrativa ingênua pode colocar esses indivíduos, cujas vozes se pretende conhecer, como subordinados às decisões dos outros. Não mudaríamos nada. Continuaríamos seguindo um modelo tradicional, considerando a existência de determinados sujeitos privilegiados que "fariam" a história, enquanto a população como um todo seria, no máximo, coadjuvante.

Neste capítulo seguiremos uma determinada trilha. Inicialmente, discutiremos por que a vida cotidiana e seus personagens foram, durante muito tempo, excluídos dos estudos históricos. Para isso, demonstraremos que não basta querer inserir os indivíduos comuns na narrativa histórica, mas há que se ter uma determinada concepção de história que os inclua adequadamente.

A seguir, discutiremos como uma apresentação equivocada do cotidiano pode render uma má-história; ou, ao menos, um conjunto de informações sobre o passado que, apesar de interessante e instrutivo, é superficial e, pode-se afirmar, antiquarista (essa designação será explicada com mais detalhes).

Por fim, serão discutidas duas abordagens históricas – a história vista de baixo e a micro-história –, ambas das últimas décadas do século XX, que participaram das discussões sobre a inclusão das pessoas comuns, seus contextos e suas experiências, nos estudos históricos acadêmicos.

(2.1)
A contraposição à "grande história"

Deveria Emílio José Gôndolo constar nos livros de história? Certamente, você jamais ouviu falar dele. Embora fosse relativamente conhecido na cidade do Rio de Janeiro à época de sua morte, em 1885, com cerca de 50 anos, a última referência que se pode encontrar sobre ele em periódicos da época narra justamente seu suicídio à Rua da Candelária, 16, onde morava e trabalhava: dois tiros no coração que partiram de uma arma enferrujada, efetuados em um quarto frugalmente mobiliado com uma "cama de ferro, com colchão, uma mesa com papéis, um cabide com alguma roupa e, aos pés da cama, um móvel parecido com um étagère[1]; na parede, quatro cromos vulgares" (Suicídio, 1885, p. 1). Problemas financeiros ligados à sua relojoaria, além de dificuldades amorosas com "Graf" – como assinava a francesa que, em cartas encontradas com Gôndolo, ameaçava por alguma razão "fazer um escândalo" –, parecem ter sido as causas últimas de seu trágico ato.

Discutir as razões pelas quais vivências banais e mundanas como a de Gôndolo usualmente não estão presentes em estudos históricos, passa por compreender tanto o conceito de cotidiano quanto a própria concepção de história ou, caso se queira, de ciência histórica. Pois, à primeira vista, não parece ser muito difícil explicar por que Gôndolo está completamente ausente dos livros de história (bem, estará presente ao menos neste): jamais organizou qualquer revolta, não exerceu influente cargo público, não foi líder político ou religioso, não se insurgiu contra qualquer poder estabelecido. Seu dramático último gesto ainda lhe rendeu um indesejável artigo na *Gazeta da Tarde* do Rio de Janeiro, mas não se pode negar que sua vida foi comum. Como certamente é a minha e a de bilhões de pessoas do passado e do presente que buscaram e buscam viver da melhor forma possível dentro das condições históricas e culturais disponíveis. E é provável que a sua, dentro de suas particularidades e originalidades, também seja assim.

Quando se afirma que a vida de Gôndolo foi banal e que, por isso, não seria digna da história, estamos afirmando duas coisas: que o cotidiano é o mundo do rotineiro e do desinteressante – há, aqui, certo juízo de valor. Além disso, estamos também afirmando que o característico do conhecimento histórico seria, justamente, a oposição a essa banalidade.

---

1   *Pequeno móvel com prateleiras.*

De fato, tradicionalmente, o conhecimento histórico se estabeleceu como registro daquilo que é oposto ao rotineiro, comezinho, corriqueiro, habitual. As conhecidas descrições de Heródoto (c. 484-c. 425 a.c.) sobre a vida cotidiana na Antiguidade, por exemplo, eram sobre os costumes de povos não gregos. Ou seja, apenas sobre os diferentes dele mesmo e de seus leitores, porque ali estaria o estranho e o incomum e, portanto, digno de ser descrito.

Em sua multiplicidade de métodos, abordagens e objetivos, as práticas historiográficas desde a Antiguidade tiveram como identidade a busca pelo registro dos "grandes homens" e seus feitos, de guerras e invasões, destruições, intrigas palacianas, mortandades (Fontoura, 2016a). Heródoto, Tucídides, Orósio, Beda, Valla, Bodin, Gibbon, para estes e tantos outros nomes que se destacaram por produzirem textos que definiríamos como "história", o memorável estava justamente na ação excepcional, que romperia a suposta placidez e imutabilidade diárias: estava na guerra entre gregos e persas, nas invasões dos Hunos, nos acordos papais, na queda de Roma. História e cotidiano se construíram como conceitos opostos.

Concepções que foram sistematizadas e reforçadas com a institucionalização da História na qualidade de disciplina universitária no século XIX. Uma vez que tanto para o **historicismo** alemão de Leopold von Ranke (1795-1886) quanto para as concepções da escola metódica francesa que tanto influenciaram os estudos históricos brasileiros, o conceito de história se confunde com a "história política" e o fundamental a ser descrito e explicado era a formação dos Estados nacionais. É a história do Brasil, a história da França, a história da Alemanha que se escrevem, e não da alimentação, das práticas higiênicas ou do apego a animais domésticos. Nessa grande História, digna até de inicial maiúscula, está D. Pedro I, estão os reis merovíngios, está Carlos Magno. Descrevem-se com pompa a Primeira Missa e o grito do Ipiranga, pois esses seriam, verdadeiramente, os fatos históricos: acontecimentos caracterizados por sua excepcionalidade, além de supostamente fundamentais para a formação dos Estados nacionais. Apresentados em ordem cronológica e sumarizados em livros didáticos, eram esses fatos e essa a concepção de história que deveriam ser aprendidos e memorizados pelos alunos. Isso era "conhecimento histórico".

> **Historicismo**: Dentro da tradição do pensamento filosófico alemão, refere-se à crença de que cada sociedade deve ser compreendida em si mesma, dentro de suas específicas condições sociais e culturais. Trata-se de uma tradição criticada por, supostamente, defender o relativismo cultural e moral, além de dar ensejo à ideia de *Volkgeist*. Também conhecido como "espírito do povo" (o filósofo alemão Johann Gottfried Herder, no século XVIII, usou a expressão *Nationalgeist*, com sentido parecido), esse termo alemão se refere à noção de que um povo teria um temperamento, uma racionalidade ou um "espírito" que lhe seria característico.

Eventos cotidianos, quando aparecem nas obras fundadas em tal concepção tradicional de história, seriam meros panos de fundo para fatos considerados efetivamente "históricos". Saber que, em 1822, uma viagem por terra entre São Paulo e Rio de Janeiro durava cinco dias só teria este sentido em tal modelo de história.

Figura 2.1 – Livro didático de 1907 indicando alguns dos mais importantes fatos históricos relacionados a D. Pedro I

FEITOS E ACONTECIMENTOS	DATAS.
Faz em cinco dias a viagem por terra de S. Paulo ao Rio de Janeiro, onde chega em. . . . . Setembro de	1822
Apparece no theatro, levando no braço esquerdo o distinctivo *Independencia ou morte,* na noite de. . 15 de Setembro de	1822
É proclamado imperador constitucional do Brasil — institue a Imperial Ordem do Cruzeiro, e agracia com ella os mais notaveis propugnadores da independencia. 18 de Outubro de	1822
Celebra o acto solemne da sua coroação.. 1º de Dezembro de	1822

Fonte: Macedo, 1898, p. 340.

Não cabe nessa cronologia ou nesse modelo historiográfico qualquer menção a Gôndolo, visto que, em tais grandes narrativas, o chamado *indivíduo comum* e seu cotidiano não importam e não influenciam. As pessoas viveriam suas vidas sofrendo as consequências das ações dos "grandes homens", que carregariam, com seus atos, o próprio caminhar da história.

Geograficamente, menos de dez quadras separavam o apartamento de Gôndolo, em que sobre "uma mesa de pinho se achavam algumas garrafas vazias e pratos com restos de comida" (Suicídio, 1885, p. 1), do Paço Imperial, sede do poder de D. Pedro II. Porém, ainda que fisicamente próximos, para os historiadores ligados a essa concepção tradicional de história havia uma distância quase intransponível entre as pessoas comuns e o que se considerava serem os verdadeiros agentes históricos. O ato de excluir os primeiros e tornar os segundos protagonistas de um livro de história não é algo óbvio, mas consequência de determinada perspectiva. Em uma concepção de história que valorizava tanto o excepcional quanto a evolução do Estado, a vida e morte cotidianas de Gôndolo não teriam realmente nada a dizer.

(2.2)
Uma história antiquária

Devemos salientar que, mesmo a concepção tradicional de história tendo sido bastante influente (alguns de seus nítidos traços são facilmente encontrados em livros didáticos da atualidade, por exemplo), podem ser identificados eventuais projetos historiográficos ou literários que, em diferentes momentos, incluíram preocupações em relação ao cotidiano de povos do passado. Já foi mencionado anteriormente o caso de Heródoto, que se preocupou em descrever curiosidades cotidianas, como o amor dos egípcios pelos gatos, os leilões babilônicos de esposas ou a agilidade do sistema de correios dos persas. Viajantes portugueses nas primeiras décadas de colonização do Brasil produziram diversos textos em que se destacava seu interesse quanto aos hábitos cotidianos de vários povos indígenas; um tipo de curiosidade, pode-se dizer, "protoantropológica", semelhante a de europeus do século XVIII que utilizavam o conhecimento sobre o dia a dia de diferentes povos como instrumento para compreensão da própria realidade (Le Goff, 1986). Por sua vez, Voltaire (1694-1778) defendia que a verdadeira história não se passava entre os reis, os campos de batalha ou as cortes, mas na existência cotidiana. E, mesmo no contexto de institucionalização das histórias políticas de formação dos Estados nacionais no século XIX, países como Suécia e Dinamarca construíram uma específica tradição de livros voltados à história do cotidiano (Macintyre; Maiguashca; Pók, 2011, p. 100).

No entanto, tratava-se de projetos esparsos. Uma primeira abordagem digna de nota pela sua influência e duração surgiu em 1938, lançada pela editora francesa Hachette, com o projeto *La vie quotidienne*: uma série de livros cujo objetivo era trazer detalhes sobre as trivialidades do dia a dia de povos e personagens do passado.

> *Manter a barba e o cabelo adequadamente aparados eram a verdadeira essência do cultus ao corpo. Embora os romanos representassem seus antigos ancestrais com longas cabeleiras, barbas compridas e pastores desleixados, as escavações de Lácio e Roma revelaram tantas navalhas que não se pode deixar de compreender aquelas representações como mais do que fantasias romanas sobre suas origens. Havia muitos barbeiros e cabeleireiros em Roma. Eles exerciam sua profissão no exterior das lojas e cortavam, aparavam, enrolavam e mesmo pintavam os cabelos.* (Dupont, 1993, p. 266, tradução nossa)

Diferentemente da história dita *tradicional*, focada em batalhas, governantes, conquistas, tratados, os livros da Hachette fizeram sucesso por vasculhar e descrever o cotidiano e a intimidade dos antigos. Seus vários títulos, escritos por especialistas das mais diferentes áreas, destacavam costumes ligados ao comer e ao dormir, práticas médicas, crenças religiosas, objetos de uso diário, cuidados com o corpo. Temas que, à época considerados secundários dentro das pesquisas históricas, despertavam uma curiosidade verdadeiramente voyeurística nos leitores: Como os romanos cortavam seus cabelos? Como se dava a intimidade entre esposos no Antigo Egito? Como eram tratadas as doenças na Palestina do tempo de Jesus?

O sucesso da coleção estimulou sua tradução para diferentes idiomas e inclusive o Brasil contava com edições específicas, publicadas sob o título *A vida cotidiana*. Obras como *No tempo dos cavaleiros da távola redonda*, *Berlim no tempo de Hitler*, *Paris no tempo do Rei Sol*, *Índios e jesuítas no tempo das missões*, *O Egito no tempo de Ramsés*, *O Brasil no tempo de Dom Pedro II* descreviam o dia a dia das pessoas comuns, suas corriqueiras atribuições diárias, seus costumes específicos, suas formas de viver, de se divertir, de trabalhar, de morrer. Uma perspectiva que, em vários aspectos, diferenciava-se não apenas das pesquisas históricas como então concebidas pelo mundo acadêmico, mas também como eram ensinadas nas escolas.

A coleção francesa contava com mais de 200 títulos e é bastante mais ampla que a brasileira. Nela fica mais evidente a diferença de abrangência e profundidade de cada livro, reflexo também da diversidade e formação dos diversos autores, sem mencionar seus diferentes princípios teóricos. Em síntese, havia obras muito relevantes, enquanto outras apresentavam pesquisas superficiais. Em praticamente todas se destacava a leitura leve e divertida, destinada ao público em geral, em que um conhecimento enciclopédico sobre o passado era apresentado em descrições de fácil entendimento e repletas de curiosidades, como na apresentação do ritual de casamento asteca mostrado na figura a seguir:

Figura 2.2 – Representação de casamento asteca

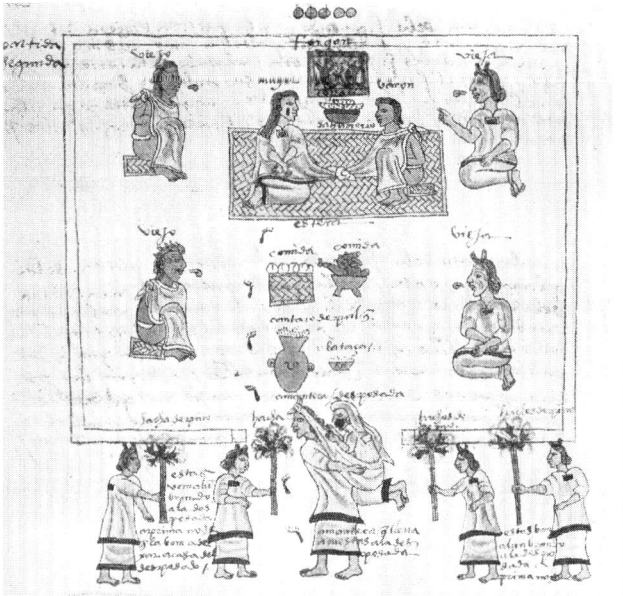

O casamento era realizado frente a uma lareira. Inicialmente, os dois jovens, sentados um ao lado do outro sobre duas esteiras, recebiam seus presentes. A mãe da noiva dava a seu futuro genro roupas de homem; a mãe do noivo dava à noiva uma camisa e uma saia. Então o cihuatlanque atava o manto do jovem à saia da jovem, e a partir daquele momento estavam casados: a primeira coisa que faziam era compartilhar um prato de tamale, oferecendo um ao outro bolinhos de milho. (Soustelle, 1970, p. 177, tradução nossa)

O autor, atuando como uma espécie de guia turístico do passado, direcionava a atenção dos leitores para os detalhes mais significativos daquela cultura, destacando gestos, comportamentos, falas. As vívidas descrições e as imagens contribuíam para construir a impressão de que se testemunhava o próprio casamento asteca, o trabalho dos construtores no Antigo Egito ou a atuação dos xerifes no faroeste estadunidense. Porém, ainda que interessantes, estimulantes e repletas de informações, tais descrições usualmente estavam desconectadas de uma compreensão mais ampla daquelas sociedades. O casamento entre os astecas, por exemplo, era descrito nele mesmo, sem conexão mais profunda de seus significados bem como de suas relações com outros aspectos das crenças e formas de viver do povo asteca. O casamento era **descrito**, mas não **explicado**. Algo que seria muito criticado por historiadores de diferentes correntes historiográficas, os textos da coleção *La vie quotidienne*, importantes que fossem, muito frequentemente permaneciam na apresentação do singular e do anedótico das sociedades do passado, sem demonstrar uma compreensão efetivamente histórica.

Sem problematização, com temas escolhidos arbitrariamente, sem apresentar uma visão abrangente de outras sociedades: por essas razões, esse modelo de escrita de história do cotidiano pode ser caracterizado como uma *história antiquária*, expressão que recupera as ações dos antiquaristas da Renascença europeia. Fundamentais para a preservação de uma infinidade de documentos históricos, os antiquaristas eram colecionadores eruditos que selecionavam e preservavam em seus gabinetes de curiosidades todo tipo de material antigo que considerassem valioso. Não havia critérios de seleção, recorte temporal específico ou análises do acervo: apenas coleções unidas algo arbitrariamente, conforme os particulares interesses do antiquarista.

Algumas obras da coleção *La vie quotidienne*, não se pode negar, possuíam notável valor acadêmico. No entanto, o que atraía o interesse e despertava a curiosidade dos leitores eram as descrições interessantes e vívidas de povos do passado, em uma estratégia que se comprovou um sucesso mercadológico tanto pelo número de exemplares vendidos quanto pelo incentivo ao surgimento de versões similares no mercado editorial. A partir das últimas décadas do século XX, diferentes histórias do cotidiano, voltadas especialmente ao público infantojuvenil, tornaram-se comuns nas prateleiras das livrarias e continuam, hoje, populares também nos *e-books* do mundo digital. No Brasil, coleções de paradidáticos como *O cotidiano da história*[2] e *Como seria sua vida*[3] – título, aliás, que deixa bastante evidente a pretensão dessas obras em "recriar o passado" – ainda são bastante comuns nas bibliotecas escolares. Documentários voltados à história do cotidiano em canais televisivos ou de conteúdo digital, como vários existentes no *site Youtube*, encontram-se facilmente entre os mais assistidos. Especialmente em comparação com a história escolar, frequentemente criticada por sua dissociação com a realidade dos alunos, tais abordagens do cotidiano despertariam o interesse e tornariam mais concreta a existência dos antigos, ainda que ao custo de alguns anacronismos.

Muitas dessas obras apresentam semelhantes problemas àqueles de *La vie quotidienne*: interessantes, porém superficiais; descrevem fatos e processos frequentemente descontextualizados e de forma, não raramente, anacrônica. Por detrás das imagens coloridas, reconstruções 3D, maquetes digitais, usualmente se limitam a apresentar

---

2   *Com títulos como* O engenho colonial, Roma antiga, Revolução industrial.
3   Como seria sua vida na Idade Média?, Como seria sua vida na Grécia Antiga? *e* Como seria sua vida na Roma Antiga? *são alguns dos títulos mais conhecidos dessa coleção.*

Antonio Fontoura

o cotidiano como algo curioso e instigante, mas não mais do que isso. A "verdadeira" história – a que será exigida nas provas, estará nos vestibulares, ou decorada para o Enem – continua a ser a do livro didático que, apesar de todas as mudanças historiográficas das últimas décadas, ainda pende fortemente para a história política. Perpetua-se, assim, a concepção de que o cotidiano é historicamente pouco importante, por mais que seja divertido. E esconde mesmo algum evolucionismo, por sugerir o desconforto, a irracionalidade ou o atraso de costumes do passado em contraposição ao suposto conforto da vida contemporânea.

Tais abordagens, de toda forma, não invalidam a produção de uma história da vida cotidiana. Apenas reforçam o argumento anteriormente exposto: a abordagem do cotidiano como objeto relevante de pesquisa histórica deve estar inserida em uma mais ampla concepção de história. Diferentes correntes historiográficas, que procuravam inserir a ação dos indivíduos em sua concepção teórica, surgiram na segunda metade do século XX, em decorrência do desencantamento – apresentado no capítulo anterior – com certa forma de fazer história do período. Duas dessas concepções serão discutidas a seguir: **a história vista de baixo** e a **micro-história**. Ambas demonstram como uma história dos costumes das ações cotidianas e populares só faz sentido quando fundamentada em uma concepção mais ampla de história.

(2.3)
Indivíduos e sociedade

Um interessante flagrante das semelhanças e diferenças na vida cotidiana da contemporaneidade foi produzido pelo fotógrafo romeno

Bogdan Gîrbovan, que, em 2008, fez registros de dez famílias diferentes vivendo em apartamentos idênticos.

Figura 2.3 – Comparação entre apartamentos

GÎRBOVAN, Bogdan. **10/1**. 2008. Fotografia: color.

Os apartamentos não são muito grandes e, como é comum em condomínios habitacionais, possuem a mesma arquitetura. São, além disso, destinados a pessoas com poder aquisitivo mais ou menos semelhante. Ainda assim, e mesmo tendo sido as fotos tiradas a partir do mesmo ângulo, é possível observar que não existe decoração idêntica entre eles. A ocupação dos espaços seguiu os interesses e gostos particulares dos moradores, suas preferências pessoais e condição social – seus objetivos específicos com relação à sua moradia. Mais ou menos decorados, com objetos mais ou menos modernos, cada apartamento é testemunha visual do problema dialético relacionado às condições socioculturais (que neste capítulo denominaremos, muito genericamente, *estruturas*) e às possibilidades de ação individual (a questão da agência). Em outras palavras, como se expressam a individualidade, as vontades e as necessidades pessoais, as diferentes oportunidades, diante de condições parecidas e relativamente determinantes da sociedade – que podem, inclusive, impactar todo conjunto social.

Dentro da história do pensamento ocidental, o cotidiano foi usualmente considerado o espaço do desinteressante e do repetitivo. Do fundamentalmente desimportante historicamente. Afinal, qual seria o impacto das escolhas da senhora que mobiliou seu apartamento de número 27 com móveis de madeira maciça e o decorou com um sem-número de bibelôs, em contraposição ao morador do apartamento 43, com seus poucos móveis de qualidade inferior? Como não ver nessas escolhas nada mais do que opções sem significado social?

A discussão relativa ao debate entre as possibilidades de ações individuais e as determinações dos contextos sociais mais amplos (conhecido como *debate agência vs. estrutura*) é antiga nas ciências humanas. Tal debate, apresentado de maneira simplista, refere-se ao grau de liberdade e influência que um indivíduo pode ter em uma sociedade e o quanto pode interferir nas próprias condições de existência. Uma análise que privilegie a agência humana pode cair no erro de descrever indivíduos supra-históricos, ou seja, que não são influenciados pela sociedade em que vivem e atuam apenas e tão somente com base em suas convicções pessoais. Muitos textos fundados em um modelo de história tradicional, que enfatiza os "heróis" ou os "gênios" do passado, caem nesse erro. Por outro lado, uma análise que se centre na descrição de estruturas e suas determinações pode, simplesmente, ignorar a existência dos indivíduos ou considerá-los impotentes diante das mudanças econômicas, das crenças culturais ou da influência social. Incontáveis textos historiográficos têm como protagonistas conceitos como Estado, ideologia, economia, trabalho e outros que, sem quaisquer referências à ação dos indivíduos, formariam a sociedade.

A produção de uma história do cotidiano participa desse debate. Se fôssemos escrever uma história do cotidiano escravista no Brasil do século XIX, sem dúvida deveríamos mencionar a rotina de violência e desumanização, inserida em um específico ambiente cultural e econômico.

Figura 2.4 – Izidro, escravo, vai à polícia

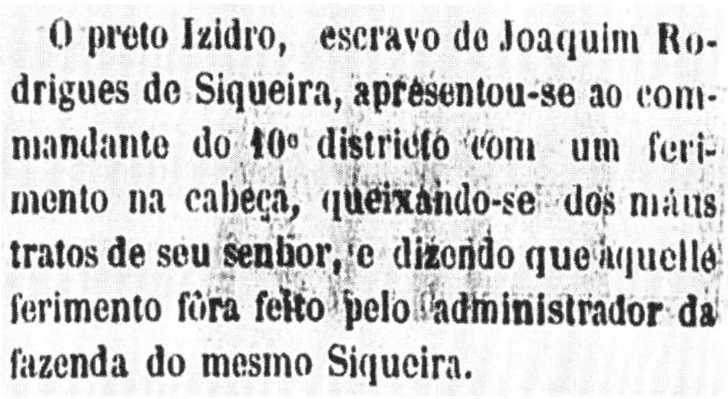

> O preto Izidro, escravo de Joaquim Rodrigues de Siqueira, apresentou-se ao commandante do 10º districto com um ferimento na cabeça, queixando-se dos maus tratos de seu senhor, e dizendo que aquelle ferimento fôra feito pelo administrador da fazenda do mesmo Siqueira.

Fonte: Gazeta da Tarde, 1880, p. 3.

Deveríamos, todavia, falar das possibilidades de resistência: complexas e impactantes, como a organização de um quilombo; ou simples e corajosas, como a de Izidro, que, diante dos castigos físicos que sofria, resolveu simplesmente ir à polícia e denunciar aquele que seria seu senhor.

Agência ou estrutura? *In medio virtus*, se quiséssemos gastar nossas locuções latinas; ou "nem tanto ao mar, nem tanto à terra", em bom português. Contudo, a solução não é tão simples. Sem uma adequada concepção histórica, corremos o risco de produzir uma história do cotidiano inútil, porque nada mais descreveria rotinas individuais destituídas da relação com a sociedade; ou porque apresentaria pessoas como reféns de seu cotidiano, vivendo vidas que lhes seriam totalmente impostas, sobre as quais não teriam qualquer influência.

As pessoas constroem o próprio cotidiano dentro das condições socioculturais em que estão inseridas; mas (e esse "mas" é tão importante que será negritado) –, **mas** há possibilidade de que os indivíduos atuem sobre as próprias condições socioculturais, mesmo em suas ações cotidianas: ao escolher comprar um guarda-roupa em MDF, ao adquirir uma cópia do último *best-seller* na livraria do *shopping* ou ao preferir comer peixe no final de semana. Se isso não fosse verdade, aliás, sequer teríamos mudanças, sequer teríamos história.

Como recuperar as vozes das pessoas comuns na história? E mais, como construir uma história do cotidiano que, efetivamente, contribua para compreender a construção da rotina, nossas atividades obrigatórias, as dificuldades do dia a dia, como parte de uma mais ampla realidade social e histórica?

(2.4)
A HISTÓRIA VISTA DE BAIXO

É bem verdade que a chamada *história vista de baixo* pode ser citada como uma historiografia sobre o cotidiano apenas com alguma boa vontade. Suas preocupações são outras. Centra-se, principalmente, em demonstrar que o povo, especialmente aquelas pessoas usualmente desconsideradas pelos estudos históricos, não é determinado pela estrutura ou apenas reativo às grandes mudanças históricas, mas importante agente das mudanças sociais, dentro das condições possíveis de existência. Nesse sentido, inverte a perspectiva da história tradicional, que colocava o destino das sociedades sobre os ombros dos "grandes líderes". Porém, para nossa discussão, a historiografia da história vista de baixo aborda problemas importantes que afetam decisivamente a forma pela qual compreendemos a história do cotidiano; especialmente, a discussão sobre as relações entre agência e estrutura, as opções dos indivíduos em seu contexto social.

Nessa linha historiográfica, o povo não é compreendido de maneira simplificada, idealizada ou essencializada, mas em sua realidade concreta: suas condições de vida, sua forma de agir dentro da própria realidade, suas crenças e seus valores morais. Condenando as antigas e seculares perspectivas históricas tradicionais, que concebiam o povo como uma massa ignorante, incapaz de organização, e apenas conduzida pelos chamados *grandes líderes*, esses historiadores sociais pretendiam compreender a agência histórica de trabalhadores, camponeses, escravos ou operários; portanto, de todos aqueles que, de alguma maneira, haviam sido colocados na periferia tanto da sociedade quanto dos estudos acadêmicos de história. Por meio de documentos, essa perspectiva pretendia descobrir, efetivamente, "quem construiu Tebas, a de sete portas", sob quais condições, alicerçado em quais preceitos, em diálogo com qual realidade.

O movimento ligado à história vista de baixo surgiu com historiadores marxistas do Reino Unido após a Segunda Guerra Mundial. O nome dessa corrente deriva de um artigo publicado em 1966 por E. P. Thompson (1924-1993), um dos mais significativos representantes dessa perspectiva (Thompson, 1966). Surgiu com pesquisas sobre a realidade e as dificuldades da população comum, analisando temas então distantes da história tradicional e acadêmica e próximos da realidade cotidiana: atividades de lazer, crenças socialmente compartilhadas, formas populares de protesto, interpretações populares de direitos. Os estudos ligados ao cotidiano das camadas populares permitiriam que o povo, tomado de forma geral, não fosse visto como uma massa amorfa, por vezes ignorante, por vezes perigosa, como era comum não apenas nos discursos elitistas dos vários períodos históricos, mas também como apareciam descritos pelos próprios historiadores. Apreender a lógica, os significados e as complexas relações de ações populares subvertia a noção de que a população seria impotente em relação às grandes mudanças sociais e colocava em suas mãos também o protagonismo histórico. Lançava a capacidade de agência nas mãos da população comum.

Em sua mais conhecida obra, *A formação da classe operária inglesa* (1987), Thompson procurou recuperar a forma pela qual se deu, historicamente, a formação do operariado inglês. Sua atenção não recaiu na organização do sistema fabril, nas mudanças do sistema econômico ou nas leis trabalhistas, mas na gradual forma pela qual as pessoas, compartilhando determinadas experiências em comum – na condição de trabalhadores, com baixos salários e péssimas condições de vida –, construíam aos poucos o sentido de fazerem parte de um específico grupamento humano; de uma *classe*, no sentido marxista do termo. Ou seja, seria na vivência cotidiana que se construiriam as experiências que permitiriam àquelas pessoas perceberem que comungavam de uma realidade comum e possuíam certa identidade social. Assim, a autoconsciência da classe operária, segundo Thompson (1987), não surgia automaticamente por conta do capitalismo, mas como resultado de sua vivência histórica e cotidiana. Observe como, aqui, a compreensão da rotina, da vida diária, das dificuldades persistentes e socialmente compartilhadas – quer dizer, o cotidiano dos trabalhadores – desempenha papel fundamental no *making of*, no fazer-se, da classe operária.

A novidade da história vista de baixo não estava, portanto, em tomar o povo como objeto de estudo – isso já existia, de certa forma, desde Heródoto –, mas sim em sua particular definição de povo, bem como nos objetivos a serem atingidos com sua perspectiva específica.

2.4.1 Vendendo a esposa

Um artigo do jornal londrino, datado de 1797, lamenta a continuidade de uma popular prática inglesa que teria surgido ainda no século XVII e que persistiria pelo menos até as primeiras décadas do século XIX: a chamada *venda de esposas*.

> *Na sexta-feira, um açougueiro expôs sua esposa à venda no Mercado de Smithfield, perto de Ram Inn, com uma corda no pescoço e outra na cintura, que a amarrou a uma grade, enquanto um condutor de porco fora o feliz comprador, que deu ao marido três guinéus e uma coroa. É uma pena, não há como parar com uma conduta tão depravada na ordem mais baixa da população.* (The Times, 1797, tradução nossa)

Tratava-se de um ritual popular: o marido levava a esposa amarrada por uma corda até o mercado local, especialmente o que envolvia o comércio de animais, e, ali, a leiloava. Em geral, o leilão era acompanhado de risadas e zombarias até que, em determinado momento, aparecia um comprador que oferecia um valor considerado adequado, adquirindo, assim, a nova esposa. Em uma caricatura de 1820, é possível observar como o marido é representado com caracteres grotescos, pois era um dos alvos das chacotas. O artista inclusive se preocupou em alinhar a cabeça do marido a um par de chifres, indicando que teria sido traído. Findo o leilão, a mulher leiloada, o antigo marido e o comprador celebravam um contrato que deveria ser assinado por todos e também por testemunhas, ato fundamental para estabelecer a regularidade daquela singular troca.

Figura 2.5 – Venda de esposa em 1820

Tratava-se de um costume popular e relativamente comum dos camponeses da Inglaterra. Para a elite inglesa do período, a prática era indício do atraso da população mais pobre, uma afronta à dignidade da mulher e até mesmo um sinal de selvageria daquela "ordem mais baixa da população". Não era raro que os jornais de Londres denunciassem a ocorrência de vendas de esposas, exigindo a tomada de medidas legais contra a prática.

Algumas características desse costume iluminam aspectos da relação entre a prática histórica e o cotidiano; e, mais especificamente, a forma como a história vista de baixo trabalha com a questão do popular.

Se apenas descrevêssemos esse ritual, sem tentar compreender seu contexto, objetivo e motivações (seguindo, por exemplo, o modelo usual das obras da coleção *La vie quotidienne*), correríamos o sério risco de simplesmente adotarmos a opinião da elite letrada inglesa dos séculos XVII ao XIX. Ou seja, de apresentarmos a venda de esposas como algo bárbaro e humilhante, talvez condenável e incompreensível; ou, mesmo, sinal de certa estreiteza mental que, não raras vezes, foi imputada à população, particularmente àquela mais pobre. Por outro lado, se estudarmos a venda de esposas como um fenômeno histórico atrelado a certas concepções sociais e culturais, teremos a possibilidade de construir uma explicação verdadeiramente histórica e poderemos compreender como o cotidiano é vivido de maneira ativa dentro de sua lógica específica. Foi o que fez E. P. Thompson.

Thompson (1987) demonstrou que a prática de venda de esposas se configurava como uma espécie de divórcio popular. Independentemente do que a lei efetivamente afirmava, tratava-se de um método que a população socialmente reconhecia e considerava válido para findar um casamento. Ou seja, um ritual. A venda não ocorria para qualquer pessoa: em boa parte dos casos, o comprador era um homem com o qual a mulher já vivia, fora dos laços formais de casamento. Nesse sentido, a venda representava a regulamentação de uma situação de fato. Se o casamento fosse conturbado (com a esposa, por exemplo, sendo agredida pelo marido), os compradores poderiam ser os próprios familiares. Portanto, a situação mais comum era de que a esposa estava de acordo com a venda. E, para confirmar o caráter ritual, o valor da compra era usualmente irrisório e possuía apenas caráter simbólico.

No entanto, para ser considerado um ritual válido entre os membros daquelas comunidades, deveriam ser seguidos vários passos: o leilão deveria ser anunciado antecipadamente, a esposa deveria estar amarrada, a venda seria realizada em um mercado de animais e era obrigatória a presença de testemunhas. A própria zombaria tinha funções rituais, pois a mulher era humilhada antes de pertencer a outro homem, o que garantia ao marido manter algo de sua reputação. Não se tratava, então, de uma ação sem sentido ou "selvagem". Possuía um significado para aquela população e era um método de divórcio efetivamente aceito se todos os passos fossem devidamente seguidos. Um divórcio popular, portanto, que seguia sua própria burocracia e moralidade.

Em suas análises, Thompson (1998) demonstrou que o cotidiano da população comum possui determinadas regras e uma determinada **moral**, com fundamentos tradicionais, que envolvem e orientam a realidade de seu dia a dia, embasando ações e rituais. A história vista de baixo, dessa forma, mostra que o cotidiano não pode ser abordado como simples conjunto de costumes curiosos ou divertidos, ações banais mais ou menos exóticas, que podem ser simplesmente descritos; mas que deve ser localizado dentro de suas respectivas relações sociais e culturais.

> **Economia moral**: Mesmo as revoltas populares, afirmou E. P. Thompson (1998), seriam motivadas e organizadas segundo concepções culturais. As revoltas da fome na Inglaterra do século XVIII não seriam meras reações instintivas à escassez de comida. Analisando-as, Thompson (1998) argumenta que eram ações planejadas contra o que a população entendia como desrespeito a uma determinada moralidade considerada própria da economia. Não se rebelava, simplesmente, contra a fome, mas sim porque se acreditava que havia pessoas estocando indevidamente alimentos, vendendo grãos de baixa qualidade ou aumentando os preços de forma a manipular os mercados. A razão essencial para os motins populares seria, portanto, o desrespeito à moralidade da economia. Este conceito – de economia moral – ainda é muito utilizado em história como ferramenta intelectual para compreender revoltas populares.

Ampliando-se a análise de Thompson, pode-se perceber como o cotidiano mantém relação com as demais estruturas sociais; que atos considerados banais, próprios à existência humana, não são desimportantes ou a-históricos. Com a história vista de baixo foi possível concluir que a população como um todo não é inerte em relação aos desenvolvimentos históricos, não é guiada para o futuro por indivíduos ou classes de privilegiados e participa da construção da tessitura social. Não existe algo como "a história" de um lado e "o povo" de outro, com a primeira ditando como se dá a vida do segundo.

(2.5)
Micro-história e cotidiano

A denominada *micro-história* é uma corrente historiográfica surgida na Itália, em finais dos anos 1970. Seu objetivo é discutir como qualquer pessoa – seja D. Pedro II, seja Menocchio, seja você – participa das mudanças históricas e, no limite, contribui para sua construção. Como é próprio do projeto micro-histórico, reduz-se a escala de análise para o nível do indivíduo ou de pequenos grupos e, amparando o estudo em uma grande quantidade de fontes primárias, busca-se reconstruir as complexas relações estabelecidas com grupos mais próximos, instituições de poder ou estruturas sociais mais amplas. Nessa relação entre o micro e o macro, a referida perspectiva pretende evidenciar como as pessoas possuem possibilidades, alternativas, opções, originalidades.

No Brasil, o livro mais conhecido que segue a vertente historiográfica da micro-história é, sem dúvida, *O queijo e os vermes*, de Carlo Ginzburg (1939-). Lançada originalmente em 1976, a obra foi traduzida e publicada no Brasil na década seguinte, com o subtítulo tentador e enganoso de *O cotidiano e as ideias de um moleiro perseguido pela Inquisição*. É tentador porque parece termos diante de nós uma obra em que o cotidiano estaria em primeiro plano, mas enganoso porque se trata de uma fabricação da tradução brasileira.

O subtítulo original, *Il cosmo di un mugnaio del '500*, seria mais fielmente traduzido como *O cosmos de um moleiro do século XVI*. E, salvo engano, há apenas uma única menção ao termo *cotidiano* em toda obra: "Assim, na sua linguagem densa, recheada de metáforas ligadas ao cotidiano, **Menocchio** explicava sua cosmogonia tranquilamente, com segurança, aos inquisidores estupefatos e curiosos" (Ginzburg, 2006, p. 51, grifo nosso).

> **Mennochio** era o apelido de Domenico Scandella, moleiro italiano da região de Montereale no século XVI e protagonista de *O queijo e os vermes*. Nessa obra, o historiador italiano Carlo Ginzburg se utiliza principalmente de documentos inquisitoriais para tentar compreender a cosmogonia de Mennochio, fundamentada em um complexo diálogo entre as culturas erudita e popular de sua época. Por conta de suas concepções originais, consideradas perigosas pela Igreja Católica, Menocchio foi condenado por heresia e executado em 1599.

De toda forma, trata-se de uma menção importante. Sintetiza a argumentação de Carlo Ginzburg a respeito de Menocchio e suas ideias: se o cotidiano em si não é objeto da micro-história ou de *O queijo e os vermes*, é nele que se localiza todo o contexto da análise de Ginzburg e é por esse cotidiano, em suas múltiplas facetas, que se torna possível compreender as ideias de Menocchio.

Foi assim que Menocchio descreveu, para a Inquisição, parte de suas originais crenças cosmogônicas; não é difícil perceber por que eram ideias consideradas perigosas pela doutrina católica:

> *Eu disse que segundo meu pensamento e crença tudo era um caos, isto é, terra, ar, água e fogo juntos, e de todo aquele volume em movimento se formou uma massa, do mesmo modo como o queijo é feito do leite, e do qual surgem os vermes, e esses foram os anjos. [...] Eu disse bem claro que [Jesus] se deixou crucificar e esse que foi crucificado era um dos filhos*

de Deus, porque todos somos filhos de Deus, da mesma natureza daquele que foi crucificado. (Ginzburg, 2006, p. 36-37)

Para compreendermos como Menocchio chegou a essas ideias e as razões que explicam por que foram responsáveis, em último caso, por sua condenação, devemos estabelecer os pontos de contato entre o indivíduo e a sociedade, a pessoa e seu contexto. Pois, por um lado (o individual), nem todas as pessoas de Montereale do século XVI pensavam como Menocchio, claramente evidenciando a presença de uma mente original. Por outro lado (o da sociedade), foram as condições sociais – especificamente, o momento da Contrarreforma – que impeliram à constituição de um julgamento por heresia e a condenação de Menocchio à morte na fogueira. Visto que, como afirmou o historiador Carlo Ginzburg (2006, p. 38), se fosse "cem, 150 anos depois, Menocchio provavelmente teria sido trancado num hospício, e o diagnóstico teria sido 'tomado por delírio religioso'. Todavia, em plena Contrarreforma, as modalidades de exclusão eram outras – prevaleciam a identificação e a repressão da heresia".

Há, sem dúvida, certa originalidade de pensamento em Menocchio, todavia não é supra-histórica. É possível identificar, por exemplo, como os indivíduos com os quais conversou e os livros que leu participaram da constituição de suas ideias. "Vimos quais livros Menocchio lia. Mas como os lia? […] Foi o choque entre a página impressa e a cultura oral, da qual era depositário, que induziu Menocchio a formular […] as 'opiniões […] que saíram da sua própria cabeça'" (Ginzburg, 2006, p. 67). Ou seja, há um determinado contexto social, mais amplo, no qual a originalidade das ideias de Menocchio pode ser localizada. Há uma determinada agência, que se move dentro das condições possibilitadas por sua época e cultura. Há um indivíduo histórico que se move em uma sociedade também histórica.

Nessa sociedade, aliás, é possível contextualizar a ação da Igreja Católica. Uma cosmogonia que associe o universo a queijos e vermes poderia ser inócua duzentos anos antes, meramente curiosa duzentos anos depois, mas era controversa e perigosa em Montereale na segunda metade do século XVI: "A jurisdição do Santo Ofício em casos de tamanha importância não pode de modo algum ser posta em dúvida" (Ginzburg, 2006, p. 192), argumentava um bispo, insistindo na condenação do moleiro. A repressão a Menocchio pode ser assim entendida dentro do quadro de "intensificação dos processos contra a bruxaria e o rígido controle dos grupos marginais, assim como dos vagabundos e ciganos. O caso de Menocchio se insere nesse quadro de repressão e extinção da **cultura popular**" (Ginzburg, 2006, p. 190, grifo nosso).

> **Cultura erudita, cultura popular**: No século XIX, quando começaram a surgir estudos sobre o folclore, a cultura popular era considerada inferior à cultura erudita (fundamentalmente letrada) e, não raro, mera expressão de um pensamento ingênuo e pré-científico. Um dos objetivos de O *queijo e os vermes* foi o de demonstrar que não apenas a cultura popular possui uma riqueza própria, como influencia e é influenciada pela cultura erudita. Não é possível compreender a origem das ideias de Menocchio, afirmou Ginzburg, (2006) a não ser que se considere que as ideias circulam dentro de uma sociedade, mesmo entre diferentes grupos sociais.

O contexto não determina o que Menocchio poderia pensar, como não prevê como uma pessoa irá mobiliar o próprio apartamento. Trata-se de ações cotidianas, fundadas na originalidade individual. As pessoas não estão confinadas a um contexto (o que levaria a uma tautologia), mas suas ações são sempre contextualizáveis. Indivíduo e sociedade, agência e estrutura.

2.5.1 Um minúsculo fragmento do Piemonte

Além de indivíduos, o método micro-histórico permite que se compreenda também como pequenas comunidades estabelecem determinadas relações estratégicas dentro da realidade em que vivem. Compreender as lógicas específicas que ordenam a vida de comunidades no passado, bem como as alternativas construídas pelos indivíduos em seus contextos, é objetivo da obra *A herança imaterial*, do italiano Giovanni Levi (1939-).

Levi, em sua obra, procurou estudar a pequena aldeia de Santena, na região italiana do Piemonte (norte da Itália), "um lugar banal e uma história comum" (Levi, 2000, p. 46). Seguindo os preceitos da micro-história, buscou reconstruir a biografia de todos os habitantes de Santena do século XVII que tivessem deixado registros históricos. E, de posse desses dados, pretendeu analisar a "participação de cada um na história geral e na formação e modificação das estruturas essenciais da realidade social" (Levi, 2000, p. 45). E o que Levi constatou foi a utilização de determinada racionalidade "empregada na obra de transformação e utilização do mundo social e natural" (Levi, 2000, p. 45). Ou seja: as pessoas não viviam seu próprio cotidiano como se fossem autômatos, pessoas totalmente determinadas pelo contexto social, tais quais NPCs[4] *do videogame* GTA V. Atuavam, na verdade, ativamente, buscando melhorar sua própria realidade.

Que fique claro: trata-se de uma racionalidade limitada, pois as pessoas tomam suas decisões com base em informações incompletas, condições de incerteza (como guerras ou destruição de colheitas pelo inverno), além de crenças dos mais variados tipos. Apesar disso, jamais deixam de ser estratégicas, de pensarem ativamente no que fazem em

---

4   Non-player character: *como são denominados personagens de jogos digitais controlados por computador e que têm, por isso, ações previamente determinadas.*

função da busca pela garantia de uma maior segurança no futuro. Em Santena, essas estratégias se apresentavam como diversificação de colheitas, plantação de amoras (para produção de bichos-da-seda), comercialização de terras, dentre outras formas de permitir uma existência mais confortável possível. Afirma Levi (2000, p. 45, grifo nosso): "durante a vida de cada um aparecem, ciclicamente, problemas, incertezas, escolhas, enfim, uma política da vida **cotidiana** cujo centro é a utilização estratégica das normas sociais".

Uma discussão com exemplos pode ser mais útil, partindo de nosso senso comum. Suponha que você tenha um pedaço de terra – uma chácara, um pequeno sítio, um terreno na cidade. Para quem você, a princípio, tenderia a vender esse pedaço de terra com algum desconto: para um parente ou para um desconhecido? Talvez você não goste de seus parentes e queira vê-los pagar muito por um pedaço de terra qualquer. Tudo bem, isso acontece; mas, apoiados em nosso senso comum, tendemos a pensar que, na maioria dos casos, as pessoas prefeririam vender seu pedaço de terra mais barato ao próprio filho ou à própria irmã do que para um estranho da cidade vizinha. No entanto, analisando os dados de compra e venda de terras em Santena no século XVII, Giovanni Levi chegou a um indício que nos parece contraintuitivo: era comum que as terras fossem vendidas com preços mais altos aos parentes e com preços mais baixos aos desconhecidos.

Veja-se o caso de Stefano Borgarello: habitante de Santena, queria cobrar de sua sogra, segundo um documento do século XVII, despesas referentes a

alimentação durante nove meses do ano anterior, 1695. Tais despesas compreendiam 17 liras para a compra de uma pele; 11 liras pagas ao cobrador de impostos; 6 heminas de grão avaliadas em 28 liras e outras despesas feitas em ocasião de sua doença, que durou sete meses; e ainda 20 liras pagas ao farmacêutico local pelas receitas e compras em sua loja.
(Levi, 2000, p. 160)

A solução encontrada por Stefano Borgarello e sua sogra foi a venda de um pequeno pedaço de terra por um preço muito mais alto que o do mercado, quitando-se, dessa forma, a dívida. Ou seja: a compra e a venda de terras não eram feitas pensando-se estritamente em seu valor de mercado, mas em todo um conjunto de relações sociais que envolviam também os parentes. Comprar ou vender um terreno a um parente estava inserido em um complexo conjunto de favores e obrigações, e se tornava o resultado final de um acerto de contas de empréstimos, trocas e dívidas passadas. Assim, as pessoas não agiam como o famoso **homo economicus**, mas tinham sua própria racionalidade estratégica, fundada nas relações pessoais e de parentesco, seu senso de moral e de responsabilidade, além das próprias necessidades materiais – todavia, sempre, cultural e historicamente contextualizadas.

> **Homo economicus**, ou "homem econômico", é um conceito, muito presente em modelos teóricos da economia, que toma como pressuposto um agente completamente racional, que procura sempre maximizar seus ganhos e minimizar suas perdas. Ainda que seja um conceito útil para compreender certos fenômenos da economia, o modelo do *homo economicus* pode falhar quando se constata que as pessoas não são seres perfeitamente racionais e são motivadas por razões mais complexas do que a simples maximização dos ganhos.

Síntese

A produção de uma história do cotidiano não deve partir apenas de um interesse sobre a vida rotineira das pessoas do passado. Isso, sem dúvida, é importante, pois a curiosidade sempre é um motivador válido para se buscar conhecimento. Mas esse interesse não basta. O inferno historiográfico está repleto de historiadores com boas intenções, que, tentando descobrir como "realmente viveram" as pessoas do passado, criaram textos que nada mais eram que compilações de curiosidades. A forma como dormirmos, como nos asseamos, que alimentos preferimos, como dormimos: tomam-se aspectos arbitrários da vida no presente e se procura descobrir como eram feitos "antigamente".

Foi possível discutir, neste capítulo, que uma abordagem ingênua sobre o cotidiano irá produzir histórias do cotidiano problemáticas. Sendo assim, faz-se necessário responder a algumas questões para que se possa, efetivamente, enquadrar o cotidiano dentro de uma abordagem histórica: Qual o papel do indivíduo em sua sociedade? Como os processos mais banais da existência se articulam com crenças, condições de vida, situação econômica, gênero, etnia?

As pessoas atuam diretamente sobre suas respectivas formas de viver. Procuram agir ativamente dentro das condições e com as informações que detêm. Pessoas de semelhante condição social tendem a, por exemplo, morar em conjuntos habitacionais de apartamentos praticamente idênticos. Contudo, como revelaram as fotos de Bogdan Gîrbovan, agem sobre seus contextos, mobiliando-os e decorando-os conforme seus gostos, suas condições e sua biografia.

Atividades de autoavaliação

1. Ainda que o modelo tradicional de compreensão da história tenha se estruturado no século XIX, sua influência persistiu – e ainda persiste – nos livros didáticos. O trecho a seguir, referente ao militar e político Manuel Luís Osório (1808-1879), foi extraído de um livro didático de história datado de 1967, dirigido a alunos mais novos. Leia o texto com atenção.

O HERÓI DE TUIUTI
Vovô Miranda tirou umas baforadas do seu cachimbo e continuou:
— Falando sobre os grandes vultos de nossa pátria, lembrei-me de dizer alguma coisa sobre o general Osório, um dos heróis da guerra que o Brasil teve de enfrentar contra Solano López, ditador do Paraguai. [...] Em Tuiuti, Osório revelou-se um verdadeiro herói. Atacado por forças superiores em número, fez com que os soldados brasileiros operassem prodígios. No fragor das batalhas, quando a vitória parecia pender para o inimigo, Osório surgia à frente da cavalaria e, com cargas fulminantes, conseguia derrotar os paraguaios. (Santos, 1967, p. 98-99)

A visão que o personagem Vovô Miranda apresenta, nesse livro didático de história, sobre as ações de Manuel Luís Osório está de acordo:

a) com uma concepção de história que valoriza a ação de supostos heróis, que, em posições de destaque em um Estado, seriam responsáveis pelo desenrolar dos desenvolvimentos históricos.

b) com as ideias de E. P. Thompson, por demonstrar que os conflitos bélicos não eram apenas resolvidos pelos grandes generais, mas, especialmente, pelos soldados comuns, usualmente esquecidos em livros didáticos.
c) com uma valorização da história do quotidiano, por abandonar o protagonismo de governantes e exaltar as ações do dia a dia, mesmo na guerra, como responsáveis pelas mudanças sociais.
d) com a visão historicista da sociedade como defendida por Leopold von Ranke, por discutir as ações de Manuel Luís Osório para a construção de um caráter típico do brasileiro.
e) com a perspectiva marxista da história, que tinha por objetivo compreender de que maneira os contextos econômicos determinavam as ações dos representantes das classes dominantes.

2. O historiador Jacques Le Goff, um dos representantes da escola dos Annales (na sua chamada *terceira geração*), procurando analisar a importância da história do cotidiano, elaborou a seguinte reflexão sobre os livros da coleção *La vie quotidienne*, da editora francesa Hachette:

Ao nível da divulgação – incluindo a de boa qualidade –, a ambiguidade da atual história do cotidiano torna-se evidente. Para provar esta afirmação basta-me a coleção "A vida cotidiana" (ed. Hachette), na qual encontramos de tudo: bons e, até, grandes livros [...] e obras medíocres, que não são mais do que uma poalha de anedotas, de dados dispersos, de instantâneos, que nada têm a ver com o verdadeiro cotidiano e, ainda menos, com a história. Além disso, essa vida cotidiana em migalhas, que não é ciência, está nos atípodas de uma história do vivido. (Le Goff, 1986, p. 78-79)

Ao criticar o modelo de história do cotidiano produzido pela coleção *La vie quotidienne* da editora francesa Hachette, Le Goff está defendendo um modelo de pesquisa histórica que:

a) estabeleça uma união entre os conhecimentos históricos e os antropológicos.
b) fragmente os conteúdos históricos em temas singulares e curiosos.
c) coloque-se no papel de juiz do passado, definindo o que é historicamente importante.
d) abandone princípios científicos do conhecimento histórico, herdados do século XIX.
e) valorize a relação que o cotidiano estabelece com a sociedade como um todo.

3. A seguinte imagem foi produzida na Inglaterra, nas primeiras décadas do século XIX. Analise-a com atenção.

Selling a Wife, de Thomas Rowlandson

ROWLANDSON, Thomas. **Selling a Wife**. [1812-1814]. Caneta e nanquim, aquarela: 12,2 × 20,4 cm.

A imagem retrata uma "venda de esposa", prática comum em regiões rurais da Inglaterra, entre os séculos XVII e XIX. Examinando os detalhes da ilustração, bem como as relações existentes entre o costume citado e a história do cotidiano, é correto afirmar:

a) A imagem apresenta uma visão positiva da prática, acompanhando as opiniões da elite inglesa do período, que valorizava tal costume por considerá-lo exemplo da originalidade de seu povo.
b) A história do cotidiano deve se ocupar de eventos curiosos, anedóticos e exóticos do passado como a venda de esposas, servindo de contraponto às análises mais sérias, como a história política.
c) A mulher aparece amarrada a uma corda e sofrendo a zombaria dos passantes, o que demonstra que se tratava de um ritual pouco realizado entre os ingleses, por ser considerado "atrasado".
d) Tratava-se de um ritual de divórcio, aceito pela população, e exemplo de como eventos do cotidiano devem ser inseridos em seus respectivos contextos históricos para serem compreendidos.
e) Evidencia a ausência de documentos históricos para se estudar a cultura popular, pois charges e caricaturas não expressam a verdade e não são, assim, confiáveis como fontes.

4. No prefácio à edição italiana de *O queijo e os vermes*, o historiador Carlo Ginzburg inicia seu livro discutindo as diferentes formas de se compreender a história. Leia o trecho com atenção.

No passado, podiam-se acusar os historiadores de querer conhecer somente as "gestas dos reis". Hoje, é claro, não é mais assim. Cada vez mais se interessam pelo que seus predecessores haviam ocultado, deixado de lado ou simplesmente ignorado. "Quem construiu Tebas das sete portas?" – perguntava o "leitor operário" de Brecht. As fontes não nos contam nada daqueles pedreiros anônimos, mas a pergunta conserva todo seu peso.
(Ginzburg, 2006, p. 11)

É possível identificar, nesse trecho, determinada concepção de história e do trabalho dos historiadores. Assinale a afirmativa que melhor sintetiza a posição apresentada por Ginzburg (2006):

a) Os historiadores devem estar atentos a partes da realidade do passado que antigos historiadores, em sua preferência por fazer a história dos "grandes homens", ignoravam.

b) Diante da ausência de fontes, não é possível fazer uma história das pessoas comuns, ainda que seja importante considerar sua existência, para se evitar continuar produzindo "gestas dos reis".

c) Ao ironizar as perguntas do "leitor operário", Ginzburg toma uma posição em favor da história tradicional e valida sua perspectiva ligada à história política, considerada científica.

d) O trecho defende a superioridade da história do cotidiano sobre outras formas de se produzir história, afirmando indiretamente que os antigos historiadores eram como escritores medievais.

e) O trecho apresenta uma contraposição entre a história religiosa e a histórica laica, condenando os mitos históricos criados por historiadores do século XIX, bem como sua ausência de cientificidade.

5. Procurando compreender o cotidiano dos habitantes de Santena, região italiana do Piemonte, no século XVII, assim afirmou o historiador Giovanni Levi (2000, p. 104): "Tal sociedade não era, todavia, paralisada pela insegurança, hostil a qualquer risco, passiva ou enraizada sobre fatores imóveis de autoproteção. O aprimoramento da previsibilidade para aumentar a segurança foi um motor potente de inovação técnica, psicológica e social".

Analisando as diferentes relações sociais, materiais e imateriais daquela sociedade, Levi concluiu que os habitantes de Santena, em seu cotidiano, revelavam um comportamento estratégico em relação à própria realidade. Com isso, pretendia afirmar:

a) Diferentemente do que ocorria em outras regiões da Itália, os habitantes de Santena fundavam suas decisões em uma rigorosa análise lógica dos eventos.

b) O cotidiano é ilógico, inesperado, imprevisível, contrastando com a economia, que é quantificável, lógica e previsível.

c) Não é possível realizar uma análise histórica de uma região tão pequena quanto Santena, pois não há mudanças a serem identificadas em documentos.

d) As pessoas procuravam agir de forma ativa sobre o próprio cotidiano, buscando, na medida do possível, melhorar a própria condição de vida.

e) Não é possível compreender as motivações dos indivíduos do passado, especialmente quando motivados por crenças religiosas.

Atividades de aprendizagem

Questões para reflexão

1. Falamos, no Capítulo 1, do fenômeno dos pés atados, ou pés-de-lótus, da sociedade chinesa. Na imagem seguinte, do final do século XIX, os pequenos pés da mulher aparecem representados no interior da realidade cultural chinesa. Os pés e seus sapatos são adornos que fazem parte de todo um vestuário que, em conjunto com a posição corporal e o ambiente, sugerem feminilidade e beleza. Trata-se de uma imagem, portanto, em que os pés estão "localizados" dentro de seu contexto social.

Mulher chinesa

Library of Congress

WOMAN with Bound Feet Reclining on Chaise Lounge, China. [1890-1930]. Fotografia: p&b.

Compare com a imagem seguinte, tirada no início do século XX. Neste caso, os pés aparecem descontextualizados: foram desatados e fotografados para uma publicação europeia do período que visava a destacar a deformidade: com os pés em primeiro plano, salientava, assim, um comportamento considerado pelos ocidentais à época como bárbaro ou repugnante.

Mulher chinesa

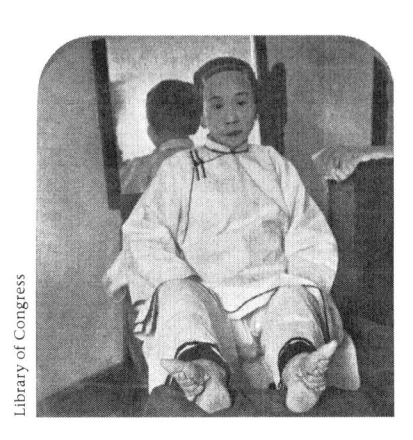

A HIGH Caste Lady's Dainty "Lily Feet": Showing Method of Deformity – Shoe Worn on Great Toe Only. 1900. Fotografia: p&b; 9 × 18 cm.

As duas imagens representam duas abordagens diferentes sobre o cotidiano das mulheres chinesas e seu específico costume de atar os pés. Qual significado dado ao ato de atar os pés em cada uma das imagens? Quais diferenças de significado sobre os pés-de-lótus na sociedade chinesa podem ser depreendidas de cada uma das imagens? Comparando-se as duas perspectivas, como os estudos históricos deveriam abordar o fenômeno dos pés atados das mulheres chinesas?

2. O texto a seguir, do final do século XIX, foi publicado em um jornal em inglês que circulava em determinadas cidades chinesas. Era dirigido aos ingleses que, à época, moravam na China: trata-se, portanto, de uma visão ocidental sobre a prática da criação de pés-de-lótus. Leia o documento com atenção.

> *Quanto mais ricas as famílias, mais cedo se inicia o amarrar dos pés. Tal como as unhas compridas, os pés pequenos transmitem a ideia de gentilidade e de ausência de trabalho. A força desta moda pode ser julgada pelos mais pobres que se esforçam por se conformar com ela. A moda leva as mães a não negligenciarem esta parte da educação das suas filhas, por mais descuidadas que sejam noutros assuntos. Poucas meninas são ensinadas a ler; quase todas têm os pés amarrados. E assim, para tornar essa máxima mais observada, elas aprendem que os pés pequenos constituem beleza; e, portanto, o primeiro cuidado da mãe é tornar a sua filha na moda, fazendo dela uma aleijada. Foi dito por alguém que, antes de os compromissos matrimoniais terem lugar, não sendo permitido às partes verem-se umas às outras, é dado o tamanho exato do pé da senhora, segundo a maneira de enviar fotografias por vezes praticada na Europa. E, mais uma vez, que o pequeno sapato seja exposto aos pais do noivo.* (Dudgeon, 1869, p. 93-96, tradução nossa)

Segundo o documento, qual a relação que se estabelecia, na sociedade chinesa, entre beleza e pés femininos pequenos? Os pés pequenos eram considerados importantes no momento em que um homem fosse escolher sua esposa? (Lembre-se que, na sociedade chinesa, existia a poligamia). A prática de atar os pés era algo exclusivo de uma elite, ou disseminado entre as mulheres de diferentes camadas sociais?

Com base nessas informações e reflexões, e considerando que, na sociedade chinesa, uma mulher que permanecesse solteira seria um fardo econômico para os pais, além de sofrer o ostracismo da sociedade, quais as intenções de uma mãe que amarrava os pés da própria filha? Por que se pode afirmar, diante desses dados, que a opção de criar pés-de-lótus era um ato que fazia parte de uma estratégia familiar visando o futuro bem-estar da menina?

Atividade aplicada: prática

1. Qual livro didático de história você utilizou para o ensino fundamental?

   Os livros didáticos são uma das mais importantes fontes de construção da imagem da disciplina de história na sociedade brasileira. O que a maioria das pessoas entende por "historicamente relevante" ou "fato histórico" é influenciado por seus estudos escolares, bem como pela preparação para exames como vestibulares ou Enem (Exame Nacional do Ensino Médio).

   Procure recuperar seu antigo livro didático, não importando de qual nível de estudo. Faça um exame desse livro, procurando analisar a presença da história do cotidiano. O cotidiano, considerado historicamente, é analisado de alguma forma no livro? Quando é apresentado, ele é o centro das discussões ou tema complementar? É discutido como curiosidade ou inserido na análise do passado?

   Conclua sua pesquisa registrando suas descobertas e apresentando possíveis estratégias para inserir o ensino da história do cotidiano nas aulas de história da atualidade.

Capítulo 3
Temporalidades cotidianas

"Do berço ao túmulo, a coleção *Como seria sua vida* é o guia essencial para se viver no passado" (MacDonald, 1996b): o anúncio de uma famosa coleção infantojuvenil de obras sobre a história do cotidiano evidencia seu objetivo de atuar como uma espécie de túnel do tempo literário. Apresentando situações corriqueiras da vida em diferentes sociedades antigas, os textos e as imagens pretendem levar os leitores a experimentar a própria vida no passado, tanto quanto isso for possível por meio da literatura. Em um título sobre o cotidiano medieval, o interesse dos leitores é assim despertado: "Tenho de tomar banho, mas não estou sujo. Por que preciso fazê-lo? Minha mãe está fazendo um cataplasma para minha perna machucada. Será que vai adiantar? Ai, meu deus! A vaca do vizinho está pisoteando meu trigal outra vez. O que posso fazer?" (MacDonald, 1996a).

Ian Mortimer (1967-), historiador e autor da obra *The time traveler's guide to medieval England* ("O guia do viajante do tempo para a Inglaterra medieval", que possui o subtítulo ainda mais explícito de "um guia para visitantes do século XIV"), defende tais abordagens, tão comuns em histórias do cotidiano, especialmente as destinadas ao público em geral. Para Mortimer (2008), é bastante comum as pessoas desejarem compreender "como era a vida no passado" tentando descobrir "o que realmente aconteceu", especialmente como contraponto àquela história escolar abstrata, "repleta de espécies exóticas", em que os personagens do passado são apresentados de tal maneira simplificados que quase não é possível identificá-los como pessoas reais. Construir uma possível viagem no tempo em parceria com os leitores seria, assim, uma estratégia para tornar a história um conhecimento mais concreto. Além disso, esse estilo de apresentação do cotidiano do passado, procurando recriá-lo para a imaginação dos leitores, teria como benefício adicional a possibilidade de se construir uma verdadeira empatia com as pessoas de outras sociedades e épocas, algo que seria também intenção dos estudos históricos (Mortimer, 2008).

A abordagem defendida por Ian Mortimer lança questões importantes sobre a produção de estudos historiográficos sobre o cotidiano. Pois, ainda que possa parecer tentador buscar reconstruir a vida de personagens do passado, há limites que não devem ser transpostos sob pena de se incorrer no anacronismo – e, portanto, deixando-se de construir um efetivo conhecimento. Ao mesmo tempo, a análise das relações temporais entre presente e passado nos permite questionar uma das mais prevalentes concepções a respeito do cotidiano, principalmente dentro do pensamento filosófico ocidental: a de que se trataria de um aspecto da realidade caracterizado por sua imobilidade e a-historicidade.

(3.1)
Historiadores como viajantes do tempo

Existe uma charge do cartunista escocês Tom Gauld (1976-) em que dois guerreiros aparentando ser da Antiguidade (talvez um romano e um bárbaro genérico, por conta das roupas) aparecem representados lutando, enquanto são observados por uma mulher que, por sua vez, está vestida com trajes futuristas semelhantes aos de astronauta. Um dos guerreiros – o que seria o soldado romano – comenta com o outro: "Ela é uma professora de história vinda do futuro. Disse para continuarmos como se ela não estivesse aqui".

O problema das obras de história do cotidiano que procuram construir uma espécie de máquina do tempo literária é que jamais deixamos de ser nós mesmos. Raymond Firth (1988), para uma comparação com a antropologia, jamais afirmou ser um dos Tikopias, apesar de viver entre aquele povo: "Em meus estudos", afirmou, "tentei mostrar [...] o que os Tikopias realmente faziam, em contraposição a um quadro mais pessoal do que eu achava que eles faziam" (Firth, 1998, p. 746). Algo bastante semelhante acontece com os estudos históricos. Assim como não podemos ser Tikopias, também não podemos ser hunos, antigos romanos, chineses da dinastia Han, bandeirantes paulistas, habitantes de Palmares, por mais detalhadas que sejam nossas fontes e por mais conhecimento acumulado que tenhamos. Mesmo que pudéssemos entrar em uma máquina do tempo, não teríamos condições de saber como era ser um egípcio no tempo de Ramsés II, um camponês vivendo sob o reinado do Rei Sol, um escravo no Segundo Império, um indígena vivendo em uma missão jesuítica. Seríamos como a professora de história da charge de Tom Gauld, sendo nós mesmos, frutos de nossa época e carregando nossas crenças e condição social. "Talvez seja tarde demais para sermos os primeiros ingleses" (Mandler, 2006, p. 116, tradução nossa) destacou famosamente o historiador inglês Frederic William Maitland (1850-1906).

As tentativas desta ingênua história do cotidiano de reconstruir um passado como se lá vivêssemos, ou de supor que saberíamos o que é "ser um medievo" levam, invariavelmente, ao erro do **anacronismo**. Ao desrespeitar a fundamental noção de **alteridade**, tais abordagens constroem nos leitores a errônea ideia de que o passado é exatamente como nós, com a diferença de que haveria mais pirâmides, ou mais escravos, ou mais samurais, ou menos penicilina.

> **Anacronismo** se refere ao erro de imputar a uma determinada época características próprias de outro momento histórico. O mais comum dos anacronismos é o chamado *presentismo*, isto é, tomar o passado a partir da perspectiva e dos valores que são próprios do presente. O erro do anacronismo impede a compreensão das especificidades das culturas do passado.
> **Alteridade** é um conceito oriundo da antropologia e se refere ao respeito e conhecimento relativo ao outro. Ou seja, compreender a alteridade significa perceber que pessoas de diferentes épocas, classes sociais, etnias, sociedades, possuem princípios, objetivos, valores que lhes são específicos e devem, a princípio, ser considerados em seu próprio contexto.

Assim, ainda que os objetivos de Ian Mortimer sejam absolutamente elogiáveis, não são obtidos por meio de uma simplificação dos estudos históricos. Não há dúvida de que a história acadêmica tem se distanciado do público comum, e isso é, certamente, um problema. Estimular uma aproximação anacrônica do passado, contudo, não é uma solução; é, antes, a criação de um novo problema.

3.1.1 A questão dos detalhes

Um segundo ponto ligado à questão da suposta viagem no tempo relaciona-se ao tema da pesquisa de detalhes históricos. Seria função de historiadoras e historiadores reconstruir o passado em seus mais ínfimos detalhes? Como se pudéssemos, por exemplo, recriar exatamente o que veria e experimentaria um possível viajante ao Rio de Janeiro em 5 de julho de 1885, em cada instante de seu dia, como se fosse um nativo virtual? Trata-se de um exercício mental interessante. À primeira vista parece que, para que fosse possível recriar o cotidiano de um nativo de uma época passada, seria necessário conhecer "toda" a história daquele período. Ou não?

Não. Esse modelo tão sedutor de escrita sobre o passado defendido por Ian Mortimer – e comum em tantos livros de história do cotidiano – não recria o passado "como ele era", tampouco revive seus episódios aos leitores como se eles "estivessem lá". Essas obras são interessantes, com certeza: estão repletas de informações, são divertidas e quem desfruta delas não merece qualquer censura petulante. Porém, de um ponto de vista da teoria da história e de seu estudo acadêmico, apresentam erros, alguns incontornáveis.

Recriar o passado como "realmente aconteceu": essa expressão em aspas não se refere apenas aos livros de história do cotidiano que discutimos aqui, pois é mais conhecida por ter sido enunciada pelo historiador alemão Leopold von Ranke (1795-1886), ainda nas primeiras décadas do século XIX. Ranke acabaria muito criticado, especialmente no século seguinte, por sua suposta ingenuidade (hoje, sabe-se, Ranke se expressou mal e não era ingênuo) de tentar estabelecer um projeto de compreensão do que seria a verdade sobre o passado. É um projeto inviável por diferentes razões[1]: a história é sempre uma produção de determinada época; historiadoras e historiadores possuem perspectivas indissociavelmente ligadas a seus presentes; o passado é um todo praticamente infinito que não se deixa conhecer integralmente e a ele vamos apenas com questões muito precisas, para serem respondidas por meio de fontes bem delimitadas e recortes temporais muito específicos.

"Tudo bem", pode você pensar, "mas se soubéssemos tudo o que aconteceu com um indivíduo em um dia do século XIX, não estaríamos sabendo toda sua história?".

Não, também. Certamente é possível aprender sobre uma infindável quantidade de experiências individuais das mais variadas pessoas

---

1 *Por questões de espaço, não é possível realizar uma discussão profunda sobre os limites relacionadas à tentativa de recriar a história "como realmente aconteceu". Caso você deseje, pode ler: FONTOURA, A.* **Teoria da história**. *Curitiba: InterSaberes, 2016.*

do século XIX. Quanto mais dados tivermos, não há dúvida, mais instrumentalizados estaremos para compreender o passado. Fizemos isso, ainda que muito sumariamente, com Emilio Gôndolo. Poderíamos continuar, ao afirmarmos que ele era descendente distante do inventor das gôndolas venezianas ou que sua roupa cotidiana consistia de "camisa de flanela, camisa de dormir, calça de casimira, meias e chinelas" (Suicídio, 1885, p. 1). Certamente poderíamos descobrir outras tantas coisas. Mas nos depararíamos com dois obstáculos. O primeiro, mais singelo, é que nos faltariam documentos históricos que nos permitissem reconstruir cada um dos instantes da vida de Gôndolo ou de quem quer que fosse. Um segundo obstáculo, porém, é mais fundamental: a história é mais do que uma coleção infinita de tais dados objetivos.

A história, devemos nos lembrar, não se confunde com o passado; nem com a totalidade do passado. A história é o **estudo** que toma o passado humano e suas mudanças como seus objetos. O ponto crucial é que questões fundadas no presente são lançadas ao passado para que se possa melhor conhecê-las. E é bastante possível – na verdade, diria que provável – que muitas das questões que historiadores e historiadoras formulem no presente não pudessem ser respondidas facilmente por um "nativo" do passado. Afinal, são justamente questões do próprio presente, são preocupações da atualidade.

Um exemplo: certamente você sabe usar cartões de débito e de crédito e não encontra qualquer dificuldade em se movimentar em um mercado, utilizando seus cartões para realizar compras. No entanto, é bastante possível que você não saiba explicar como funciona a tecnologia dos cartões bancários; ou o papel desses cartões no conjunto do sistema financeiro; ou seu impacto na mudança da cultura de consumo na atualidade do país; ou as mudanças tecnológicas e culturais que levaram à sua ampla adoção. Mesmo que você seja um nativo de sua própria época, pode estar incapacitado para responder essas e outras tantas questões de um possível historiador do futuro.

Algo semelhante acontece nessa relação entre historiadores e o passado: Como se estruturava a questão de gênero no Rio de Janeiro de finais do século XIX? Como se desenvolveu a liberalização sexual no Brasil nas primeiras décadas do século XX? Qual o impacto da migração portuguesa na estrutura social da sociedade parnanguara do século XVIII? Que representações sociais podem ser identificadas na arte rococó das igrejas de Ouro Preto do século XVIII? Esses são alguns exemplos de questões formuladas no presente por historiadores e historiadoras que muito possivelmente não poderiam ser respondidas por qualquer nativo do passado – supondo, claro, que pudéssemos contatá-los diretamente.

O conhecimento de uma infinidade de dados sobre o passado seria, decididamente, bastante útil; mas não se confundiria com a história: esta se trata de questões formuladas no presente sobre o passado. E tais perguntas são sempre mutáveis, dependentes das circunstâncias e fundadas em diferentes e sempre novas perspectivas. Assim, tanto o objetivo de recriar o passado quanto a crença de que se pode atingir uma suposta totalidade da história, mediante a soma desses detalhes individuais, são miragens.

(3.2) As muitas velocidades do tempo cotidiano

Na década de 1950, o então professor de antropologia da Universidade Federal do Paraná (UFPR), José Loureiro Fernandes (1903-1977), em conjunto com o pesquisador Vladimir Kozák (1897-1979), buscaram registrar aspectos do cotidiano da vida dos Xetá. Esse grupo indígena, que vivia no interior do Paraná, estava naquele momento sob o risco de desaparecer. As imagens captadas do contato com essas pessoas que viviam então isoladas apresentam os Xetá em diferentes momentos das atividades de seu dia a dia, como caçando, criando esculturas ou trabalhando em cestaria, como é possível notar na imagem a seguir.

Figura 3.1 – *Frames* de filme sobre os Xetá, de Vladimir Kozák

THE LAST Free Men of Paraná. Direção: Vladimir Kozák. Brasil, 1965. 17min.

Inestimável que tenha sido a luta de José Loureiro, seus argumentos em defesa do povo Xetá eram fundados no pensamento evolucionista, ou seja, na ideia de que existiam povos atrasados e outros evoluídos. Concepção que, mesmo para a época, encontrava-se superada.

> Os Xetá têm conseguido sobreviver e preservar sua cultura da Idade da Pedra no extremo noroeste do estado do Paraná, que tem sido intocado pela civilização até a segunda metade do século XX. Mas agora as fronteiras da civilização, avançando pelo Oeste, estão continuamente reduzindo

> *o domínio natural dos Xetá [...] Esses remanescentes da Idade da Pedra logo estarão diante da civilização da Era Atômica.* (Loureiro, citado por Lima, 2018)

A crença de que a forma de viver dos diferentes povos indígenas não sofreria alterações com a passagem do tempo é antiga. Os iluministas do século XVIII acreditavam ver nos costumes de povos tradicionais o exemplo da aurora da humanidade, ainda não corrompida pela civilização. Os evolucionistas do XIX acreditavam que eram exemplos de costumes "pré-históricos", fósseis culturais que exemplificavam o contraste com o desenvolvimento da civilização europeia. Congelados no passado, reproduziam antiquíssimas formas de viver.

Porém, é importante destacar que as imagens de Loureiro e Kozák sobre os Xetá não nos colocam diante de um povo "da idade da pedra", ou de pessoas vivendo no mundo "pré-histórico", ou ainda de exemplos vivos de como éramos na aurora dos tempos. O que temos diante de nós são imagens de pessoas vivendo no interior do Paraná nos anos 1950. Ponto.

E por que toda esta discussão importa? Porque o equívoco comum de considerar o cotidiano como parte da realidade que parece estar congelada no tempo fica mais evidente em estudos sobre os indígenas, inclusive nos dias de hoje. Com base em visões preconcebidas a respeito da vida desses e de outros povos, tornou-se bastante persistente nas ciências humanas e mesmo na filosofia a errônea concepção de que tais grupos humanos não sofreriam mudanças temporais. Estariam como que imunes à história. Sua forma de vida, categorizada como "simples", seria permanentemente estática, incapaz de desenvolvimento. Como fica claro com a historiografia sobre os indígenas, a ausência de entendimento sobre sua específica historicidade está associada à ignorância de seus princípios culturais, bem como à escassez de fontes históricas. Contudo, o problema de considerar seu cotidiano a-histórico, ainda que muito mais evidente quando se trata dos estudos sobre as culturas indígenas, é bastante presente na história do cotidiano de uma forma geral.

Le Roy Ladurie, por exemplo, foi capaz de escrever seu estudo sobre a vila medieval francesa de Montaillou como se estivesse congelada no tempo, justamente porque acreditava que aquela sociedade vivia em uma temporalidade imóvel. Veremos com mais detalhes que outro historiador francês, Fernand Braudel, defendia em seu estudo sobre o cotidiano que, antes do advento do capitalismo, a história era praticamente estática. Uma preconcepção que se pode ampliar a outras disciplinas: a filosofia, como já se mencionou, usualmente considerava o cotidiano como parte de uma realidade inerte, não suscetível a modificações significativas.

O exemplo dos estudos sobre as sociedades indígenas é especialmente esclarecedor aqui. O que muitas vezes foi considerado como evidência da imobilidade histórica desses povos seria, na verdade, a soma de determinados preconceitos aliados à ignorância da possibilidade de diferentes modelos de historicidade. Olhando-se mais detidamente, perceberemos a riqueza das temporalidades cotidianas, em diferentes sociedade e épocas. Mudanças lentas ou dinâmicas (como as da moda) e mesmo os costumes mais banais, como o assoar o nariz, demonstram que uma das características do cotidiano é sua inesgotável capacidade de mutação. Como qualquer outro povo, os Xetá haviam sofrido inúmeras transformações ao longo do tempo. Defini-los como pessoas "da idade da pedra" fala da ignorância dos pesquisadores e nada diz sobre os Xetá.

As relações temporais que os historiadores podem estabelecer com o cotidiano de outras épocas não deixam, por essas razões, de serem interessantes e múltiplas. Se a metáfora do túnel do tempo impõe severos limites à nossa imersão na realidade de outros tempos, por outro lado é possível perceber a realidade vivida de diferentes sociedades em suas múltiplas velocidades. O cotidiano, durante muito tempo, foi pensado como um aspecto da realidade irrelevante justamente por sua suposta imobilidade.

3.2.1 As mudanças da moda

A pintura a seguir (Figura 3.2), realizada por Giovanni Battista Moroni (1520?-1579), apresenta Antonio Navagero, sobre quem se sabe muito pouco além do fato de ter sido representado em roupas consideradas elegantes para a Itália do período que hoje conhecemos como Renascimento.

Figura 3.2 – Pintura do século XVI representando Antonio Navagero

MORONI, Giovanni Battista. **Retrato de Antonio Navagero**. 1565. Óleo sobre tela: color.; 115 × 90 cm.

Como outras obras de Moroni, o personagem tema da obra é representado muito realisticamente, inclusive em sua vestimenta da qual se destaca a braguilha em que o pênis, em posição ereta, aparece em destaque.

Em diferentes sociedades e épocas (e modas) a braguilha esteve presente. Porém, o modelo renascentista que Navagero tanto apreciava, em que o pênis aparecia destacado, era característico do cotidiano de sua época e grupo social. Fazia parte de uma moda específica daquele momento.

De nossa distância temporal, é possível encontrarmos dificuldades em compreender as mudanças cotidianas de outras épocas e sociedades. Sem uma análise mais detida da realidade diária, talvez nos falte informações para notar discretas mudanças de hábitos. Se, por exemplo, compreendemos as vestimentas romanas como todas iguais sob o impreciso termo *"togas"*, isso tende a ser um indício de nossa ignorância das sutilezas dos diferentes tipos de trajes do período e seus significados. O escritor romano Aulo Gélio (123-165 d.C.), por exemplo, deixa claro em sua obra *Noites Áticas* sua visão negativa a respeito de uma nova moda utilizada pelos romanos daquele período:

> *Para um homem, o uso de túnicas partindo de baixo dos braços até os pulsos e quase até os dedos era considerado inadequado em Roma e em todas as regiões próximas. Tais túnicas nossos compatriotas chamavam pelo nome grego de chiridotae (manga comprida), e acreditavam que uma roupa longa era apropriada apenas às mulheres, pois escondia seus braços e as pernas. Mas os homens romanos, a princípio, usavam apenas a toga, sem túnicas; posteriormente, passaram a ter túnicas curtas e pequenas, terminando abaixo dos ombros, do tipo que os gregos chamam de exomides (sem mangas). [...] Virgílio condena também túnicas deste tipo como sendo efeminadas e vergonhosas.* (Gellius, 1927, tradução nossa)

Mudanças de hábitos, gostos, vestimentas, que podemos caracterizar como modismos, são comuns às diferentes sociedades do passado. Se não as percebemos, é porque possivelmente nos faltam fontes históricas específicas.

Todavia, não se pode esquecer que, no capitalismo de consumo, a rápida variação das modas é provocada pelo próprio sistema econômico, em que a produção massificada visa estimular tanto a variedade de produtos quanto a conquista de novos mercados. Desde o século XIX, o Brasil foi bastante influenciado pela cultura francesa, então símbolo de modernidade e civilidade, e acabou se tornando também porto de chegada da moda daquele país. Ainda antes da Proclamação da Independência, o remetente da carta a seguir, um servidor público português trabalhando no Rio de Janeiro, escrevia em 1820 a seus parentes na Europa sobre a influência da moda europeia na capital do Brasil.

> **Minha mana do coração.** *Não posso explicar-te a abundância e fartura das fazendas e quinquilharias francesas que têm inundado esta cidade, fazendo negaças ao dinheiro; já se vê fazendas inglesas, que todas têm sido abandonadas, e toda a gente se vê ataviada ao gosto francês, menos eu que sou Portugal velho, e ninguém me tira desta cisma. Este porto se vê coalhado de navios franceses que só no mês passado entraram 29.*
> (Marrocos, 1811, p. 15, grifo do original)

Cerca de quarenta anos depois dessa carta, lojas do Rio de Janeiro ainda procuravam se diferenciar da concorrência anunciando seus estoques do "*chic* parisiense". Adequar-se o mais proximamente possível às mudanças da moda se tornou, para a elite brasileira, uma forma de diferenciação social e uma maneira de se ver integrada ao cosmopolitismo francês. Vestir-se como os parisienses (ou como se acreditava que os parisienses se vestiam) se tratava, também, de representar, via vestimentas, uma determinada autoimagem de civilidade e progresso.

Figura 3.3 – Propaganda Au Petit Trianon

Fonte: Au Petit..., 1872.

O que caracteriza a moda? Neste item tratamos especialmente daquela ligada às vestimentas, mas se pode afirmar que o termo se refere a novos costumes que se difundem de maneira relativamente rápida, mas que tendem a ser também rapidamente abandonados. Dentro das temporalidades do cotidiano, portanto, a moda se caracteriza por sua velocidade e dinâmica. E seu rápido desaparecimento parece indicar que não produz relações mais significativas com a sociedade que a adota.

Nos dois tópicos seguintes procuraremos discutir outros dois exemplos de temporalidades cotidianas: o desenvolvimento do sentimento de vergonha na Europa, desde o final da Idade Média; e o comportamento sexual dos casais brasileiros, desde a passagem para o século XX. Esses dois temas não foram escolhidos arbitrariamente: tratam, ambos, de comportamentos usualmente mantidos na mais absoluta intimidade e, por isso, exemplos nos quais melhor se evidencia que, mesmo na mais estrita privacidade, os valores socialmente compartilhados ainda atuam. Além disso, referem-se a comportamentos que seriam resistentes à mudança – e, mesmo assim, pode-se observar neles como o cotidiano se modifica, ainda que lentamente, em função das escolhas individuais.

(3.3)
Vergonha e mudança histórica

Já é secular, na cultura brasileira, o estereótipo do menino travesso ser conhecido como Juquinha. Em 1906, na revista infantil *O Tico-Tico*, ele aparecia representado dando um susto em seu pai.

Figura 3.4 – *O talento do Juquinha*

Fonte: Carlos, 1906, p. 1.

O objeto de nossa discussão não está nas aventuras do Juquinha, mas sim na escarradeira: tratava-se de item tão comum na paisagem doméstica brasileira que aparece aqui representado como parte integrante de uma pequena traquinagem. Para o público do período, mesmo infantil, não havia necessidade de explicações sobre o que seria uma escarradeira ou quais seriam seus usos. Para o efeito cômico desejado, bastava que recordassem que não serviam para guardar bombinhas.

Escarradeiras eram pequenos vasos, presentes tanto nas casas quanto em espaços públicos, que serviam como recipientes para receber, como o próprio nome indica, escarros. Eram conhecidas também por *cuspideiras*. Poderiam ser bastante decoradas e em porcelana, indício de riqueza e sofisticação de seus proprietários. A preocupação com sua beleza importava, pois eram objetos que deveriam também estar à disposição das visitas, que poderiam, assim, escarrar livremente, caso necessário. Na verdade, a própria ausência de escarradeiras poderia ser um problema. Em 1928, uma revista do Rio de Janeiro lamentava o fato de que: "Muito frequentemente recebemos visitas [...] e, quando elas tenham um acesso de tosse e não encontram uma escarradeira, vão escarrar pela janela, na área ou passeio ao lado de casa" (Mais..., 1928, p. 69).

Figura 3.5 – Uma escarradeira decorada, do século XIX, do interior de São Paulo, semelhante àquela bombardeada por Juquinha

Rogério Reis/Pulsar Imagens

Práticas tão integradas ao cotidiano, cuspir e escarrar, eram frequentemente temas de piadas, como narra a historieta a seguir, de 1921. O importante para nós, na leitura desse texto, é perceber que não existe qualquer menção a sensações como nojo ou repulsa, que frequentemente associamos a escarros ou cuspes.

> ### A Escarradeira
>
> Um barbeiro de aldeia, voltando de um passeio à Capital, chegou cheio de ideias progressistas.
> Entre outras coisas trouxe uma escarradeira, objecto nunca visto em seu salão.
> Quem gozou com isso foi o seu aprendiz. Enquanto o patrão barbeava o freguez o pirralho se divertia cuspindo na escarradeira.
> Afinal o barbeiro impacientou-se e lhe disse: – Olá, você bem pode cuspir no chão. A escarradeira é só para os fregueses.
>
> **Maneco**

Fonte: Maneco, 1921, p. 7.

Havia toda uma preocupação com a etiqueta do escarrar, pois, embora fosse uma atividade aceitável de se realizar em público, não poderia ser feita de qualquer forma. Na ausência de escarradeiras, um pequeno manual de boas maneiras orientava que jamais se deveria escarrar em lenços: "O tuberculoso ou o miserável atacado de gosma ou de lamparão deve trazer consigo um pedaço da fralda da camisa. Nunca, porém, um lenço" (Ribaixinho, 1923, p. 33). Além disso, a preocupação sanitária se aliava às regras de boa conduta:

Sobre um hábito higiênico, não escarrar no chão é um hábito de boa educação e decência. Não quer isto dizer que, tendo a pessoa catarro no peito, deva engoli-lo para não o projetar no chão. Se está em casa, deve escarrar numa escarradeira higiênica, num vaso qualquer que possa ser fechado ou nos ralos de esgoto das áreas. Se está na rua, é fácil encontrar os ralos de esgoto. Se está num veículo, servir-se do lenço, ou duma escarradeira de bolso. Nunca deve, porém, atirar o escarro para a rua, nem escarrar no chão do veículo. (Tuberculose..., 1923, p. 40)

Escarradeiras de bolso eram pequenas garrafas metálicas com uma abertura lateral que as pessoas poderiam abrir, escarrar em seu interior e voltar a guardá-las, para uso e limpeza posterior.

Fumantes e doentes de bronquite se utilizavam de escarradeiras, mas não eram a principal razão de sua existência. A explicação, aliás bastante razoável, para a popularidade de escarradeiras nos ambientes domésticos e do hábito de cuspir e escarrar no cotidiano até as primeiras décadas do século XX tem outra origem: a presença da tuberculose. O antibiótico penicilina foi descoberto em 1928, e apenas nos anos 1940 começou a ser utilizado como medicamento. Até aquele momento, portanto, tal doença contagiosa não encontrava tratamentos para além dos paliativos. Tuberculosos eram muitos e comuns, em todos os ambientes, públicos ou privados. Tratava-se de uma realidade que, por pura ausência de alternativas, acabou integrada às rotinas: a presença quase universal das escarradeiras respondia, assim, a uma necessidade diária.

Figura 3.6 – Propaganda da escarradeira Hygea

Fonte: Escarradeira..., 1926.

Considerando a demanda, a empresa carioca J. Goulart Machado lançou, na década de 1920, a chamada *escarradeira Hygea*, um modelo específico que procurava aliar as ideias de higiene e modernidade à luta contra a tuberculose. Foi um relativo sucesso de vendas, tendo unidades fabricadas pelo menos até os anos 1940. Na busca por difundir a originalidade e a qualidade de seu invento (não havia necessidade de tocar a escarradeira com as mãos e os resíduos eram levados automaticamente ao esgoto), seus inventores se dedicaram a fotografar um sem-número de espaços públicos que haviam adotado e instalado a Hygea. Essas fotos se revelam, na atualidade, instantâneos notáveis do cotidiano de outros tempos e de sua específica relação – para nós, algo estranha – com secreções corporais.

Há fotos da escarradeira Hygea instalada em corredores de hospitais, salões de beleza, cabeleireiros, salas de espera de teatro, consultórios médicos. Não eram incomuns, ainda, imagens da escarradeira em confeitarias, restaurantes e bares. Na imagem a seguir, indicada por uma seta, aparece a Escarradeira Hygea em uma confeitaria em Salvador.

Figura 3.7 – "A Hygea instalada na confeitaria Chile"

Note sua localização: próxima às mesas e ao lado de um armário contendo copos e xícaras. Como indicam as imagens de divulgação, a escarradeira era sempre instalada em um espaço visível e facilmente acessível. Deve-se lembrar que os banheiros já eram bastante comuns e disponíveis para clientes, especialmente em ambientes com grande número de frequentadores, como teatros ou restaurantes. Contudo, a localização da escarradeira denuncia que a prática do cuspir ou escarrar estava de tal forma difundida no cotidiano que não era ato privado: sentindo-se a chegada da tosse, interrompiam-se o chá e a conversa, levantava-se, escarrava-se na Hygea e retornava-se à mesa para se concluir a refeição. E considere que antes dessa modernização, as escarradeiras portáteis eram diretamente disponibilizadas aos clientes.

Talvez esse tema esteja deixando você desconfortável. Há pessoas mais ou menos sensíveis para esses temas, mas apenas o fato de ser um assunto estranho ou incomum em uma obra de história revela uma mudança em nossas sensibilidades. O que temos diante de nós nessa brevíssima história das escarradeiras revela uma mudança nos sentimentos de repulsa e nojo que, em nossa época, temos tão desenvolvidos em relação às secreções corporais. Imagino que você não escarre em público, pois desde muito cedo deve ter recebido ensinamentos para manter atos como cuspir e escarrar na mais completa privacidade.

Contudo, tais sensações não são naturais. Como demonstra a presença das escarradeiras, sensações como vergonha, pudor, nojo, são construídas historicamente, desenvolvem-se mediante determinadas condições sociais e são resultados de processos que, em nosso caso, são seculares. Na verdade, nossas reações às secreções corporais, bem como o pudor que temos em relação a nossos corpos, por mais que pareçam instintivas, são o resultado de específicas mudanças sociais. Da construção dessas repulsas e vergonhas diárias falaremos a seguir.

3.3.1 A construção do sentimento de vergonha

Praticamente toda obra de história do cotidiano, acadêmica ou de divulgação, recupera o uso dos banheiros públicos romanos como exemplo do caráter cultural das práticas sanitárias. Não fugiremos à sugestão, porque se trata de um bom exemplo. Caso você não saiba, o uso de banheiros públicos na Antiguidade romana foi, durante muito tempo, uma atividade social. As pessoas se sentavam lado a lado nas latrinas e, enquanto faziam suas necessidades, cumprimentavam-se, interagiam, conversam.

Figura 3.8 – Latrinas romanas

Massimo Salesi/Shutterstock

O estranhamento que sentimos diante de práticas de asseio tão diferentes das nossas é uma explícita demonstração de que somos o resultado de um específico desenvolvimento histórico, demonstrado por nossa tão impregnada aversão à apresentação de secreções corporais ou mesmo à sua simples menção. Cada sociedade, em cada época, construiu suas próprias regras relacionadas à exposição do corpo e seus fluidos: para nós, assoar o nariz, livrar-nos de pigarros, defecarmos e urinarmos são ações que realizamos de forma muito privada e mesmo silenciosa, preferencialmente naquele cômodo de nossas residências especialmente construído para isso: o banheiro. Muitos poderiam pensar que se trata de sentimentos naturais, pois a simples visão de um lenço usado e sujo, por exemplo, pode em alguns provocar ânsia.

Nossas específicas formas de compreendermos os corpos e seus fluidos, bem como as maneiras pelas quais sentimos vergonha ou repulsa diante de certas exposições, apresentam um desenvolvimento histórico bastante específico. Em primeiro lugar, trata-se de um processo que tem origem há vários séculos e sua modificação, ainda que lenta, deu-se em direção a uma ampliação da construção de sentimentos de vergonha. Em segundo lugar, não se trata de um desenvolvimento aleatório ou arbitrário; na verdade, como o demonstra o próprio fato de existir certa direção histórica desse movimento, a construção desses sentimentos de autocontrole se relaciona a diferentes concepções sociais.

Nas primeiras décadas do século XVIII, o pedagogo e religioso francês Jean-Baptiste de La Salle (1651-1719) publicou um pequeno guia de boas maneiras para ser utilizado pelos alunos de sua escola. Um dos capítulos desse libreto tratava *Do nariz e da maneira de assoar o nariz e espirrar*:

> *É muito indelicado esgaravatar as narinas com os dedos e ainda mais insuportável por na boca o que se tirou do nariz... É vil limpar o nariz com a mão nua ou assoar-se na manga ou nas roupas. [...] Há pessoas*

> *que tapam uma narina com o dedo e, soprando pela outra, jogam no chão a sujeira que está dentro. Pessoas que assim procedem não sabem o que é decoro [...]. Depois de assoar-se, deve ter o cuidado de não olhar dentro do lenço.* (De La Salle, citado por Elias, 2011, p. 145)

De nossa pequena experiência com as escarradeiras, é possível estabelecer algumas relações entre os comportamentos ensinados por esse guia e a sociedade francesa do período. Inicialmente, se De La Salle está preocupado em ensinar meninos a não "por na boca o que se tirou do nariz" é porque essa era uma prática comum entre os jovens da época. Sua obra está repleta de condenações a hábitos e costumes que precisavam ser modificados, em direção a um comportamento que se considerava mais bem-educado. Ou seja, seu texto é útil também para percebermos que, para meninos da elite francesa do século XVIII, assoar o nariz nos dedos, lançar no chão os fluidos nasais, ou "esgaravatar as narinas" eram práticas comuns. Não havia, para aquelas pessoas, o sentimento tão aguçado de nojo e repulsa sobre esses hábitos como o temos nos dias hoje. Sua sensibilidade para essas questões era, evidentemente, diferente da nossa.

Ao mesmo tempo, é em um guia de boas maneiras que encontramos a descrição desses hábitos. Isso significa claramente que De La Salle desejava sua modificação. Desejava que aqueles meninos desenvolvessem um comportamento que ele considerava mais refinado e educado. Assim, esse documento é também o testemunho de um desejo ativo de mudança de sensibilidades, em direção a uma maior privatização dos hábitos. De La Salle queria que seus alunos se sentissem envergonhados por se comportarem como alguém que "não sabe o que é decoro".

Flagramos nesse documento, portanto, determinado processo histórico. Um processo do qual, espero que você tenha adivinhado, participamos e somos consequência. Porém, sua origem não está em De La Salle, mas é ainda anterior.

Em *A civilidade pueril*, publicada em 1530 pelo filósofo Erasmo de Roterdã (1466-1536), demonstrou-se, por seu sucesso e pelo número de imitadores, que a sociedade europeia do período demandava mudanças em relação aos comportamentos relacionados ao corpo. O livro era um pequeno guia de boas maneiras, destinado a ensinar como as crianças deveriam adequadamente se comportar quando em companhia de adultos. O trecho a seguir ensina como um jovem deveria agir em relação aos fluidos corporais.

> *É indelicado cumprimentar alguém que esteja urinando ou defecando...*
> *A pessoa bem-educada sempre deve evitar expor, sem necessidade, as partes às quais a natureza atribuiu pudor. [...]*
> *Escute a velha máxima sobre o som do vento. Se ele puder ser solto sem ruído, isto será melhor. [...] O som do peido, especialmente das pessoas que se encontram em lugar elevado, é horrível. Sacrifícios devem ser feitos, com as nádegas fortemente comprimidas.* (Roterdã, citado por Elias, 2011, p. 130)

Podemos concluir novamente: se o tema era discutido tão abertamente, deve-se ao fato de ter sido comum; e, ao mesmo tempo, se há condenações àqueles hábitos, havia o desejo de mudança.

As duas últimas citações foram extraídas da mesma obra, *O processo civilizador*, escrita pelo sociólogo alemão Norbert Elias (1897-1990). Foi publicada originalmente nos anos 1930, mas demorou cerca de três décadas para ser difundida entre historiadores. Hoje, é considerada um clássico da historiografia. Nela, Elias (2011) procura construir uma análise do desenvolvimento dos modelos de comportamento dos europeus em direção a uma maior civilidade e, para isso, estudou guias de boas maneiras de diferentes autores e épocas. Ainda que seja um tema curioso, seu estudo não buscou descrever as mudanças de comportamento apenas por seu caráter divertido e, muito menos, demonstrar que as pessoas na contemporaneidade seriam mais bem-educadas ou mais *"higiênicas"* (o uso desse termo carrega implicações, veremos o porquê logo a seguir) que as do passado; mas, sim, compreender as razões pelas quais o comportamento humano passou por um processo que se pode caracterizar pela ampliação dos sentimentos de vergonha e de aumento do autocontrole.

Analisando obras desde o final da Idade Média, Elias (2011) notou um crescente processo de restrição do comportamento expansivo entre homens e mulheres. No mundo medieval europeu, por exemplo, não era incomum as pessoas comerem utilizando apenas as mãos, dormirem todas em um mesmo ambiente e exporem seus corpos de maneira que consideraríamos bastante livre. Não se possuía, certamente, as mesmas noções de intimidade e privacidade que temos hoje.

As mudanças comportamentais começaram, desde o final da Idade Média, procurando estimular adultos a controlarem seus fluidos corporais, a exposição de seus corpos e a demonstração exaltada de seus sentimentos. Em *A civilidade pueril*, de Erasmo de Roterdã, o momento já é outro, pois os novos alvos da pedagogia passaram a ser os jovens, assim como também eram os alunos de De La Salle. Ou seja, começou-se a ensinar as regras de comportamento, cada vez mais estritas, a pessoas cada vez mais novas. Na atualidade, apenas quando a criança se despede das fraldas e é gradualmente introduzida no "troninho" subsiste alguma sociabilidade ligada às funções corporais: não é incomum que os primeiros momentos de despedida do cocô sejam acompanhados por vários membros da família; mas logo também as crianças passam a ser incentivadas a esconder suas funções corporais. As atividades ligadas ao corpo se tornaram, desde muito cedo, privadas e quase secretas.

Apresenta-se, aqui, certo problema histórico que Elias (2011) procurou solucionar: Por que ocorreram essas mudanças em direção a uma privatização das funções corporais, do aumento do sentimento de vergonha e de autocontrole em relação aos sentimentos? Por que a sociedade europeia sentiu a gradual necessidade de regular as funções corporais? Quais teriam sido as forças sociais a atuar de maneira praticamente constante, durante séculos, para que se constituísse uma mudança histórica no nítido sentido de uma privatização dos corpos?

Primeiro, vamos nos libertar das falsas soluções. Não pense que a resposta está em uma suposta superioridade contemporânea em relação às boas maneiras ou que os europeus do século XVI passaram a perceber que o controle das funções corporais seria algo mais higiênico. Devemos lembrar que o termo *higiene* se desenvolveu como um conceito médico que se estruturou, particularmente, no século XIX e especialmente por conta do desenvolvimento do conhecimento sobre a existência de microrganismos. A teoria médica dos humores, comum na modernidade europeia, não compreendia a difusão de doenças da mesma forma que atualmente se concebe.

Além disso, não devemos nos considerar o pináculo do desenvolvimento humano. Não somos resultado de uma contínua melhoria nos comportamentos, mas sim de um processo de mudança. No caso, uma mudança que possui uma direção, sem dúvida, mas que não pode ser compreendida como um movimento necessário em direção à maior racionalidade ou à maior higiene. Caso contrário, retornaríamos às concepções do século XIX que viam a história em termos evolucionistas e pensavam nas sociedades do passado como versões atrasadas e, portanto, inferiores.

A resposta encontrada por Norbert Elias sobre as mudanças dessas relações cotidianas que mantemos com nossos corpos é de outra ordem. Segundo ele, desde o final da Idade Média a Europa observou uma ampliação de sua população e um aumento da complexidade das relações socioeconômicas. Isso passou a significar que, gradualmente, tornou-se necessário o suporte de uma rede cada vez mais ampla de pessoas para que se pudesse obter o necessário para viver. Se meu trabalho é produzir laranjas, estou dependente de uma ampla rede de pessoas, negócios e instituições para que possa converter minhas laranjas em todos os outros produtos e serviços de que necessito para viver. Assim, com a ampliação dessas redes de relacionamento, cada vez mais se demonstrou necessário um autocontrole dos sentimentos, além de uma ampliação da privacidade. Isso se deu simplesmente porque ficava claro que uma pessoa controlada conseguia estabelecer melhores relações que outra impulsiva; que alguém com maior sentido de vergonha conseguia melhor respeitar a privacidade dos outros. A contínua ampliação da complexidade social ocasionou a também contínua ampliação dos sentimentos de autocontrole de vergonha corporal.

Essa é uma síntese das conclusões de Elias (2011). Melhor fará você em consultar *O processo civilizador* para conhecer as nuances de todo esse desenvolvimento, que envolve também costumes corteses, mudanças econômicas próprias ao capitalismo, ascensão social da burguesia. Para os objetivos deste capítulo, porém, fica claro que mesmo costumes cotidianos ligados ao que se consideram "boas maneiras", bem como noções de vergonha que sentimos em relação à exposição de nossos corpos e suas funções, possuem também sua própria história e seu próprio movimento, não resumidos a um amontoado de curiosidades e anedotas, mas mantêm íntima relação com a sociedade, com suas mudanças e os diferentes papéis sociais dos indivíduos. Mesmo os mais privados de nossos hábitos estão repletos de passado.

(3.4)
O ATO SEXUAL COTIDIANO

Nada sei de Rosalina, exceto ser a antiga proprietária de uma edição de 1960 da obra *Sexo e amor*, escrita pelo médico estadunidense Frank Caprio. Além do próprio nome manuscrito nas primeiras páginas, o exemplar aparece repleto de anotações, rabiscos e sublinhados, indícios de uma leitura cuidadosa e atenta. O livro é uma espécie de guia sexual para casais e, além de lições indicando como marido e esposa deveriam praticar os atos sexuais (segundo, obviamente, as concepções do médico), há uma série de questionários que tinham a pretensão de diagnosticar supostos problemas sexuais ou sentimentais em leitores. Rosalina preencheu a lápis vários desses testes, como o que aparece a seguir, que teria como objetivo verificar se ela estaria apta ao casamento.

Figura 3.9 – Marcações da leitora

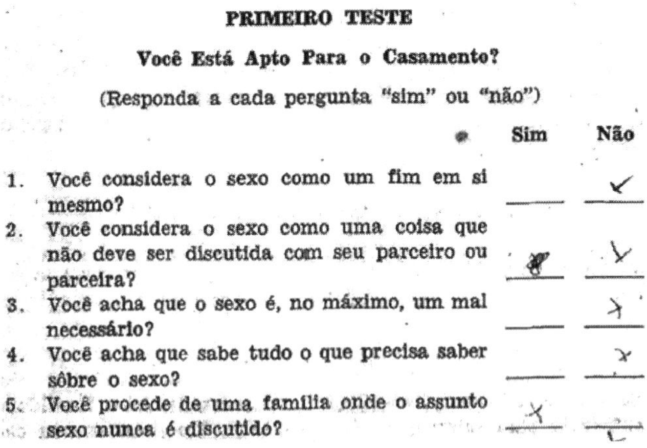

PRIMEIRO TESTE

Você Está Apto Para o Casamento?

(Responda a cada pergunta "sim" ou "não")

	Sim	Não
1. Você considera o sexo como um fim em si mesmo?		✓
2. Você considera o sexo como uma coisa que não deve ser discutida com seu parceiro ou parceira?		✓
3. Você acha que o sexo é, no máximo, um mal necessário?		✓
4. Você acha que sabe tudo o que precisa saber sôbre o sexo?		✓
5. Você procede de uma família onde o assunto sexo nunca é discutido?	✓	

CAPRIO, F. **Sexo e amor**. São Paulo: Ibrasa, 1960. p. 166. (Exemplar pertencente ao autor).

Não se pode confundir a história das práticas de leitura com a história dos livros. Ambas, obviamente, dialogam em um sem-número de pontos (a estrutura física dos livros, por exemplo, é um indicador da forma como eram lidos), mas as maneiras pelas quais as pessoas apreenderam determinados textos não podem ser determinadas pelo conteúdo das obras. Ou seja: o que o texto diz pouco nos informa sobre as maneiras pelas quais seu conteúdo foi apropriado, modificado ou talvez rejeitado pelos leitores. Analisando-se indícios de leituras como sublinhados, rabiscos, anotações ao longo das páginas, podemos ter acesso a algumas informações sobre as maneiras pelas quais um livro foi efetivamente lido e seu conteúdo interpretado e utilizado. Nesse momento, interessa-nos aqui menos o que dizia Frank Caprio, o autor de *Sexo e amor*, e mais a leitura de Rosalina: com base nos vestígios que ela deixou espalhados nas páginas da obra, podemos refletir sobre sua leitura e as formas pelas quais ela apreendeu o que lia.

Por que Rosalina fez tantas anotações em seu exemplar? Usualmente, destacamos com sublinhados as passagens que mais nos interessam e às quais desejamos retornar: seja por sua importância, seja porque usaremos aquela informação, seja porque devemos decorá-la. Trata-se de estratégias para que possamos destacar trechos que consideramos inicialmente como significativos e elucidativos. Assim, a primeira conclusão que podemos extrair das intervenções de Rosalina é a de que ela considerava importantes certas informações presentes em *Sexo e amor* e, por isso, esforçava-se por apreendê-las.

Mas não apenas isso. Observe as marcas que ela deixou no questionário. Repare, especialmente, na questão 2: "Você considera o sexo como uma coisa que não deve ser discutida com seu parceiro ou parceira?". Fosse porque a redação da pergunta é relativamente confusa, fosse porque Rosalina procurava encontrar a resposta correta, o fato é que há uma rasura. Ela inicialmente assinalou "sim" para, a seguir, corrigir-se para "não". Qualquer que fosse o motivo, Rosalina queria que sua resposta fosse a correta para – muito provavelmente – receber a recomendação adequada dada pelo texto. Podemos, então, elaborar uma segunda conclusão: reforçada pela presença dos múltiplos vestígios de leitura, a preocupação de Rosalina com a correção de suas respostas parece demonstrar que ela respeitava a opinião do médico-autor do livro e pretendia se avaliar a partir do texto. Para ela, parece ter sido importante saber se estava ou não "apta para o casamento" (segundo o gabarito fornecido pelo livro, ela estava).

Isso é ainda mais significativo se repararmos que as questões propostas pelo autor, Frank Caprio, não visavam a efetivamente promover qualquer reflexão nos leitores, mas simplesmente enquadrá-los em um determinado comportamento que ele definia como normal. A pergunta 4 – "Você acha que sabe tudo o que precisa saber sobre o sexo?" – deixa bastante evidente que um "não" era a resposta esperada. *Sexo e amor* é um livro que hoje denominaríamos *conservador*: defendia a inferioridade feminina dentro do relacionamento conjugal, além de defender explicitamente a **dupla moral** sexual. O questionário não procurava, assim, estimular um debate, mas direcionar os leitores a se perceberam mais ou menos desviantes a uma norma sexual considerada ideal.

> A **dupla moral** se refere à concepção de que homens e mulheres teriam, naturalmente, direitos e deveres diferentes, especialmente em temas ligados à sexualidade. Enquanto aos homens seriam permitidas as aventuras extraconjugais e à expressão ativa de seus desejos sexuais, por exemplo, as mulheres receberiam fortes sanções caso não correspondessem ao ideal monogâmico e deveriam se apresentar como passivas em relação às abordagens e aos comportamentos sexuais.

Desde meados do século XIX, as formas pelas quais os casais heterossexuais – o modelo normativo por excelência – praticam o ato sexual mudaram em direção a uma crescente liberalização dos desejos masculinos e femininos. Nas temporalidades do cotidiano, as práticas sexuais também apresentaram mudanças, e seu significado deve ser encontrado nas relações que a sexualidade mantém com todo conjunto social. Para compreender essas relações, devemos discutir o pensamento de Michel Foucault.

3.4.1 Sexo e poder

No capítulo anterior, foi discutido como a vida privada, construída em torno do ambiente doméstico, relaciona-se à sociedade ecoando concepções sociais, de gênero, culturais. O cotidiano não é algo que as pessoas vivem cegamente, levadas involuntariamente pelas mudanças históricas, mas é parte de todo um complexo sociocultural. E esse diálogo entre a vida rotineira e a sociedade como um todo atinge também atos que se construíram privadíssimos, como aqueles ligados à higiene e aos cuidados corporais – vistos há pouco – e, inclusive, às relações sexuais.

Isso pode gerar problemas aos historiadores. Havia certamente diferenças entre o que preconizava o Dr. Frank Caprio em sua obra e as práticas sexuais efetivas de Rosalina. Do primeiro, temos as informações constantes em *Sexo e amor* e em tantas outras obras; dela, pouco conseguimos apreender, para além dos esparsos vestígios presentes em um antigo exemplar. Assim, construir uma análise histórica das efetivas práticas sexuais se depara com o problema, bastante sério, da escassez de fontes.

Não que haja poucas fontes relacionadas aos atos sexuais. Mesmo em sociedades em que o tema possa ser considerado culturalmente sensível, usualmente é possível encontrar documentos históricos, de diferentes tipos, que nos informam como o ato sexual era pensado. Mas há um problema: como ocorre com o livro de Caprio, comumente tais fontes pouco nos dizem sobre como o sexo era efetivamente praticado, pois se centram em representações, quando não idealizações, a respeito dos atos sexuais analisados ou condenados, segundo um modelo ideal.

E mesmo quando os documentos parecem revelar genuinamente as práticas sexuais em outras sociedades e períodos, há que se cuidar com a origem e circunstâncias de sua produção. O texto a seguir data do final do século XVI e apresenta trechos do depoimento de Diogo Afonso, então morador da Bahia, nas primeiras décadas de colonização do Brasil. As condições históricas de produção desse texto, que apresenta alguns detalhes de sua vida sexual, serão discutidas a seguir.

Confissão de Diogo Afonso[...]

30 de janeiro de 1592

E confessando disse que [...] veio ter amizade com Fernão do Campo que era mais velho que ele um ano[...] e por serem ambos vizinhos da mesma rua, tinham muita comunicação, e chegaram a pecar o pecado nefando de sodomia, metendo o dito Fernão do Campo seu membro desonesto pelo vaso traseiro dele confessante [...] consumando com ele por detrás como faz um homem com uma mulher por diante [...].

[...] E o dito pecado assim, alternadamente, muitas vezes em diversos tempos e diferentes lugares, ora em casa, ora nos matos, ora em ribeiras, e nesta amizade e conversação torpe duraram por espaço de um ano pouco mais ou menos, tendo os ditos ajuntamentos sodomíticos consumadamente de três em três dias, e de dois em dois dias, e de semana em semana, e às vezes em um dia duas vezes [...].

> *E sendo perguntado disse que bem sabiam que era pecado e ofensa grande de Nosso Senhor, e que lhe parece que nenhuma pessoa os viu. E foi admoestado que se aparte de semelhantes torpezas [...] e que se vá confessar ao colégio da Companhia de Jesus ao padre Pero Coelho e traga escrito a esta mesa.* (Abreu, 1922, p. 168-169)

Por esse depoimento, é possível perceber a existência de um relacionamento sexual, talvez amoroso, relativamente estável entre dois homens, na Bahia do final do século XVI. O documento destaca não apenas a existência das relações, mas também sua frequência, além de locais em que as práticas eram realizadas. Em uma região ainda em início de processo de colonização, não parecia difícil encontrar diferentes locais ao ar livre em que Diogo e Fernão pudessem dar vazão a seus desejos. A própria estrutura do processo de colonização fornecia os espaços para a realização de práticas sexuais que desafiavam os modelos sociais prescritos.

Temos, de toda forma, um documento que nos revela algo do comportamento sexual no Brasil colônia. Contudo, ao mesmo tempo, a fonte deve ser compreendida com cuidado: trata-se de uma confissão dada por Diogo Afonso aos visitadores do Santo Ofício – ou seja, a agentes oficiais da Inquisição portuguesa. Sem um tribunal fixo no Brasil, os inquisidores portugueses contavam com diferentes estratégias para estender sua atuação e poder e, dentre elas, estavam as chamadas *visitações*. Vindo ao Brasil buscando investigar especialmente práticas judaizantes, os representantes da Inquisição estabeleceram um período de graça de trinta dias, dentro dos quais as pessoas eram incentivadas a confessar o que consideravam seus mais graves pecados, sob a promessa de uma especial misericórdia. Tal foi o estímulo para que Diogo confessasse: caso não o fizesse e alguém descobrisse sobre seu relacionamento com Fernão do Campo, sua condenação seria bastante severa.

Portanto, não estamos diante de um depoimento espontâneo de Diogo Afonso, e sim de uma determinada confissão a um tribunal que tinha sobre ele significativo poder. O que Diogo desejou contar ao tribunal seria, presumivelmente, aquilo que melhor garantiria sua absolvição. Ao mesmo tempo, não se pode ignorar que todo o depoimento aparece repleto de julgamentos morais e religiosos, próprios ao tipo de função desempenhado pelos visitadores do Santo Ofício. Diogo estava diante de pessoas que condenavam seu comportamento, que poderiam repreendê-lo e, mesmo, puni-lo: isso, muito possivelmente, influenciou o conteúdo de suas informações. Além disso, o escrivão certamente registrou as passagens que mais explicitamente exemplificavam o comportamento considerado pecador de Diogo. Assim, é lícito questionarmos: O que teria deixado de anotar? O que teria Diogo confessado de suas experiências que, inúteis do ponto de vista legal-religioso dos visitadores do Santo Ofício, perderam-se para sempre?

Os estudos históricos sobre os atos sexuais, bem como sobre os poderes e as normas que historicamente buscaram controlá-los, ganharam especial destaque quando, na década de 1970, o filósofo francês Michel Foucault (1926-1984) iniciou a publicação dos diversos volumes de sua *História da sexualidade*. Foucault acabou falecendo antes de concluir seu projeto, mas a influência de seu pensamento nas ciências humanas e, particularmente, na história foi significativa. Fundamentados nas ideias de Foucault, podemos refletir sobre as relações que os poderes sociais estabelecem com atos privados, como os sexuais, e é possível percebermos que a sexualidade não se refere a um aspecto da realidade divorciado da política, da economia, das diferenças sociais, dos papéis de gênero, das concepções religiosas, das disputas por poder.

Escrevendo ainda sob os impactos dos movimentos dos anos 1960, em que os questionamentos da moral considerada tradicional e a defesa da liberalização sexual se tornaram temas defendidos pela juventude, Michel Foucault se perguntava por que as lutas contra a chamada *"repressão sexual"* pareciam ser tão importantes para aquelas pessoas. Afinal, argumentava, como seria possível falar em *repressão* quando havia, já há séculos, toda uma estrutura discursiva que obrigava as pessoas a falar sobre o sexo? Livros científicos, textos legais, projetos arquitetônicos, normas religiosas, manuais sexuais, roupas, profissões, comportamentos: a quantidade de textos verbais e não verbais sobre sexo confrontava a concepção de que o tema estava sendo reprimido. Para Foucault (1988), seria o oposto: particularmente no Ocidente, construíram-se historicamente diferentes estratégias para que as pessoas falassem, e muito, sobre sexo. Todavia, somente era permitido em condições específicas de controle, de forma que o comportamento sexual em seus atos e pensamentos pudesse ser efetivamente regulado, corrigido, normatizado.

Confissões como a de Diogo Afonso seriam exemplo dessa estratégia de obrigar os indivíduos a falar sobre sexo: no caso, afirmava Foucault (1988), o aparato confessional seria uma das formas pelas quais a Igreja Católica conseguia estabelecer o controle dos comportamentos sexuais dos indivíduos. As condições de produção daquele documento parecem evidenciar que, deixado à sua escolha, Diogo certamente preferiria não falar sobre o tema. E mais do que isso: por ter estado diante do tribunal do Santo Ofício e recebido aquelas específicas reprimendas, certamente teria seu comportamento sexual modificado.

Em nossa sociedade, afirmava Foucault (1988), os controles sobre os comportamentos sexuais ainda existiam. Entretanto, ainda que o pensamento religioso fosse influenciador, as instâncias discursivas e de controle dos atos e desejos sexuais haviam deixado a religião e passado preferencialmente à ciência, pois, especialmente no século XIX, o discurso médico solidificara sua primazia como espaço social autorizado a definir o que era correto, normal, aceitável, recomendável em questões sexuais. A normatização dos atos sexuais abandonava a condenação fundada no fato de ser "pecado e ofensa grande de Nosso Senhor" e passava a argumentar sobre sua naturalidade fundada na biologia: a normalidade passou a ser associada à sua suposta função natural, e tudo o que dela se afastasse seria considerado doente, pervertido, corrompido e, portanto, condenável.

Um exemplo: Theodoor van de Velde (1873-1937) foi um médico ginecologista holandês que, ao final de sua vida profissional, dedicou-se a escrever manuais sexuais para casais. Seus guias tinham como objetivo ensinar maridos e esposas a solidificar o casamento por meio da correta prática de atos sexuais. Sua obra *Matrimônio perfeito*, que se tornou um *best-seller* em vários países, inclusive no Brasil, onde foi lançada em 1933, continha estratégias para excitação conjugal, orientações de posições sexuais normais, detalhes sobre momentos propícios sobre a realização do sexo, minuciosas descrições sobre a perda da virgindade da recém-casada. Orientações fundadas na definição bastante explícita e estrita que o Dr. Velde tinha do que seria o ato sexual:

> ***se entende por relação sexual*** *normal toda aquela que se verifica entre dois seres humanos sexualmente maduros e de sexos diferentes, excluída toda crueldade e o emprego de meios auxiliares para produção do prazer, com o fim direto ou indireto de conseguir uma satisfação sexual, a qual ultrapassando um determinado limite de excitação alcança seu ponto*

> *culminante na ejaculação do sêmen, no interior da vagina, o que provoca um prazer simultâneo nos seus participantes.* (Velde, 1957, p. 169, grifo do original)

A ideia de normatização médica da sexualidade, como compreendida por Michel Foucault, fica clara nesse trecho. O sexo normal era apenas aquele heterossexual, praticado independentemente de meios auxiliares para produção do prazer (Velde, aqui, está se referindo à masturbação) e que promoveria o orgasmo simultâneo no homem e na mulher. Fora desse modelo bastante específico, haveria a doença, a patologia, a perversão, a histeria. O manual de Velde participava desse modelo normativo de sexualidade; fazia parte dos discursos médicos de controle oriundos da medicina em diálogo com textos legais, normas sociais, instituições políticas.

Se Diogo Afonso, no século XVI, fora admoestado pelos religiosos, na contemporaneidade os comportamentos desviantes passaram a ser condenados pelos médicos. As semelhanças existentes na admoestação de práticas consideradas indevidas podem ser constatadas na carta a seguir, enviada por um médico gaúcho a um "jovem masturbador". Não há data específica dessa carta, mas se pode situá-la em meados do século XX. Mediante argumentos médicos e religiosos, busca-se instilar certo pânico no jovem, para que abandone os atos que o estariam levando ao precipício.

> *Meu caro jovem:*
> *Na desabalada carreira em que te empenhas, no vigor dos teus anos, sacudido pelas vibrações da tua juventude esplêndida, tens os olhos embaçados por uma névoa. […] Para! Olha para a frente.*
> *A luz que vês através de prismas descalibrados são trevas tremendas. Para além delas se situam hecatombes, precipícios, abismos, báratros horríveis. Não te deixes levar pela voragem das ilusões. Para! A isca satânica que*

te atrai é um chamariz com que se te arrastam para as profundidades
escuras, onde poderás mergulhar bojo de infortúnios funestos.
É o que te deseja quem muito te ama. (Vieira, 1983, p. 93-95)

As justificativas para uma carta tão incisiva? Segundo o médico, "do ponto de vista somático, o masturbador apresenta [...] palpitações, dores precordiais, às vezes dor de cabeça, nervosismo, irritabilidade, insônia ou sonolência, depressão, pessimismo, falta de perseverança", e, ainda, "quando a estrutura mental do masturbador sofre a influência de taras hereditárias, podem surgir neuroses e até psicoses" (Vieira, 1983, p. 99).

Desde o século XVIII até as últimas décadas do século XX, a masturbação foi considerada pela medicina fonte de infindáveis males físicos, psicológicos e morais. Resquícios de uma opressão mais intensiva de outros tempos, talvez você tenha recebido advertências, mais ou menos sérias, de que a masturbação poderia criar pelos nas mãos ou mesmo provocar a cegueira. Se a grande maioria de nós percebe hoje tais alertas com humor, tratava-se de temores bastante sérios e reais até não muitas décadas atrás: impedir a masturbação a todo custo se tornou, desde o século XVIII, ponto fundamental de estratégias médicas e pedagógicas, porque efetivamente se acreditava que a criança masturbadora não apenas iria deteriorar sua saúde, como se tornaria sexualmente pervertida se persistisse no "vício solitário".

Tais concepções influenciavam as práticas sexuais. Imagino que não deva ter sido fácil ao jovem destinatário daquela carta continuar com a masturbação; ou, ao menos, possivelmente desenvolveu intensos sentimentos de culpa e vergonha que, aliás, fazem parte das estratégias de controle dos comportamentos. As ações dos confessores de Diogo Afonso, bem como do médico remetente dessa carta, têm em comum a busca pela construção de determinado ideal de sexualidade, utilizando-se da construção da culpa e de uma aversão à "anormalidade" como instrumentos de controle.

A influência desses discursos pode ser confirmada com nossa querida Rosalina. O que ela mais parecia querer, ao preencher aqueles duvidosos testes presentes no livro do Dr. Caprio, era simplesmente ser normal – ou, melhor dizendo: o que mundo em que ela vivia defendia como sendo normal.

3.4.2 Sexo e mudança

O sexo também muda. Aqui estamos mais presos às representações presentes em textos de divulgação científica sobre o ato sexual. No entanto, é possível perceber como, em manuais sexuais produzidos na passagem para o século XIX, havia uma identidade entre as formas como os atos sexuais eram prescritos e as condições sociais existentes. Observe os seguintes trechos de manuais sexuais de 1862, 1910 e 1928.

> "Devemos observar aqui que a indiferença aos prazeres do amor, muito rara entre os moços jovens, é, muito importante, bastante comum entre as moças jovens" (Debay, 1862, p. 236, tradução nossa).
> "A mulher não deve negar nunca a seu esposo a dívida matrimonial, e para isso favorece a estrutura especial dos seus órgãos, que não necessitam de nenhuma preparação nem sequer da presença de desejos carnais" (Uchard, 1910, p. 32).
> "No ato sexual, o papel da mulher difere do homem, não só pela passividade, como pela ausência de ejaculação seminal [...]. Para elas o coito é ato desagradável, às vezes repulsivo, ou pelo menos indiferente" (Forel, 1928, p. 104-105).

Todos coincidem no essencial: afirmam a crença médica do período de que as mulheres, por conta de sua constituição física, não teriam desejos sexuais. É possível perceber uma identidade entre as concepções sociais sobre as mulheres e as formas pelas quais se compreendia a sexualidade feminina. Afinal, se a mulher está socialmente inferiorizada; se é considerada frágil demais para que possa participar do mundo do trabalho; se não possui opções senão a de se manter sob a tutela dos pais até o momento em que possa passar à do marido; então, uma das poucas soluções para sua sobrevivência social é a aceitação das determinações sociais para que consiga um casamento adequado. É o que defendiam os autores acima: idealmente, a mulher deveria se submeter ao marido, manter sua virgindade, educar-se para ser uma boa esposa. Adequar-se sexualmente fazia parte, também, dos dotes imateriais que deveria apresentar para conquistar e manter um bom casamento.

Ao longo do século XX as mulheres no Brasil, como um todo, ampliaram sua participação social, inclusive dentro da população economicamente ativa (Andrade, 2004). Especialmente a partir da década de 1940, a presença das mulheres no mercado de trabalho começou a ser ampliada, o que significou uma ampliação de sua contribuição financeira para o sustento familiar. Isso não implicou, necessariamente, uma mudança das concepções sexuais. O que deve ser compreendido é que, com uma maior autonomia social, as mulheres passaram a ter condições de exigir uma maior equanimidade também nas relações sexuais. Nos textos a seguir, de 1935, 1940 e 1957, podem-se notar mudanças no ato sexual recomendável pelos **sexólogos**, que ecoavam a maior participação social das mulheres. Nesses manuais, os médicos passaram a reconhecer a existência e a validade dos desejos sexuais femininos, embora fossem considerados fracos e devessem, para tal perspectiva, ser despertados pelos maridos.

> "Na mulher, o apetite sexual é despertado de modo bastante diferente [...] Já não se trata de uma simples ação fisiológica; é indispensável todo um encadeamento de ideias para acarretar na verdade o desejo da cópula" (Bourdon, 1935, p. 10).
>
> "O homem é levado por seu instinto sexual a procurar uma mulher em quem introduzir suas células sexuais. [...]. A mulher deve, levada por seu instinto sexual, fazer realçar da maneira mais atrativa seus caracteres sexuais secundários" (Kahn, 1940, p. 45-46).
>
> "A insuficiente sensibilidade durante o coito, no princípio da vida sexual ativa, é um fenômeno fisiológico, isto é, uma manifestação normal: a mulher vai aprendendo a sentir a voluptuosidade e o orgasmo" (Velde, 1957, p. 303).
>
> A **sexologia** é um ramo do conhecimento científico, derivado da medicina, que se institucionalizou na segunda metade do século XIX, na Europa. O objetivo de seus praticantes, quase todos médicos, era o de solucionar os problemas da chamada *questão sexual*: administrar os impulsos sexuais humanos às necessidades da vida em sociedade. Foi a sexologia e foram os sexólogos que, especialmente desde a passagem para o século XX, estabeleceram as principais regras, supostamente derivadas da biologia, de como deveriam se comportar, sexualmente, homens e mulheres. Em finais do século XX, ecoando as consequências da revolução sexual, os sexólogos (agora, uma área que se separava da medicina) passaram a definir posições mais libertárias, mas ainda assim normativas, sobre o comportamento sexual.

Bem, se vê, portanto, que os atos sexuais não caminham sozinhos, isolados da realidade social em que são praticados. A intimidade do quarto também revela concepções de poder, lutas por direitos, representações de gênero. Seria de se esperar que, com a crescente participação feminina no mercado de trabalho no Brasil, na segunda metade do século XX, e com a ampliação das lutas feministas no país, acabasse por ser ainda mais ampliada a aceitação do protagonismo feminino sobre seu próprio prazer erótico. Os três textos a seguir datam de 1966, 1969 e 1970 e foram escritos durante a chamada *revolução sexual*: momento em que, no Ocidente, houve uma crítica aos modelos de comportamento sexual considerados ultrapassados e repressivos, além de uma valorização da validade do prazer erótico para os indivíduos, mesmo desligados de relacionamentos estáveis.

> "Tanto quanto é possível determinar atualmente, o despertar do desejo sexual e o clímax de sua satisfação, na mulher, são notavelmente semelhantes ao que ocorre quanto ao homem" (Ellis, 1966, p. 22).
> "Em muitas moças solteiras sexualmente ativas, há duas forças diametralmente opostas: 'Eu quero sexo! Eu preciso de sexo!', e outra que provém de sua personalidade anterior e que diz: 'Fazer sexo antes do casamento é pecado. Guarde-o para seu marido!'" (Reuben, 1969, p. 113).
> "Você não poderá fugir do sexo. Portanto, aceite-o e procure tirar dele o melhor proveito." (Garrity, 1970, p. 28).

Pode-se perceber, desse modo, que os desejos sexuais femininos passaram a ser considerados iguais ou, ao menos, bastante semelhantes aos masculinos. Obviamente, houve uma mudança nas concepções médicas sobre a sexualidade, especialmente feminina (mas não exclusivamente), em direção a uma maior liberalização dos atos sexuais. Ou seja, houve uma gradual mudança nas normas sexuais e uma defesa cada vez mais intensa da importância do prazer sexual tanto para homens quanto para mulheres.

Os limites de espaço de uma obra como esta podem dar a falsa impressão que o desenvolvimento das práticas sexuais no Brasil, ao longo do século XX, deu-se de maneira constante e sem resistências; ou que foi apenas o resultado das mudanças sociais. Ambas as conclusões não condizem com a verdade.

Em primeiro lugar, as mudanças apenas ocorreram como resultado de um amplo conjunto de lutas e conflitos. Muitas mulheres (veremos no capítulo seguinte o caso de Ercília Cobra) precisaram se lançar em pioneiras discussões e demandas para que, aos poucos, vitórias de igualdade fossem conquistadas. Não foram poucas as forças de resistência a essas mudanças, que partiram de instituições médicas, legais, policiais, políticas. O Brasil tem um longo e vergonhoso passado de impunidade de assassinos de mulheres, absolvidos por argumentarem terem cometido crimes levados pela "violenta emoção", indício evidente da resistência social à autonomia feminina a seu próprio corpo.

Em segundo lugar, as mudanças não ocorreram como resultado das modificações sociais. Nada se deu dessa forma. As mudanças das condições sociais permitiram a um maior número de mulheres a possibilidade de lutar pelos seus direitos. Perceba como esse ponto está ligado ao parágrafo anterior: sem a completa submissão social, as mulheres tinham condições de exigir mudanças nas relações entre gênero, inclusive as sexuais. Com uma maior participação no mercado de trabalho, a maior autonomia social instrumentalizou as mulheres às novas exigências sociais.

São as ações cotidianas que permitem que se construam tais mudanças. Portanto, não foram as grandes instituições de poder que determinaram como as pessoas deveriam ou não praticar os atos sexuais. As representações sobre o sexo, as determinações legais, as concepções científicas foram obrigadas a dialogar com as múltiplas ações cotidianas, os pequenos atalhos inventados no dia a dia e que, em conjunto, permitiram que esse processo histórico apresentasse uma determinada e nítida direção à liberalização das relações sexuais[2].

---

[2] *Notadamente, as relações heterossexuais. Ainda que a discussão realizada aqui envolva questões ligadas à homossexualidade, trata-se de um aspecto da sexualidade que tem sua história própria e que, infelizmente, não poderá ser abordada aqui por questões de espaço.*

Síntese

A produção de uma história do cotidiano não foge aos princípios fundamentais dos estudos históricos. Por mais tentador que seja tentar recriar "como se lá estivéssemos" o cotidiano de sociedades já desaparecidas, o fato é que não podemos fazer nada além de traduzir, para o presente, o que seria a rotina das pessoas de outros tempos. Fora desses limites, o anacronismo está sempre à espreita.

Como é, de certa forma, anacrônica a concepção que a história do cotidiano seria uma narrativa do imóvel. Se, na manipulação de temporalidades, característica do trabalho de historiadores, não é possível reviver o passado, por outro lado, é bastante recomendável compreender que os cotidianos, em seus múltiplos exemplos, apresentam também diferentes velocidades. Daquela instantânea própria da moda, passando pela relativa estabilidade de certos costumes, mas nunca alcançando a imobilidade – equivocada característica imposta pelo pensamento filosófico à realidade cotidiana. Pois, como vimos com os cuidados corporais ou o próprio ato sexual, mesmo quando as pessoas acreditam estarem apenas repetindo costumes que podem considerar antigos, participam de processos de mudança.

Atividades de autoavaliação

1. Analise a imagem a seguir, publicada em uma revista do Rio de Janeiro em 1924. Em seguida, selecione a afirmativa que melhor responde à questão proposta.

Charge de 1924 sobre as escarradeiras

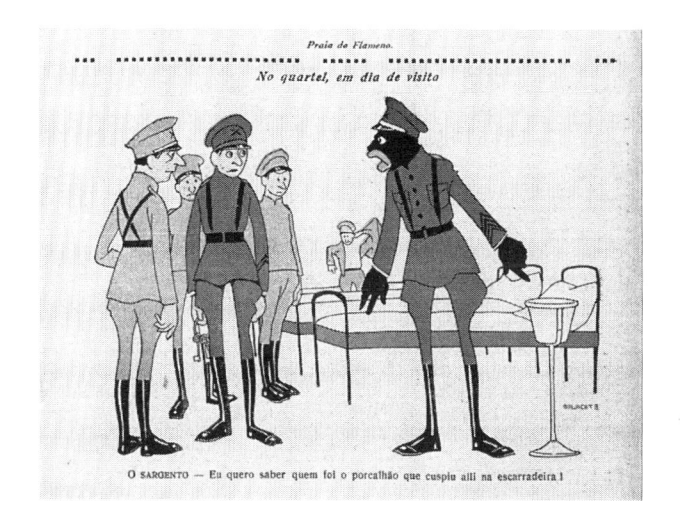

Praia de Flamengo.
No quartel, em dia de visita

O SARGENTO — Eu quero saber quem foi o porcalhão que cuspiu alli na escarradeira!

Fonte: Belmonte, 1924, p. 19.

Considerando a função das escarradeiras na sociedade brasileira das primeiras décadas do século XX e as informações presentes na charge, é correto afirmar:

a) Ainda que fosse considerado um objeto associado à sujeira, as escarradeiras estavam presentes em diferentes momentos da vida cotidiano do período.

b) Associada à tuberculose e, portanto, à medicina, as escarradeiras eram símbolo de higiene e limpeza, como se denota pela afirmação do sargento.

c) A tentativa de humor da imagem parte do princípio de que as escarradeiras eram objetos raramente encontrados no cotidiano, ainda mais incomuns em um quartel.

Antonio Fontoura

d) O uso de escarradeiras estava associado a pessoas de camadas sociais inferiores, daí sua presença em um quartel, pois os soldados eram, usualmente, pessoas pobres.
e) Objeto exclusivo da realidade brasileira, difundiu-se no país devido à recusa das pessoas tomarem a vacina contra a tuberculose.

2. Durante a Ditadura Militar (1964-1985), o Departamento de Censura de Diversões Públicas (DCDP) foi responsável por realizar a avaliação de conteúdos midiáticos, aprovando-os, impedindo-os de serem divulgados ou solicitando alterações a seus autores. Especialmente durante os anos 1970 e 1980, muitas foram as pessoas que, acreditando testemunhar conteúdos em revistas, jornais, rádio, televisão que seriam inadequados, enviavam voluntariamente suas denúncias.

O trecho adiante foi extraído de uma carta enviada ao DCDP no início da década de 1980. Sua remente reclamava da presença de propagandas de absorventes íntimos nos programas de televisão do período.

Sempre Livre da Johnson e Johnson: Há necessidade de se tornar tão pública certas preocupações da higiene feminina? Considerando que sendo a mulher o elo principal na união da família, anúncios dessa espécie só tendem a ridicularizá-la e torná-la alvo de comentários pouco condizentes com sua posição de esposa e mãe. (Grupo..., p. 31)

Considerando-se que, à época, o Brasil já havia passado pela chamada *revolução sexual* e a própria censura reduzia sua atuação, permitindo, inclusive, a venda de periódicos eróticos nas bancas de jornais, é possível afirmar:

a) Com base em argumentos fundados no que seria o devido papel da mulher, a autora da carta condena a abordagem mais liberal da mídia do período em relação à menstruação.
b) As ideias conservadoras de uma determinada sociedade tendem a ser superadas por concepções modernizantes, em todas as sociedades e períodos.
c) As propagandas não são uma forma adequada de se compreender o cotidiano do passado, pois apresentam uma visão idealizada da realidade.
d) O fato de que, nos dias de hoje, são comuns os anúncios de produtos de higiene íntima feminina evidencia nossa superioridade em relação às sociedades do passado.
e) Para entender as concepções de higiene do período, é necessário, antes de tudo, realizar um estudo sobre as disputas políticas no interior da ditadura militar.

3. Segundo o antropólogo François Laplantine (1943-), "a experiência da alteridade (e a elaboração dessa experiência) leva-nos a ver aquilo que nem teríamos conseguido imaginar, dada a nossa dificuldade em fixar nossa atenção no que nos é habitual, familiar, cotidiano" (Laplantine, 2000, p. 21).

O conceito de alteridade, discutido no trecho anterior, refere-se:

a) ao respeito ao próximo, como uma forma de desenvolver a empatia por meio dos estudos históricos.
b) à crença de que existem sociedades mais avançadas, em relação a outras, mais atrasadas, no caminho da civilização.
c) à análise de documentos não escritos em sociedades tradicionais, de maneira a compreender sua história.

d) ao estudo dos diferentes tipos de cotidiano que podem existir em sociedades de outras épocas e locais.
e) à percepção de que as sociedades são constituídas mediante princípios culturais que lhes são específicos.

4. A imagem a seguir foi extraída de um vaso grego, datado do século VI a.C. Aparece desenhada ao fundo de um copo e, a princípio, seu objetivo era apresentar uma ilustração que seria considerada divertida.

Cena de um vaso grego

AMBROSIOS PAINTER. **Drinking Cup (Kylix)**. [510-500 a.C.]. Vaso cerâmico: 12 × 2 cm.

A imagem apresenta um homem barbado que, com suas vestes levantadas e apoiando-se em um cajado, aparenta estar defecando. Considerando o contexto em que essa imagem aparece e comparando-se a existência (ou não) de semelhantes imagens no nosso próprio cotidiano, é correto afirmar:

a) É característico da natureza humana esconder suas necessidades fisiológicas e, por isso, é difícil encontrarmos documentos que tratem desses temas.
b) O desenvolvimento da noção de higiene surgiu com os antigos romanos, pois, até então, as pessoas não tinham noções de asseio e limpeza corporal.
c) Atos ligados à fisiologia humana não são temas de estudos históricos pois estão fundados na biologia e, portanto, não variam conforme as sociedades.
d) Noções de asseio e privacidade são culturalmente variáveis e estão adequadas ao contexto social em que são praticadas ou discutidas.
e) Justamente por não possuírem noções básicas de higiene, os romanos acabaram desaparecendo enquanto civilização.

5. Em 1974, a feminista dinamarquesa Maria Marcus lançou a obra *Den Frygtelige Sandhed* ("A terrível verdade"), em que procurava discutir suas preferências sexuais acentuadas pela presença da dor. Nesse livro, ela narra como descobriu, por meio da leitura de uma obra médica, o conceito de masoquismo:

Então havia um nome para isso. [...] Então eu era alguma coisa definida. Eu estava incluída em uma categoria definida. Eu tinha meu próprio espaço. A gaveta a que eu pertencia não cheirava assim tão bem quanto outras, mas era uma gaveta com uma etiqueta nela. [...] Receber um nome pareceu ser o primeiro ato de um despertar de consciência, como se uma bagunça completamente desorganizada de pontilhados se juntasse em uma imagem sólida.
(Marcus, citada por Plummer, 1984, p. 239, tradução nossa)

Considerando a experiência de Maria Marcus e com base no que foi discutido no texto do capítulo a respeito de Michel Foucault, é correto dizer:

a) Todo conhecimento científico é neutro de valorações políticas e morais, pois o objetivo da ciência é ampliar o conhecimento humano em direção a um futuro melhor.
b) Ao mencionar "gavetas", Maria Marcus se refere à ação do feminismo de segunda onda, que procurou construir rótulos sexuais como estratégia de luta.
c) O exemplo de Maria Marcus demonstra como o conhecimento médico atua na construção de rótulos, com os quais as pessoas tendem a se identificar.
d) O erro de Michel de Foucault fica claro quando Maria Marcus demonstra que desenvolveu seu masoquismo independentemente da leitura de obras médicas.
e) Deve-se compreender o caso de Maria Marcus sob a ótica da medicina, e não da história, pois seu caso se refere a uma doença mental.

Atividades de aprendizagem

Questões para reflexão

1. Em *Psychopathia Sexualis*, um dos primeiros e mais influentes estudos sobre a sexualidade no século XIX, seu autor, o alemão Richard von Krafft-Ebing (1840-1902), procurou investigar os comportamentos sexuais considerados desviantes pela medicina do período. Uma de suas maiores preocupações recaiu na análise do homossexualismo, também chamado de *uranismo* por Ebing (1906), sendo "uranistas" os seus praticantes.

Diferentemente de outros médicos do período, Krafft-Ebing procurou construir suas análises por meio do contato direto com homossexuais, tanto em sua clínica quanto por correspondência. Você irá ler a seguir o trecho de uma carta, escrita por um correspondente que é identificado apenas como "um homem de alta posição em Londres".

Você não tem ideia do que é uma luta constante que todos nós – especialmente aqueles de nós que têm a maior mente e melhores sentimentos – deve suportar, e como sofremos sob a prevalência de falsas ideias sobre nós e nossa assim chamada "imoralidade". [...]

Sob todas as características, o fenômeno é anômalo; mas a palavra "patológico" transmite outro sentido, que eu não posso aceitar que se adapte a este fenômeno; pelo menos, como tive ocasião de observá-lo em muitos casos. Concordarei, a priori, que, entre uranistas, pode ser observada uma proporção muito maior de casos de insanidade, de exaustão nervosa etc., do que em outros homens normais. Será que este aumento de nervosismo depende necessariamente do caráter de uranismo, ou não seria resultado, na maioria dos casos, do efeito das leis e dos preceitos da sociedade, que proíbem a prática de seus desejos sexuais, fundados sobre uma peculiaridade congênita, enquanto outros não são assim impedidos?

O uranista jovem, quando sente os primeiros impulsos sexuais e os expressa ingenuamente a seus colegas, logo descobre que não é compreendido; recolhe-se em si mesmo. Se diz a seus pais ou professor o que o motiva, o que para ele é tão natural quanto o é para um peixe nadar, será descrito como errado e pecaminoso, e ouve que é algo que deve combater e superar a qualquer preço. Em seguida, começa um conflito interior, uma poderosa repressão das inclinações sexuais; e quanto mais é reprimida a satisfação natural do desejo, mais animada se torna a fantasia e colore as próprias imagens que se desejava banir. (Krafft-Ebing, 1906, p. 206-209, tradução nossa)

O missivista londrino, ele mesmo um "uranista", ou seja, homossexual, apresentou a Krafft-Ebing suas próprias visões a respeito de sua prática. Considerando sua leitura deste documento, quais seriam as dificuldades experimentadas pelos homossexuais em relação à sua orientação sexual? Segundo o autor da carta, de que forma a própria medicina participava dos problemas sofridos pelos homossexuais do período?

2. Quais seriam os odores das cidades no passado? Observe o que afirmou o viajante inglês Henry Chamberlain (1796-1844), em sua viagem ao Brasil na década de 1820:

O Matadouro de gado (e há apenas um no Rio de Janeiro) está localizado perto do mar, um pouco à direita do convento da Ajuda. O mau cheiro que constantemente desprende é terrivelmente incômodo e torna as vizinhanças muito desagradáveis. Não há nada mais repugnante do que a maneira imunda com que a carne verde é transportada aos açougues da cidade.
(Chamberlain, 1943, p. 128)

Estudar os odores de outras épocas acarreta dificuldades aos estudos históricos. Observe o que afirma sobre o tema o historiador e filósofo Craig Taylor (2015, p. 70, tradução nossa):

Alguns dos incômodos e odores que muito perturbam as populações urbanas modernas eram uma parte aceita do cotidiano das cidades antigas. As pessoas simplesmente tinham uma maior tolerância às condições insalubres de sua cidade e, portanto, os rigorosos padrões de descarte adequado de resíduos pareceriam irrelevantes e impossíveis de serem alcançados por aqueles no passado.

Como é possível comparar a vida cotidiana de duas épocas diferentes? É possível que os odores do matadouro fossem, por exemplo, terrivelmente insuportáveis para Chamberlain (1943), mas um incômodo menor, ou ao menos suportável, para a população do Rio de Janeiro das redondezas.

Leitores ou leitoras não tão jovens deste livro podem lembrar de décadas passadas em que fumar era permitido em todos os ambientes, inclusive restaurantes e hospitais, e o odor do cigarro não era tão perceptível, pois estavam todos habituados. O contraste com a época atual, em que fumar é proibido em locais públicos, tendeu a despertar nossa sensibilidade aos odores do cigarro.

Considerando essas questões, como é possível comparar duas temporalidades diferentes, tendo em conta que as próprias pessoas do passado poderiam não estar atentas às particularidades de suas respectivas realidades?

Atividade aplicada: prática

1. É bastante comum, em trabalhos historiográficos, o destaque ao surgimento da pílula anticoncepcional como um dos fatores para a liberalização sexual, particularmente feminina. No Brasil, a pílula surgiu em 1963, com o Enavide, e em 1969 já havia se tornado um dos medicamentos mais vendidos do Brasil. Esse uso se ampliou na década seguinte, mas não sem dificuldades.

   O que você tem à sua disposição, a seguir, são trechos de diferentes documentos históricos sobre as estratégias de resistência de vários setores sociais ao uso da pílula anticoncepcional. Analisando-se esses documentos e considerando as discussões realizadas anteriormente sobre a relação entre sexualidade e sociedade, procure elaborar um texto historiográfico que responda às seguintes questões:

a) De que forma os documentos evidenciam uma tentativa, de diferentes setores sociais, de controle da sexualidade feminina?

b) Por que é possível afirmar, com base nesses documentos, a existência de forças sociais contrárias a processos como a liberalização sexual?

Documento 1: Cartas de leitores da revista *Veja*, apresentando seus pontos de vistas sobre uma reportagem a respeito da pílula anticoncepcional.

Sr. Diretor: sua reportagem sobre o controle da natalidade no Brasil (30/10 pág. 20) é fraca, tímida, neutra e receosa. Uma revista que fala de Economia e não se bate pelo "birth control", é uma pilhéria editada. Por favor, não consultem padres. Peçam a opinião de técnicos, não de religiosos.
R. da Silveira/ Rio/ GB

Sr. Diretor: Todos sabemos que o Papa, quando decide sobre o comportamento dos católicos, o faz de uma forma mais justa e racional, portanto, humana. É deste modo que eu entendo a sua proibição com relação à pílula.
Zélia Lucena/ BH/ MG (Veja, 1968, p. 3)

Documento 2: Em 1971, a revista *Ele Ela*, então destinada a casais, apresentou a visão de "um médico" (que não é nominado) sobre os riscos psicológicos do uso da pílula.
"Principalmente para mulheres muito jovens, o ato sexual é decepcionante devido à ausência do perigo, o que pode diminuir a libido e acarretar dificuldades de orgasmo. Por isso desaconselhamos o uso da pílula por moças muito jovens" (Ele Ela, 1971, p. 63).

Documento 3: Em 1971, a revista *Ele Ela* discutiu as consequências do uso da pílula anticoncepcional no casamento.

Enquanto ela, liberada do medo da gravidez [pelo uso da pílula], via multiplicarem-se suas necessidades sexuais, seu marido, ao contrário, se revelava cada vez mais reticente, retraído e indiferente. A explicação é simples: antes, o marido tentava afirmar a sua virilidade, acusando a mulher de sua suposta frigidez. Com isso, endossava seu próprio sentimento de culpa. Com a eliminação do perigo de uma gravidez não desejada, a situação torna-se bastante diferente. Quem exige agora é ela. O equilíbrio do casamento está ameaçado. (Ele Ela, 1971, p. 44).

Documento 4: Trecho de música de Odair José, de 1973:

Você diz que me adora
Que tudo nessa vida sou eu
Então eu quero ver você
Esperando um filho meu
Pare de tomar a pílula
Porque ela não deixa o nosso filho nascer.

Fonte: José, 1999.

Documento 5: Em 1976, o então Ministro da Saúde do governo Geisel, Paulo de Almeida Machado, publicou uma portaria limitando a venda de pílulas anticoncepcionais. O trecho adiante é de uma reportagem segundo a qual o ministro saiu às ruas procurando fazer cumprir as normas da portaria.

O ministro Almeida Machado desempenhou, ontem, o papel de fiscal: fechou uma farmácia desta capital por 24 horas, pois ela acabara de vender um anticoncepcional e duas caixas de Winstrol – medicamento com vários efeitos colaterais –, sem receita médica.
Ao analisar a bula do Winstrol, o sr. Almeida Machado verificou que não constava a frase venda sob prescrição médica e, aí, autuou a venda do anticoncepcional. (6 Vacinas..., 1976)

> **Documento 6**: Um artigo de 1976, publicado pela Associação dos Médicos do Rio de Janeiro (AMERJ), alertando para os supostos efeitos colaterais do efeito das pílulas anticoncepcionais. Deve-se lembrar que, nessa época, já se sabia serem mínimos os riscos para as usuárias da pílula.
>
> Quando a mulher ficar inválida em consequência de embolias, tromboses ou crises hipertensivas ou precisar ser mutilada para a remoção de uma mama ou de um útero canceroso ou quando ainda der à luz a um deformado ou finalmente quando morrer de um enfarte do miocárdio, o que pode e tem ocorrido com o uso continuado de anticoncepcionais, quem será responsabilizado? (AMERJ, citada por Médicos..., 1977, p. 6)

Capítulo 4
A vida privada

Em passagem pelo Brasil nas primeiras décadas do século XIX, o pintor e desenhista inglês Henry Chamberlain registrou, em sua obra *Vistas e costumes da cidade e arredores do Rio de Janeiro*, publicada originalmente na década de 1820, aspectos da vida cotidiana no Brasil do período. É nessa sua obra que aparece uma imagem cujo significativo título é *Uma família brasileira*.

Figura 4.1 – *Uma família brasileira*

CHAMBERLAIN, Henry. **Uma família brasileira**. 1821. Água-tinta e aquarela sobre papel: color.; 20,5 × 28,8 cm. Pinacoteca do Estado de São Paulo, São Paulo, Brasil.

Há várias informações aqui. Em primeiro lugar, a posição masculina, sempre à frente, característica do modelo patriarcal familiar próprio do período colonial: "O pai toma a dianteira, acompanhado de perto pelos dois filhos mais velhos", indica Chamberlain (1943, p. 37-38), "aos quais se seguem a esposa e a criada [...] mulata, confidente". A família é acompanhada, ainda, "à pequena distância [pelos] criados negros, a quem confiam a guarda do caçula, do cãozinho de estimação e do guarda-chuvas" (Chamberlain, 1943, p. 38). A presença próxima de escravos é algo bastante característico do cotidiano familiar brasileiro do século XIX: detalhe que representa tanto as características de certo modelo de família brasileira do período, quanto a própria ideia de privacidade familiar. Enquanto na mesma época, na Europa, vivia-se um acentuado processo de transformação da família em direção ao modelo nuclear – pais, mães, filhos –, no Brasil os escravos domésticos ainda transitavam no interior dos domicílios, conviviam proximamente com a família e compartilhavam essa específica vida que poderia ser definida como algo privada, algo pública.

Essa imagem é um interessante documento de como, historicamente, é possível perceber a existência de mudanças no conceito de família, bem como no próprio sentido de privacidade. Os estudos sobre a vida privada e suas especificidades foram um importante movimento historiográfico das últimas décadas do século XX, capitaneado pelos historiadores franceses ligados à Escola de Annales. Trata-se, sem dúvida, de uma história do cotidiano: ainda que, como será visto a seguir, rótulo inicialmente negado por aqueles historiadores.

(4.1)
Cotidiano e vida privada

Novamente, uma coleção editorial: entre 1985 e 1987 foram lançados na França os cinco volumes da influente *Histoire de la vie privée*, dirigida por Georges Duby (1919-1996) e Philippe Ariès (1914-1984), historiadores expoentes da Escola de Annales. Publicados na década de 1990 no Brasil com o título de *História da vida privada*, seus artigos abordavam um amplíssimo recorte temporal e geográfico, partindo da Antiguidade romana até "os nossos dias", como indicava o subtítulo do quinto volume. Diante da influência do pensamento francês nas ciências humanas no Brasil de uma forma geral e, mais particularmente, dos pressupostos teóricos de Annales, a coleção rapidamente passou a ser adotada nos estudos acadêmicos de história no país, sendo integrada às ementas de um sem-número de disciplinas. Em finais do século XX, pesquisas sobre história da vida privada em diferentes épocas e lugares passou a ser um tema, por assim dizer, "da moda" também entre historiadores e historiadoras brasileiros. Essa influência se tornou especialmente palpável em 1997, quando foi lançada *A história da vida privada no Brasil*, coleção em quatro volumes que abrangia artigos sobre do período colonial à contemporaneidade. Não apenas a proposta, mas a identidade visual entre a coleção brasileira e a francesa não deixavam dúvidas sobre a origem da inspiração teórica e metodológica: uma influência "previsível", como definiu Fernando Novais (1933-), coordenador da coleção brasileira (Novais, 2009, p. 7).

Surgido no mesmo contexto de discussões historiográficas que pretendiam recuperar o papel dos indivíduos na história, o projeto de criação de uma história da vida privada, ao menos como pretendia um dos organizadores da coleção francesa, Georges Duby (1919-1996), não devia "se desviar uma vez mais para a vida cotidiana – a casa, por exemplo, o quarto, o leito"; bem como não poderia "cair numa história do individualismo, numa história da intimidade" (Duby, 2009, p. 7). Para atingir esse objetivo, fazia-se necessário definir claramente qual seria a especificidade da vida privada e o que a tornaria diferente, inclusive, da história do cotidiano.

Segundo Duby (2009, p. 7), a vida privada se definia por um contraste que poderia ser encontrado "sempre e em toda parte" entre o privado e o público: por um lado, a vida social, usualmente fora do domicílio, onde a existência se apresenta exposta à comunidade e haveria papéis específicos a serem encenados; de outro, *uma zona de imunidade oferecida ao recolhimento, onde todos podemos abandonar as armas e as defesas das quais convém nos munirmos quando nos arriscamos no espaço público; onde relaxamos, onde nos colocamos a vontade, livres da carapaça de ostentação que assegura proteção externa. Esse lugar é de familiaridade. Doméstico. Íntimo.* (Duby, 2009, p. 7)

Ainda que Duby (2009) afirmasse que a história da vida privada não poderia ser uma história do cotidiano e da intimidade, especialmente doméstica, parece assim ter sido inicialmente definida – ou seja, enquanto uma abordagem histórica do familiar, do doméstico, "inscrita no interior da casa, da morada, encerrada sob fechaduras" (Duby, 2009, p. 7).

No entanto, para Duby (2009), o que seria caracterizado como *privado* não se esgotaria nessa definição. Com os indivíduos defendendo-se dos "assaltos do poder público", supostamente haveria uma ampliação histórica daquilo que se poderia definir como *particular*, ampliando-se a noção de privacidade para bem além da estrita inclusão na domesticidade. Assim, poderiam ser considerados espaços privados e também objetos de uma história da vida privada "a oficina, a loja, o escritório, a fábrica" ou mesmo "o bar ou o clube", "lugares propícios às cumplicidades e ao lazer masculinos" (Duby, 2009, p. 8). Demonstrações de uma diversificação histórica do espaço privado, segundo Duby (2009). Porém, qual "vida privada" existiria em um bar? Em um escritório?

É difícil identificar, nesses espaços, o contraponto privado/público que seria, a princípio, característico de uma história da "vida privada". Há muito de público, de social, de relações extrafamiliares, e muito pouco de doméstico nas relações que se estabelecem em clubes, fábricas ou bares. No próprio prefácio à coleção e nos princípios teóricos que podem ser identificados nos artigos que compreendem seus cinco volumes, a suposta estrita conceituação de *privado* se esgarça ao ponto de perder sua especificidade.

Pela análise da coleção *História da vida privada*, fica clara a impressão de que o conceito que seria estruturante dos diversos artigos estava, na verdade, mal delimitado, mal definido, encontrando apenas no Estado e na política (ou seja, nos temas privilegiados da história tradicional), sua verdadeira fronteira. Como definiu o historiador Ronaldo Vainfas (1956-), o conceito de vida privada apresentava, então, uma "fragilidade desconcertante" (Vainfas, 1996, p. 12).

Se, a princípio, tão semelhantes, por que Duby (2009) quis diferenciar a história da vida privada de uma história do cotidiano? Ainda que não explicitasse em seu prefácio, é provável que tivesse em mente as obras da coleção *La vie quotidienne* da editora Hachette: desejava que a história da vida privada se diferenciasse claramente daquele modelo bastante específico de história do cotidiano rejeitado, de forma veemente, pelos historiadores de Annales.

Diante dos problemas conceituais, pode-se afirmar a possibilidade de escrita de uma história da vida privada? Sim, com poréns. Por um lado, não pode ser dissociada da história do cotidiano de uma forma geral. Por outro, é possível definir o sentido de "vida privada", em seus sentidos de domesticidade e individualidade, apenas como um processo histórico.

4.1.1 A PRIVATIZAÇÃO DOS COSTUMES

No terceiro volume da coleção *História da vida privada*, em um texto bastante influente, o historiador francês Philippe Ariès (1914-1984) procurou construir, em linhas gerais, um modelo de interpretação do processo de privatização dos costumes que seria próprio da realidade europeia. Teriam surgido na realidade do mundo medieval – momento em que as ideias de público e privado, não tão bem delimitadas, confundiam-se – pequenas e graduais transformações que, ao longo de séculos, acabaram construindo os modelos de sociabilidade contemporânea, com a privacidade individual orbitando o domínio da família. Um ponto fundamental nesse processo estaria no século XIV: "A sociedade se tornou uma vasta população anônima na qual as pessoas já não se conhecem. O trabalho, o lazer e o convívio com a família são doravante atividades separadas em compartimentos estanques" (Ariès, 2009, p. 10). Segundo Ariès, nessa passagem para a modernidade estariam, assim, os "acontecimentos que vão modificar as **mentalidades**, em especial a ideia do indivíduo e de seu papel na vida cotidiana da sociedade" (Ariès, 2009, p. 10).

> **Mentalidades**: Trata-se de um conceito muito caro aos historiadores de Annales desde os primeiros momentos dessa escola. Refere-se aos elementos culturais, muitos deles inconscientes, compartilhados pelas pessoas de uma determinada sociedade e época, com base nos quais as pessoas se relacionavam, pensavam a realidade e a organizavam. Ainda que influente nos estudos históricos até finais do século XX, é hoje considerado ultrapassado, pois presume uma determinada ideia cultural homogênea a uma determinada sociedade.

Quais acontecimentos afetariam as mentalidades nesse processo de privatização, de individualização? Em primeiro lugar, as ações do Estado, que passou a assumir a responsabilidade por questões que, principalmente no mundo medieval, eram decididas de maneira privada. Em segundo lugar, um aumento nos índices de alfabetização e leitura, especialmente a silenciosa. O ato de ler silenciosamente está relacionado ao isolamento, diferentemente da leitura em grupos; além disso, ocorre mediante um monólogo interno, e não em voz alta, própria de uma forma socializada de leitura. E, em terceiro lugar, as novas formas de religião (dos séculos XVI e XVII) que desenvolveram um sentimento de devoção interior, exemplificados pelo reforço da prática da confissão entre os católicos e da escrita de diários íntimos, comum entre os puritanos.

O desenvolvimento de uma literatura destinada a ensinar regras de etiqueta, a prática da escrita de diários, cartas e confissões íntimas, assim como a evolução da amizade e do gosto pela solidão, são alguns dos indícios desse processo de constituição de uma vida privada que se reflete também na arquitetura da casa. O tamanho dos espaços, os cuidados com a decoração, a especialização dos cômodos, participaram da constituição de um ambiente particular e privado.

Nesse processo secular, as sociedades europeias ocidentais teriam partido da conquista da intimidade individual no período moderno até alcançar, já na contemporaneidade, a privacidade da família nuclear, em sua residência protegida e separada do espaço público.

> **Os vários cotidianos dos Annales**
> "O cotidiano só tem valor histórico e científico no seio de uma análise dos sistemas históricos, que contribuem para explicar o seu funcionamento" (Le Goff, 1986, p. 79). A frase é de Jacques Le Goff, um dos expoentes da chamada *terceira geração* de Annales (sendo a primeira a de seus fundadores, Marc Bloch e Lucien Febvre, e a segunda a associada a Fernand Braudel). Ainda que a frase de Le Goff continue adequada à historiografia do cotidiano em nossos dias, os mais conhecidos historiadores ligados diretamente à escola de Annales produziram poucas obras referentes **à história do cotidiano para além da** *História da vida privada*. Dois livros, porém, merecem destaque.
>
> O primeiro, de 1973, é *Estruturas do cotidiano*, livro inicial da trilogia *Civilização material, economia e capitalismo*, escrito por Fernand Braudel. Seu objetivo inicial, bastante ambicioso, era entender as características da *vida material* – expressão que o autor utiliza como sinônimo de *cotidiano* – em relação à economia como um todo: visava a "distinguir esses dois setores elevados, explicá-los, um pelo outro, no que neles se mistura e no que os opõe"

(Braudel, 1995, p. 13). Braudel partia, ainda, de uma premissa que pretendeu justificar ao longo de toda obra: a crença de que o mundo (sim, o mundo) era relativamente imóvel e que só a partir do capitalismo mudanças sociais significativas poderiam ser percebidas. "Insistamos nessa lentidão, nessa inércia", destacou Braudel (1995, p. 16), que "encerraram o mundo numa estabilidade pouco explicável". E, de fato, há poucas explicações em *Estruturas do cotidiano*: Braudel não foi capaz de fazer a interlocução entre a vida material e os modelos mais amplos do capitalismo como inicialmente pretendia. Sua obra seleciona aspectos arbitrários do cotidiano e os preenche com exemplos apresentados superficialmente de culturas de todas as partes do mundo e de diferentes épocas, sem significativa interlocução entre si. Assemelha-se em muitos pontos ao modelo de história antiquária, próprio de alguns títulos da coleção *La vie quotidienne*, tão criticados pelos historiadores de Annales.

Le Roy Ladurie, outro expoente da Escola de Annales, publicou *Montaillou* em 1975, obra que se tornou rapidamente um sucesso de vendas. Trata da pequena vila de Montaillou, que, com cerca de 250 habitantes, foi intensamente investigada entre 1318 e 1325 pela Inquisição por conta da heresia cátara[1] que existia na região. No livro, Ladurie procurou apresentar a maior quantidade possível de detalhes sobre inúmeros aspectos do cotidiano de Montaillou como as relações sociais, o trabalho dos camponeses, a restrita economia monetária, a vida sexual de seus habitantes, aspectos do nascimento, infância, morte, religiosidade, moralidade, dentre outros temas. Não há grandes análises na obra: o que existe é praticamente a paráfrase da fonte principal utilizada por Ladurie – o processo inquisitorial, reorganizado nos tópicos desejados pelo historiador. Eventualmente o texto apresenta curtas explicações – "a distinção entre estes dois conceitos, familiar e domiciliário, tão natural nos nossos tempos, ainda não está presente na mentalidade dos personagens" (Ladurie, 1983, p. 56) –, mas, na maior parte do tempo, é meramente descritivo, quando não resvala no anacronismo: "Bernard é um romântico, Pierre é um devasso. [...] Amante vigoroso, Don Juan incorrigível" (Ladurie, 1983, p. 200). Trata-se de leitura interessante, mas que não alcança, se fosse analisado dessa forma, o objetivo desejado por Le Goff de contribuir para a compreensão dos sistemas históricos.

---

1 *A heresia cátara fundamentava-se na crença de que existiam dois Deuses ou princípios antagônicos entre si – um bom e outro mau –, que seriam representados, respectivamente, pelo Novo Testamento e pelo Velho Testamento. Tal concepção contrariava a teologia católica fundada no monoteísmo.*

4.1.2 A privacidade burguesa

Dentro do processo de pulverização de temas dos estudos históricos nas décadas finais do século XX, a atenção à construção das regras características da vida privada despontou como tema de destaque. O interesse pelo indivíduo, as discussões sobre o significado e a origem da privacidade contemporânea, o questionamento aos tradicionais papéis de gênero de homens e mulheres levaram historiadoras e historiadores a pesquisar o trajeto histórico da constituição do modelo familiar nuclear, centrado no lar, e a constituição dos papéis sociais de marido e esposa nesse mundo doméstico. Com esse objetivo, muitos foram os estudos históricos que se centraram no século XIX, momento de particular importância para a constituição do modelo de privacidade próprio à burguesia.

Pintada pelo ainda jovem Edgar Degas (1834-1917) e concluída em 1860, a pintura apresentada a seguir foi intitulada, inicialmente, *Retrato de família*, em que a própria tia materna do pintor é representada junto ao marido e filhas. Atualmente, o quadro é referenciado como *A família Bellelli*. A opulência da residência, que se constata pelos papéis de parede, pelo refinado mobiliário, pelos enfeites, pela corda para chamar os criados, emoldura os personagens nos quais se evidenciam também seus diferentes papéis sociais. De um lado, o homem, sentado em poltrona de destaque, como chefe da família, parece ter sido flagrado no trabalho, como indicam os papéis na escrivaninha à sua frente. De outro, a mulher, à esquerda, representa a domesticidade e a maternidade, amparando as filhas enquanto veste negro, indicando luto pela morte de um parente. Uma banal briga conjugal teria sido a razão para a fisionomia fechada da esposa – pequeno signo dos dramas domésticos próprios da privacidade familiar em seu cotidiano que Degas desejou interpretar.

Figura 4.2 – *A família Bellelli*, de Edgar Degas

DEGAS, Edgar. **A família Bellelli**. [1858-1867]. Óleo sobre tela: color.;
200 × 250 cm. Musée d'Orsay, Paris, França.

As vestimentas, as convenções, os papéis sociais e, mesmo, certos ideais burgueses aparecem, de alguma forma, representados nessa pintura. No século XIX, com a solidificação do capitalismo na Europa e a sociedade mantendo nítidas diferenças de classes, a burguesia procurou se distinguir adotando e construindo certos hábitos – muitos deles importados da aristocracia –, dentre os quais se destacava a proteção doméstica do núcleo familiar, em papéis sociais muito bem distintos. Os valores burgueses característicos desse grupo social, compartilhados por comerciantes, profissionais liberais e industriais, gradualmente se difundiram como modelo de comportamento mesmo em outros países, inclusive no Brasil – ainda que, aqui, com contornos específicos, que serão vistos logo a seguir.

Tornou-se característico desse modelo burguês de privacidade a nítida diferenciação entre o público e o privado, que se associava, ainda, a bem definidos papéis sociais de gênero. O ambiente público era o do trabalho, da rotina diária no exterior da residência: era masculino por definição, por se supor ser o homem naturalmente mais inclinado ao que se consideravam as intensas disputas pela sobrevivência. No ambiente privado, doméstico, totalmente protegido do exterior, desenrolava-se a vida particular da família. Aqui, a supostamente frágil mulher ganhou a duvidosa honra de se tornar a "rainha do lar", além de fortaleza moral da família, que se ancorava em sua maternidade.

(4.2)
A vida privada no Brasil

O aburguesamento dos costumes brasileiros se pode comprovar comparando-se as imagens a seguir, que representam o interior de duas residências em momentos históricos diferentes.

Figura 4.3 – *Interior da residência (quarto de dormir) do Barão von Huguel*, 1817, por Thomas Ender

ENDER, Thomas. **Interior da residência (quarto de dormir) do Barão von Hughel (camareiro do imperial embaixador da Áustria, Conde von Eltz) no Rio de Janeiro, em 1817.** 1817. Desenho a bico de pena e aquarelado: color.; 19,8 × 28,2 cm. Biblioteca Nacional, Rio de Janeiro, Brasil.

Essa primeira imagem mostra o quarto de dormir do Barão von Huguel na cidade do Rio de Janeiro em 1817: as paredes são pintadas, mas os enfeites são relativamente modestos. Os móveis parecem ser em pouca quantidade diante do grande espaço em que se destaca a escrivaninha repleta de livros e papéis, próprios ao trabalho do barão. Característico dos modelos de casas no período colonial brasileiro, os quartos não são espaços tão íntimos como os conhecemos hoje: repare que podem ser vistas três portas que levam ao cômodo e uma delas segue diretamente à bem iluminada sala de estar. Era, então, comum que os quartos estivessem localizados ao centro da arquitetura da casa, ladeados por espaços como a sala (muitas vezes convertidos em lojas), a cozinha ou o escritório. A distinção entre o público e o privado não se mostrava tão acentuada.

A arquitetura e a decoração contrastam com outro ambiente doméstico, em imagem de mais de um século depois. Na década de 1930, Henry Joseph Lynch (1878-1958) contratou um estúdio fotográfico profissional para registrar a riqueza de sua residência, que se localizava também no Rio de Janeiro. As imagens tanto do interior quantos dos jardins (ainda que quintais fossem comuns, jardins só se difundiram a partir da segunda metade do século XIX) revelam um modelo de residência que adotara vários dos princípios da intimidade burguesa. O sucesso social é reforçado pela opulência do ambiente: a sala, que se abre para o jardim, é repleta de decorações que se espalham, literalmente, do chão ao teto. Quadros, cortinas, lustres, vasos, tapetes: praticamente não há espaços sem informações, sem detalhes, sem sinais do grupo social ao qual os moradores pertenciam, em uma profusão de minúcias que lembram o *horror vacui* (horror ao vazio) da arte barroca. As inúmeras cadeiras contornam o piano, que se encontra em posição de destaque, e deixam ainda mais evidente o caráter social desse ambiente. Desde a segunda metade do século XIX, o piano se tornara símbolo da diversão social doméstica burguesa: esperava-se que as jovens aprendessem a tocá-lo como parte de sua formação. Por um lado, separado da rua, esta sala seria o espaço daqueles escolhidos para compartilhar a intimidade familiar; por outro, estava totalmente dissociado das partes íntimas da residência, usualmente inacessíveis a convidados.

Figura 4.4 – *Interior da residência da família Lynch*

HUBERTI. **Interior da residência da família Lynch**. 1936. Fotografia: cópia de gelatina e prata, p&b, 22,7 × 28,3 cm; papel, 23,5 × 29 cm; cartão suporte, 32,7 × 41,6 cm. Biblioteca Nacional, Rio de Janeiro, Brasil.

A influência dos costumes burgueses oriundos da Europa é evidente no Brasil e bastante explícita. Na passagem para o século XX, as elites nacionais desejavam reproduzir os modelos da vivência moderna europeia, particularmente a francesa, tomados como referência de civilidade. Rejeitavam-se com veemência as tradições coloniais, e eram adotadas pelas elites locais as ideologias que defendiam o embranquecimento social; flutuava-se entre as ideias de superioridade racial dos europeus e o repúdio às tradições indígenas e africanas que participaram da construção cultural brasileira.

Porém, de quem se está falando aqui? De uma determinada elite que procurou importar certos hábitos burgueses europeus e difundi-los como um modelo ideal de domesticidade, família, comportamento e papéis sociais. Em nenhum momento podemos afirmar que se trata de uma concepção de privacidade "brasileira". Tal generalização não faz sentido se considerarmos a multiplicidade de realidades de diferentes grupos sociais e culturais, e mesmo de momentos históricos, dentro do Brasil: a casa de uma família pobre nas primeiras décadas do século XIX como desenhada por Debret, a de um colono alemão em Minas Gerais como fotografada em 1861, e as residências de operários como descritas não muito antes das fotografias da residência dos Lynch – "um dos aspectos mais dolorosos da questão proletária é sem dúvida o do alojamento precário, insalubre e quase sempre nojento que tem a maioria dos que formam as classes pobres" (Congresso..., 1931, p. 347) – oferecem-nos apenas uma antevisão da enormidade de diferentes realidades domésticas e privadas que se podem encontrar no Brasil em diferentes épocas, grupos sociais, em diferentes regiões, sob particulares circunstâncias.

Figura 4.5 – *Casa de família pobre*, segundo Debret; colono alemão em Minas Gerais

DEBRET, Jean-Baptiste. **Família pobre em sua casa.** 1835. Litografia sobre papel: 47,2 × 32,4 cm. Pinacoteca do Estado de São Paulo, São Paulo, Brasil. Coleção Brasiliana/Fundação Estudar.

KLUMB, Revert Henrique. **Residência de um colono alemão no Bosque da Imperatriz, em Juiz de Fora, MG.** 1865. Fotografia estereoscópica: p&b, 7 × 7 cm. Biblioteca Nacional, Rio de Janeiro, Brasil.

E ainda que o modelo de privacidade doméstica burguesa, com definidos e específicos papéis sociais, tenha se estabelecido desde a passagem para o século XX na qualidade de uma idealização que se desejava impor à sociedade, trata-se de um modelo que não se difundiu sem confrontos. Isso fica evidente tanto se acompanharmos seu desenvolvimento histórico, quanto se considerarmos suas relações com diferentes modelos de sociabilidade familiar existentes no país. Em outras palavras e sendo mais sintético, a relação público-privado apresenta uma trajetória específica no Brasil e sua suposta influência na vida nacional ainda é tema de debates.

4.2.1 O público e o privado: o cotidiano como explicação histórica

"Nenhum homem nesta terra é repúblico, nem zela, ou trata do bem comum, senão cada um do bem particular" (Salvador, 1627, p. 4), reclamava frei Vicente do Salvador, em 1627, em sua *História do Brasil*, utilizando-se de um termo inexistente nos dias de hoje – *repúblico* – para se referir a pessoas que não se preocupavam com a coletividade. Complementava afirmando que

> *nesta terra andam as coisas trocadas, porque toda ela não é república, sendo-o cada casa; [...] porque atendo-se uns aos outros nenhum as faz, ainda que bebam água suja, e se molhem ao passar dos rios, ou se orvalhem pelos caminhos, e tudo isto vem de não tratarem do que há cá de ficar, senão do que hão de levar para o reino.* (Salvador, 1627, p. 4)

Não estamos, obviamente, acostumados com o estilo de escrita do século XVII, mas podemos perceber como Vicente do Salvador faz notar como as concepções de público e de privado no Brasil do período seriam, por assim dizer, singulares. Obras que em outros locais seriam consideradas de responsabilidade pública eram, quando muito, realizadas por particulares e apenas em proveito próprio. O próprio Salvador (1627, p. 4) ensaiou uma explicação para esse fenômeno: "tudo isto vem de não tratarem do que há cá de ficar", dizia ele. Ou seja, o Brasil – no caso particular, a cidade de Salvador – não era compreendido pelos colonos do século XVII como um espaço de morada, uma cidade a ser desenvolvida, mas uma região que se procurava explorar visando o enriquecimento (na medida do possível) antes do definitivo retorno ao lar, ou seja, Portugal. Se a colônia era vista como uma realidade provisória, os interesses privados, e não os públicos – esses existiriam apenas quando influenciassem os objetivos coloniais portugueses –, é que prevaleciam. Cada um, assim, tornava-se seu próprio república.

Um segundo exemplo das particulares relações entre público e privado no Brasil – note que não se fala aqui de *continuidade, desenvolvimento, evolução* – pode ser buscado em certos aspectos da escravidão, marco da sociedade brasileira dos séculos XVI ao XIX.

Deixemos Vicente do Salvador e avancemos dois séculos. O português Luís Joaquim dos Santos Marrocos (1781-1838) foi bibliotecário da Real Biblioteca Portuguesa, inicialmente sob o governo de D. João e, posteriormente, no Brasil independente. Em cartas que enviava a seus parentes em Portugal, deixava claro suas péssimas impressões do Brasil: "a terra é a pior do mundo, a gente é indigníssima, soberba, vaidosa, libertina, os animais são feios, venenosos e muitos, enfim, eu crismei a terra chamando-lhe Terra de sevandijas[2]" (Marrocos, 1811, p. 6). Independentemente disso, casou-se com uma brasileira – "encostei-me a uma carioca que só tem o único defeito de ser carioca" (Marrocos, 1811, p. 22) –, teve filhos e organizou sua vida no Rio de

---

2   O mesmo que *"parasitas"* ou *"vermes"*.

Janeiro, onde viveria até o final de sua vida. Em carta de 1819, tinha suficiente orgulho de sua casa para descrever parte de seu funcionamento cotidiano a seus familiares portugueses.

Todos os escravos são cozinheiros e o meu amigo preto é, além disso, comprador, merecendo muito a minha estimação por não ter vícios alguns. Temos lavadeira escrava de casa que, de duas em duas semanas, vai ao rio lavar a nossa roupa e temos em casa duas negrinhas mocambas que são costureiras e engomadeiras e uma delas é também rendeira. A mesma preta lavadeira é também compradora naquilo que lhe compete e todas elas cumprem o serviço, não só da cozinha, como da sala, quando sucede ser este preciso. (Marrocos, 1811, p. 40)

Trata-se de um documento interessante também por revelar as relações que a rotina familiar mantinha com os escravos. "Todos os escravos que fazem corpo desta família são de boas qualidades", declarou Santos Marrocos (1811, p. 40), destacando a íntima relação existente entre os escravos e o cotidiano da vida doméstica. Embora afirmasse ter um "preto [...] muito meu amigo[3] [que] só tem levado uma dúzia de palmadas por teimoso, mas quebrei-lhe o vício" (Marrocos, 1811, p. 6), os escravos eram considerados ferramentas humanas do cotidiano, invadindo cada espaço do relacionamento familiar. A profundidade de uma vida privada, sob tais condições, é, portanto, bastante específica: não apenas se tem a convivência com um grande número de pessoas, como a própria arquitetura da casa impede o total isolamento, a profunda individualização, a separação nítida com elementos de fora do núcleo familiar, em processo que

---

3   *Na atualidade, a historiografia considera que relações de amizade entre senhores e escravos, tão insistentemente referenciadas por Santos Marrocos em suas cartas, são melhor interpretadas como estratégias de resistência dos escravos na busca por melhorias, mesmo que discretas, em suas condições de vida.*

se estruturava em várias regiões da Europa ocidental. Nas maiores cidades brasileiras, era bastante comum que o quarto destinado aos escravos ficasse no próprio interior da residência.

A relação de intimidade entre crianças e escravos permaneceu prática comum no Brasil até finais do século XIX. Na fotografia a seguir, de 1868, tem-se um exemplo bastante particular da persistência e da difusão desse modelo próprio das famílias de elite brasileiras, em que escravos e escravas eram, ao mesmo tempo, próximos e distantes da intimidade familiar.

Figura 4.6 – *Antônio da Costa Pinto com a sua ama de leite*

BRASIL. Ministério da Justiça e Segurança Pública. Arquivo Nacional. Fundo Fotografias Avulsas, "Fotografia Antônio da Costa Pinto com sua ama-de-leite".

CARDOSO, Antônio Lopes. **Antônio da Costa Pinto com a sua ama de leite**. 1868. Fotografia: p&b, 10 × 6,3 cm.

Essas específicas relações entre o público e o privado no Brasil e, particularmente, a presença incontestada da escravidão nos afazeres diários, serviram como fontes para determinadas interpretações históricas do Brasil. Em certo sentido, o cotidiano do período colonial sustentou modelos de interpretações do desenvolvimento histórico nacional: foram especialmente os casos dos trabalhos de Sérgio Buarque de Holanda (1902-1982) e de Gilberto Freyre (1900-1987).

Raízes do Brasil, lançado originalmente em 1936, é ainda hoje uma das mais influentes obras da sociologia e historiografia nacionais. Nela, Holanda procurou explicar o que ele entendia como as razões históricas do atraso nacional e acreditou as ter encontrado na dificuldade estrutural dos brasileiros em separar os espaços público e privado. O caráter colonial do Brasil teria determinado a estrutura social brasileira: sem a presença de um Estado forte, sem o desejo político de tornar o Brasil um espaço de povoamento para além da exploração, o poder privado, patriarcal, teria assumido para si as funções governamentais. Holanda se aproxima, aqui, da explicação dada pelo frei Vicente do Salvador. A **cordialidade** do brasileiro, para Holanda, seria exemplo dessa falta de consciência para com o bem comum: a utilização de diminutivos como "*-inho*", a influência da religiosidade não institucional, a aversão a rituais, a preferência pelo primeiro nome (e não pelo de família) nas relações pessoais, seriam todos exemplos da cotidianidade nacional, que representaria uma informalidade fundamental e uma estrutural incapacidade de separar as relações privadas das questões públicas.

> O conceito de **brasileiro cordial** é um dos mais conhecidos de *Raízes do Brasil*. Mas há que se cuidar com o termo: *cordial*, aqui, não significa "gentil" ou "cortês", mas sim se relaciona ao termo latino *cordialis*, que significa "que vem do coração". A cordialidade que Holanda destacou foi a forte presença do aspecto emocional nas relações pessoais, algo fundamental para que, segundo o mesmo autor, o brasileiro fosse incapaz de separar nitidamente as questões privadas das públicas.

Publicada em 1933, *Casa Grande & Senzala* é a obra-prima de Gilberto Freyre. Também nela Freyre procurou construir determinada ideia do desenvolvimento brasileiro recorrendo ao passado colonial. No seu caso, centrando-se, principalmente, no cotidiano da escravidão e seu impacto na formação do Brasil. Ainda que não tenha construído o conceito de "democracia racial", a obra de Freyre, em muitos aspectos, foi responsável por sua sustentação teórica. Considerando-se a rotina de proximidade entre senhores e escravos, Freyre teria identificado no Brasil, em comparação com outros países escravocratas, uma suposta menor divisão entre brancos e negros, livres e escravos. O período colonial teria se caracterizado, assim, pela construção de uma intimidade entre brancos e negros, permitida pela suposta menor tendência lusitana ao racismo. Uma herança, acreditava Freyre, da secular experiência portuguesa como colonizadores.

Em uma tese bem conhecida, tal proximidade teria feito com que houvesse uma aproximação sexual entre homens brancos e mulheres negras, com a consequente criação de laços afetivos e mesmo amorosos. Esse teria sido um dos fatores essenciais para que o Brasil não tivesse um sistema escravista tão violento quanto de outros países. Tampouco a realidade contemporânea nacional (Freyre escrevia na década de 1930) apresentaria aspectos significativos de diferenciação entre raças.

É interessante como tanto Holanda quanto Freyre partiram de determinados comportamentos cotidianos dos brasileiros para construir seus modelos explicativos do Brasil. E, considerando-se o que já tem sido dito a respeito desses autores e suas obras, nos últimos anos, será que ainda há sentido em repetir as críticas a eles? Talvez, ainda que de forma sumarizada.

A crítica a Freyre é mais conhecida e difundida: as fontes históricas, ainda que concordem com a proximidade entre senhores e escravos no cotidiano escravista, desmentem de forma contundente qualquer violência amenizada, resultado de uma aproximação afetiva e/ou sexual entre livres e escravas. Não há democracia racial no Brasil.

Nunca houve. Para além de dialética, foi caracteristicamente contraditória a relação proximidade/distância entre os livres e os escravizados no Brasil colonial. Basta lembrar de Santos Marrocos (1811, p. 6), que tinha um "preto muito meu amigo" em quem, ao mesmo tempo, dava "uma dúzia de palmadas por teimoso".

Raízes do Brasil, de Sérgio Buarque, por sua vez, não raras vezes é obra citada como uma análise acurada das dificuldades no estabelecimento de uma estrutura estatal racional no Brasil. Todavia, além de estar em desacordo com os documentos históricos, a análise de Holanda peca pela essencialização das sociedades que analisa. Partindo de uma perspectiva historicista, ele acreditava na existência de algo como o "brasileiro típico", o "português típico", o "inglês típico": temperamentos que seriam característicos de determinado povo, que os definiria, e que se aproximava muito perigosamente da ideia de "raça"[4]. Além disso, faltava a Holanda, nesse livro, uma perspectiva diacrônica – ou seja, das mudanças históricas –, pois em sua obra são tomados exemplos de épocas e contextos completamente diferentes, utilizados em função de seus argumentos.

De tudo isso, então, o que fica? Inicialmente, a constatação de que tomar essas peculiaridades cotidianas como modelos de explicação da história nacional, de uma forma quase teleológica, não funciona: simplificam os contextos a ponto de sua deformação; não concordam com as fontes históricas; constroem narrativas deterministas sobre o desenvolvimento do Brasil.

---

4   *Sérgio Buarque de Holanda não era nazista. Que fique claro isso. No entanto, suas ideias essencialistas se aproximavam de tal forma da ideia de raça, que Holanda acabou se aproximando de teóricos alemães que fundamentaram determinadas ideias de superioridade racial adotadas pelo Partido Nazista. Compreendendo a extensão de suas premissas, Holanda revisou totalmente a edição de 1936 de* Raízes do Brasil, *extirpando aqueles autores e suas ideias. A essencialização, todavia, permaneceu.*

No entanto, parece evidente que os modelos de privacidade que foram específicos a determinadas épocas e lugares, ao longo da história do Brasil, não são escolhas arbitrárias dos indivíduos ou práticas desenvolvidas ao acaso. O que se definia, em cada momento, como público ou como privado era claramente influenciado pelo contexto social e pelos costumes. Ou seja: existia uma íntima relação entre as ideias de privacidade e as formas pelas quais eram vividas pelas diferentes famílias brasileiras em suas múltiplas formas e pela sociedade como um todo. Mesmo no interior do domicílio, a vida social continuava influenciando.

(4.3)
Cotidianidade e papéis sociais

Em meados do século XVIII, na Bahia, um senhor de engenho empobrecido de nome Antônio Gomes Ferrão Castelo Branco, que ainda buscava sustentar as aparências apresentando à sociedade local uma riqueza que já havia desaparecido, pedia ajuda financeira a parentes em Portugal. *V. M.*, no texto adiante, significa "vossa mercê": "me botarei aos pés de V. M., de minha avó e dos demais tios para que se lembrem de nós e daquelas pobres meninas encarceradas sem professarem por falta de conseguir lhes ajustar os 500 cruzados dos seus dotes" (citado por Priore, 1997b, p. 288-289).

Esse trecho foi tirado do borrador de Antônio Castelo Branco, uma espécie de rascunho em que ele, além de anotar detalhes de sua vida cotidiana, transcrevia a correspondência trocada com familiares portugueses. Comumente, pedidos de ajuda financeira, tentando sensibilizar os parentes a ajudá-lo a manter o nome de família no Brasil, que, por questões econômicas (não era incomum que dívidas arruinassem riquezas de senhores de engenho) e políticas (seu pai se desentendera com o vice-rei sediado na Bahia), era ameaçada cotidianamente de perder seus bens.

O que Antônio Castelo Branco pedia aos parentes? Uma quantia de 500 cruzados para que as "meninas encarceradas" professassem – meninas, no caso, as próprias irmãs de Castelo Branco. Repare como estrutura social, vida privada e papéis sociais dialogam quando procuramos entender esse pequeno drama familiar. Por conta da situação social em que viviam, e especialmente devido a dificuldades financeiras, Antônio Castelo Branco não possuía recursos suficientes para pagar dotes para que suas irmãs pudessem casar, e isso gerava um problema familiar significativo, porque se fazia necessário dar um destino socialmente aceito àquelas mulheres. Fazia parte do papel social de "homem", especialmente verdadeiro para a elite, garantir a sobrevivência social das mulheres da família, fossem esposas, filhas ou, no caso, irmãs. O pobre senhor de engenho lutava com essa obrigação. Aproximando-se da idade adulta, e não havendo esperança de casamento, pois lhes faltava o dote, restava àquelas mulheres a dignidade da vida religiosa, independente daquilo que chamaríamos, nos dias de hoje, de *vocação*. Contudo, o próprio encarceramento no convento exigia determinado pagamento (no documento, também denominado *dote*), que podia ser feito em dinheiro ou em doações. Sem esse específico dote – menor que o exigido para o matrimônio, mas, ainda assim, além das posses de Antônio Castelo Branco – as irmãs não conseguiriam professar.

Alguns anos mais tarde, o dote acabou pago. Em outra página de seu borrador, Castelo Branco dá a boa notícia aos parentes e, novamente, evidencia a importância do cumprimento dos devidos papéis sociais. O trecho é de 1757: "em fevereiro do ano próximo passado, professaram minhas três irmãs Damiana, Justina e Rufina. [...] Deus seja louvado que conseguimos já o gosto de vermos acomodadas as irmãs fêmeas que tivemos, nem temos mais fêmea alguma para acomodar" (citado por Priore, 1997b, p. 289).

A responsabilidade do homem de garantir o futuro das mulheres da família (as "fêmeas", no trecho anterior), por um lado, e a subserviência feminina às vontades masculinas, que se viam obrigadas a aceitar destinos que lhes eram socialmente impostos, por outro, eram aspectos da estrutura social que condicionavam a vida privada, suas rotinas, preocupações e atitudes de Antônio, Damiana, Justina e Rufina e tantos outros.

Todas as sociedades, em todos os tempos, construíram determinados papéis sociais a serem desempenhados pelos indivíduos, estando seu descumprimento sujeito a sanções sociais que podem ser leves (certo desprezo do círculo social próximo, por exemplo) ou bastante graves – como a própria morte. Todos nós os executamos praticamente todo o tempo, muitas vezes de forma inconsciente, de tão profundamente introjetados que estão certos princípios culturais. Todavia, note que sempre há uma diferença entre o que uma sociedade acredita ser o comportamento ideal e o que é efetivamente praticado; entre o que é estabelecido como norma e as ações individuais reais[5].

Figura 4.7 – *Cena de família de Adolfo Augusto Pinto*, por Almeida Júnior (1850–1899)

ALMEIDA JÚNIOR, José Ferraz de. **Cena de família de Adolfo Augusto Pinto**. 1891. Óleo sobre tela: color.; 137 × 106 cm. Pinacoteca do Estado de São Paulo, São Paulo, Brasil.

---

5   Além disso, há o caso mais particular dos que resistem explicitamente à norma, denunciando-a ou se colocando contra ela. Iremos discutir essas situações posteriormente.

Mais uma pintura. Dessa vez, de um artista brasileiro, Almeida Júnior (1850-1899), retratando uma cena doméstica. Depois de tudo o que foi discutido no capítulo, não parece ser difícil percebermos que estamos diante de uma idealização doméstica burguesa: a família reunida em um ambiente ricamente decorado, o jardim que se insinua pela porta, o homem vestindo sóbrias roupas adequadas a seu gênero, envolvido com papéis indicando seu trabalho[6]; a mulher ensinando a filha a bordar, exercitando tanto seu papel de mãe quanto de dona de casa; as crianças, felizes, brincando em torno dos pais; os instrumentos musicais indicando os requintados gostos familiares burgueses.

O que essa pintura representa não é a realidade familiar brasileira de 1891, quando o quadro foi pintado, mas sim uma idealização. Todos e cada um dos signos presentes na pintura transmitem determinada imagem de como deveria ser uma família, de como deveriam agir homens e mulheres, em seus papéis sociais de masculinidade e feminilidade, de marido e esposa, de pai e mãe. Você lembra dos preceitos de Ptah-Hotep, citados no Capítulo 1? Temos aqui algo semelhante: para além da valorização de certa ideia de domesticidade, há certa instrução de como deveriam ser pais e mães, maridos e esposas, homens e mulheres, fundada no que aparece apresentado na imagem.

4.3.1 Masculinidades e feminilidades cotidianas

O dote
Definia-o assim um dicionário de 1728, certamente contemporâneo do senhor de engenho empobrecido Antônio Castelo Branco que abandonamos há algumas páginas:

---

[6] *Adolfo Pinto (1856-1930), o personagem representado aqui, foi engenheiro. Olhando-se a pintura bem de perto, é possível perceber que ele está lendo um periódico denominado* Revista de Engenharia.

> DOTE. O que se dá ou promete ao marido para sustentar a mulher, os filhos, a família e mais encargos do matrimônio. [...] Mulher que traz grande dote ocasiona grandes gastos. Aos que casam aconselha Nicostrato que tomem mulher com pouco dote, mas rica de virtudes. [...] Hoje, filhas de mercadores [...] levam dotes excessivamente maiores que as antigas princesas Romanas. [...] diz Federico Lindebrogio que as moças não haviam de trazer outro dote, que o tesouro da sua virgindade, honestidade e pudicícia.
> (Bluteau, 1728, p. 296-297)

Adaptamos o trecho anterior do verbete algo longo do texto original, mas essa adaptação ainda retém dois aspectos importantes do significado do dote no século XVIII: por um lado, sua prática estabelecida nos casamentos, explicitada na primeira definição. Tratava-se do valor dado ao marido para que ele sustentasse a esposa e os encargos familiares decorrentes. Por outro lado, o verbete deixa claro que, mesmo naquele momento, tratava-se de assunto algo controverso, como revelam as opiniões divergentes: dotes muito grandes poderiam desestruturar o casamento e havia quem argumentasse que o melhor seria tomar as virtudes da mulher como verdadeiros dotes.

No entanto, a prática continuou. Até pelo menos o final do século XIX, e mesmo no início do século XX, no Brasil, fazia-se necessário que uma mulher tivesse um dote para que, assim, conseguisse um bom casamento. Em uma peça de teatro de 1905 (estamos, repare, a um século e meio de distância de Antônio Castelo Branco e as dificuldades com suas irmãs), os problemas associados ao dote continuavam sendo criticados. Nesta cena, Ângelo reclama a um amigo das dificuldades que vivia com Henriqueta, sua esposa:

> ÂNGELO – Henriqueta é filha única. Foi educada como filha de milionários. Viu desde pequenina satisfeitos os seus caprichos ainda os mais extravagantes, e habituou-se a isso. Trouxe de dote cinquenta contos [...]

> RODRIGO – *O diabo foi ela trazer-te os tais cinquenta contos.*
> ÀNGELO – *Foi o diabo, foi! Todas as vezes que tento reagir contra os seus desperdícios, ela atira-me à cara o seu dote! Ora, o seu dote! Onde vai seu dote! E não é só ela: é também o pai! É o dote de Henriqueta pra cá, o dote de Henriqueta pra lá! De modo, meu amigo, que estou completamente atado pelo diabo desse dote!* (Azevedo, 1905)

No final do século XIX e início do XX, a estrutura familiar brasileira estava mudando. Desde o período colonial, o núcleo familiar era uma unidade produtiva, ou seja, responsável em grande parte pela produção da riqueza necessária para sua própria sobrevivência. Isso gerava consequências das quais duas importam aqui. A primeira: formar uma família exigia um montante inicial, para que os recém-casados conseguissem sobreviver. Isso tornava o dote, bem como seu valor, não apenas um símbolo de *status* – algo que efetivamente também era – mas uma condição importante para a construção de uma nova família. A segunda: com a mulher trazendo para a nova família o valor do dote, isso lhe dava certos direitos e determinada proteção. É disso que Ângelo reclama em seu desabafo: sendo a mulher também responsável pelos recursos financeiros do casal, ela tinha certo poder de decisão junto ao marido; e, mais ainda, trazia consigo a proteção da própria família: "E não é só ela: é também o pai!" (Azevedo, 1905). Assim, o dote permitia um determinado poder à mulher, dentro do casamento, em relação ao marido.

A peça de teatro, porém, é de 1905, momento em que a prática do dote estava em evidente declínio. E estava em decadência porque mudavam as pessoas e seu mundo: nos ambientes urbanos, os homens passaram a desempenhar as mais diversas profissões e, no momento do casamento, muitos não dependiam dos valores da família da noiva para garantir o estabelecimento da casa e sua manutenção.

A face da família também mudava: gradualmente deixava de ser uma unidade produtiva e se tornava unidade de consumo (Nazzari, 2001).

Os papéis sociais de homens e mulheres, principalmente dentro do casamento, foram modificados por conta das mudanças sociais que envolveram a família. Ser homem ou mulher e, particularmente o que nos interessa no momento, tornar-se marido ou esposa ecoavam esses papéis, que se exerciam na intimidade da vida privada. Podemos compreender vários elementos dessas mudanças, em diferentes aspectos da realidade cotidiana do período.

Uma carta de amor
Seguindo-se as mudanças na estrutura familiar, mudaram também as regras de relacionamento. Aos poucos foram desaparecendo os casamentos arranjados, à maneira de negócio, comuns no período colonial. Substituiu-os o modelo do amor romântico, em que, idealmente, um casal se aproximava, conhecia-se e casava-se, motivado apenas pelas suas próprias vontades, fundadas no amor. Observe, na carta a seguir, de 1907, como Martiniano descreve seu noivado para seu amigo Timóteo:

Três Corações, 12 de fevereiro de 1907.
Meu caro Timóteo,
Anuncio-te o meu casamento, com uma bela, virtuosa, esmeradissimamente educada, inteligente e digníssima campesina desta cidade, a Exma. Srta. D. Ismênia dos Santos, que me é igual sob todos os respeitos e amo ardentemente.
Afinal não pude continuar a viver órgão de afetos, comecei a ter horror do celibato e da solidão e senti que devia a mim mesmo, à sociedade e aos camaradas, em cujo seio vivo, cercar-me, como homem e como soldado, do respeito e do prestígio que advêm de se ter família. Pedi a mão

> *de D. Ismênia no dia 8, em que ela completou 21 anos e, sendo aceito, marcou-se nosso consórcio para 31 de maio.*
>
> *Foi uma grande surpresa para todos, mesmo para ela, cujo pudor ou recato virginal nunca ousei macular com declarações, alusões ou prévia consulta.*
>
> *[...] É um casamento de inclinação e tenho fé que Deus há de abençoá-lo.*
>
> *Martiniano.* (citado por Azevedo, 1986, p. 64)

O ato final desse amor seria o casamento, quando homem e mulher seriam "felizes para sempre". Repare como Martiniano deixa claro o amor por sua futura esposa, como valoriza seu recato e como tomou a atitude de desposar Ismênia estimulado por sua obrigação social "como homem e como soldado", devendo aproveitar "a mim mesmo, à sociedade e aos camaradas [...], do respeito e do prestígio que advêm de se ter família" (citado por Azevedo, 1986, p. 64).

Um depoimento

Embora a estrutura familiar mudasse, mantinha-se, na estrutura da sociedade brasileira, a dependência feminina ao homem. Relembrando seus tempos de juventude nas primeiras décadas do século XX, uma moradora de Montes Claros, em Minas Gerais, relembrava uma pressão comum às mulheres em vários locais do Brasil, até não muitas décadas atrás:

> *[Em] Minha geração [...] a moça que não se casava até os 25 anos era considerada solteirona. Solteirona era um título pejorativo e muitas pessoas para não receber este título casavam com qualquer um, porque o que nós vemos aqui no interior, atualmente não, mas na minha época de mocidade as moças se preocupavam em casar cedo para não ficar "para a titia".* (citada por Maia, 2007, p. 192)

Assim como Martiniano considerava um desenvolvimento de seu papel masculino a constituição de uma família, a mulher deveria se preocupar com o casamento, caso não quisesse ser conhecida como "moça velha", "solteirona" ou que tenha ficado para "titia". Até a revolução sexual (que se iniciou no Brasil a partir de finais dos anos 1960), era bastante significativa a pressão social para que a mulher seguisse aqueles que seriam seus passos "naturais": o casamento e a maternidade.

O trecho de um processo
Era denominado *crime de "defloramento"* o ato sexual realizado com menor de idade visando a "deflorá-la", ou seja, tirar sua virgindade, por meio do emprego de sedução, engano ou fraude. Durante quase toda a história do Brasil, a virgindade feminina se apresentou como importante signo de idoneidade: tratava-se de uma espécie de capital moral quase imprescindível a um casamento.

> *Ela ofendida, se considerava noiva de Manoel Gomes, em vista deste ter pedido a sua mão, que apesar das instâncias de seu pai o noivo ia demorando na realização do casamento, dando ora um e outro pretexto, mas sempre prometendo a ela ofendida que se casava [...] que ela ofendida guardou segredo por dois ou três dias, mas sabendo de novos pretextos e adiamentos para a realização do casamento, contou a sua tia Carolina.*
> (Estacheski, 2010, p. 13)

Uma poesia
Nas primeiras décadas do século XX defendia-se que o destino natural da mulher era a maternidade. Trata-se, na verdade, de uma ideia ainda hoje comum. A virgindade era essencial para o casamento;

o casamento era necessário ao ato sexual feminino; apenas no casamento poderia ocorrer a maternidade socialmente aceita. Observe o que escreveu, em 1941, o escritor mineiro Nilo Aparecida Pinto (1914-1974) sobre as mulheres que teriam renunciado a seus "impulsos feminis", ou seja, não tiveram filhos:

> Elas são como árvores doridas
> [...]
> Intimidadas por não terem flores
> E envergonhadas por não darem frutos! (citado por Jorge, 1965, p. 261).

A mulher que não tivesse filhos deveria se sentir envergonhada por "não dar frutos"; pois, assim, teria agido contra seus "impulsos feminis", ou seja, atuado contra a própria natureza. Havia, portanto, uma pressão social para a mulher desempenhar o que seriam seus papéis naturais, isto é, o de ser esposa e mãe.

A propaganda de uma escola

Nas primeiras décadas do século XX, o dote era uma prática em desaparecimento. Porém, algo o teria substituído?

> **Escola Doméstica**
>
> Anexa ao Instituto "Mathias Barbosa"
> A primeira do território da República Organizada de acordo com as melhores congêneres do mundo.
> É destinada ao preparo das verdadeiras
> – DONAS DE CASA –
> Curso regular em dois anos. Diploma e anel de grau
> PEÇAM PROSPECTOS
> **Diretor: Leoncio Ferreira**
> Mathias Barbosa – E. F. C. B. – Minas

Fonte: Escola..., 1916, p. 298.

As exigências sobre o comportamento considerado adequado às mulheres, sua preparação para aquele que seria seu destino "natural" – de esposa e mãe – e a submissão ao marido eram todas exigências que acabaram, de certa forma, substituindo o antigo dote. O "maldito dote" contra o qual o personagem Ângelo blasfemava na peça de 1905 era uma das razões pelas quais as mulheres detinham ainda algum poder dentro da esfera doméstica. Ele foi bastante diminuído com as mudanças no modelo de família: o dote foi desaparecendo, como também foi enfraquecendo a autonomia feminina no casamento. Sem condições de trabalhar, as mulheres permaneciam dependentes, dos pais quando jovem, do marido após casadas. E dentro desse mercado matrimonial, o que poderiam apresentar de atrativos para conquistar bons casamentos era seu comportamento impecável e as qualidades de uma mulher prendada, oferecidas/ensinadas por instituições como a Escola doméstica de Juiz de Fora: ali as mulheres aprendiam a cozinhar, a bordar, a cuidar da economia doméstica, a se preparar para a maternidade. A desempenhar, adequadamente, seu papel social.

Síntese

A privacidade é uma construção histórica. Embora os historiadores da Escola de Annales, inicialmente, não compreendessem a vida privada como parte do cotidiano, ficou demonstrado que o mundo doméstico, as relações familiares, as formas de ser marido, ou esposa, ou filhos, são construídos também na cotidianidade. E, mais do que isso, em contato direto com a sociedade como um todo.

O final deste capítulo tomou a questão do dote como ponto de destaque. Não o interprete como causa das mudanças familiares, porque não o foi. O desaparecimento do dote e a ascensão de um outro, diferente – podemos chamá-lo de *dote imaterial* –, ocorreram paralelamente às mudanças familiares. Na passagem para o século XIX, o homem permaneceu com seu papel público, de provedor e de pai; a mulher se manteve na domesticidade, submetida pelas tradições e mesmo pela lei (era juridicamente considerada incapaz) a desempenhar os papéis que se consideravam naturalmente seus.

Era possível resistir a esses papéis? Era possível defender uma outra vida privada, um outro cotidiano, formas diferentes de existência? Sim, caso contrário, não haveria mudanças. Todavia, as possibilidades e as dificuldades de contestação eram bem demarcadas, como discutiremos nas "Questões para reflexão" deste capítulo.

Atividades de autoavaliação

1. Analisando, em 1996, os fundamentos teóricos e o conteúdo da coleção *História da vida privada* – que havia sido lançada há poucos anos –, o historiador Ronaldo Vainfas estabeleceu a seguinte comparação com outra perspectiva histórica que, aliás, foi abordada no capítulo anterior:

Escala diferente de observação, assim pode ser pensada a História da Vida Privada e, neste sentido, próxima da micro-história. Adotá-la é não só optar por uma escala microscópica de observação, mas refazer a trama da história, iluminando aspectos que numa escala macro-histórica certamente se perderiam. Se assim é, não tenho dúvidas em afirmar que a História da Vida Privada, herdeira da velha História das Mentalidades ou inscrita na Nova História Cultural, tem realmente alguma contribuição a dar. (Vainfas, 1996, p. 27)

A respeito da comparação entre história da vida privada e micro-história, é correto dizer:

a) A micro-história apresenta perspectiva diametralmente oposta à da história da vida privada, por sua preocupação com personagens públicos.
b) O trabalho dos micro-historiadores, como Carlo Ginzburg, exclui em suas análises os detalhes da vida privada.
c) Ambas procuram estudar o cotidiano em busca de uma compreensão mais ampla dos processos históricos.
d) A história da vida privada superou a micro-história, pois esta já se apresentava ultrapassada em seus pressupostos teóricos.
e) A micro-história está relacionada à concepção romântica da história, enquanto a história da vida privada associa-se à história tradicional.

2. Assim afirmou o cientista Auguste Forel (1848-1931) sobre as mulheres que escolhiam não se casar: "Frutos secos da árvore da vida causam-nos uma impressão lastimável e ridícula" (Forel, 1957, p. 148). Esse trecho foi publicado na obra *A questão sexual*, lançada originalmente na primeira década do século XX e uma das mais vendidas, no período, sobre a sexualidade. Essa frase explicita a seguinte concepção do período:

a) A defesa de princípios nacionalistas, que obrigavam a população a ter muitos filhos, de modo a povoar os países.
b) Eram consideradas fracassadas em sua feminilidade as mulheres que não se casassem e não tivessem filhos.

c) A concepção francesa de defesa do controle da natalidade, essencial para que as mulheres entrassem no mercado de trabalho.
d) A defesa da ideia de que as mulheres deveriam ter os direitos de decisão sobre seus próprios corpos.
e) A riqueza material era considerada mais importante para as mulheres do período do que a construção de uma família.

3. No texto do capítulo, foram discutidas algumas das preocupações do senhor de engenho empobrecido, que viveu na Bahia no século XVIII, Antônio Gomes Ferrão Castelo Branco. Leia, a seguir, mais um trecho de seu borrador.

> "Falo em ministros para que V. M. não se descuide de me mandar alguma coisa com que os presentear e mimar para os ter propina. Pois quem não dá, [sic] **não vence demandas; e não é mau negócio despender com ministros anualmente 100 mil réis**" (citado por Priore, 1997b, p. 288).

Sobre a relação entre os mundos privado e público, que podem ser compreendidos com base no trecho anterior, é possível afirmar que Ferrão Castelo Branco:

a) sofria com problemas com funcionários que confundiam as questões privadas e as públicas e que, por isso, exigiam propinas.
b) sabia bem a diferença existente entre a vida privada e a vida pública e não permitia que as duas se influenciassem.
c) defendia que suas despesas familiares deveriam ser pagas por funcionários públicos, pois era membro da elite colonial.

d) responsabilizava suas irmãs por seus problemas financeiros, visto que o sustento delas demandava dotes muito altos.

e) não possuía a compreensão da diferença que existia entre a vida privada e a vida pública.

4. Datados do século IX d.C., os fragmentos apresentados na imagem a seguir são o que restou de pinturas que existiam então na cidade de Samarra, hoje Iraque. Trata-se de imagens que enfeitavam um harém e que, possivelmente, apresentavam cenas de alegria e divertimento, consideradas adequadas a esse espaço, característico das sociedades muçulmanas.

Imagens de harém

HAREM Wall Painting. 9 d.C. Fragmento de pintura em gesso: 11 × 10 cm. British Museum, Londres, Reino Unido.

Durante vários séculos, descrições mais ou menos fantasiosas de haréns estimularam a imaginação dos europeus ocidentais sobre o que ocorria nesses espaços. Halil Halid foi intelectual turco que, nos primeiros anos do século XX, publicou vários textos na Europa Ocidental, detalhando e explicando hábitos da populção islâmica da Turquia. No trecho adiante, de 1903, Halid procura explicar aos ingleses do período – também aficionados nos contos fantásticos sobre a realidade dos haréns – qual seria a realidade cotidiana desses espaços, como ele, Halid, os conhecia:

Nos países maometanos, onde o isolamento das mulheres é um costume profundamente enraizado e religiosamente observado, cada casa é dividida em duas partes distintas. Na Turquia, a seção de uma casa onde as mulheres residem é chamada de harém [...] A mulher de um homem, sua mãe, sua irmã, sua filha e quaisquer outras mulheres que possam aparecer em sua casa, legalmente, sem o véu, pertencem ao seu harém. Os membros masculinos de uma família que têm permissão para entrar no harém são o dono da casa, seus filhos, seu pai, seu sogro e o irmão da esposa [...] As mulheres de haréns vivem principalmente dentro de casa, mas não ficam totalmente presas. Eles saem em grupos de duas, três ou mais para fazer visitas a outros haréns, e recebem visitantes de haréns de amigos e parentes. [...] No meu tempo, ler em voz alta era um passatempo favorito em muitos haréns. (Halid, 1903, p. 50-53, tradução nossa)

Com base no que foi discutido neste capítulo sobre a vida privada e sua história, e considerando a descrição de um harém turco no início do século XX, é correto afirmar:

a) Não é possível realizar uma história da vida privada dos haréns turcos, pois não existem fontes históricas que permitam seu estudo.
b) A história da vida privada se refere exclusivamente a eventos e processos históricos próprios do Ocidente, o que não é o caso dos costumes da Turquia.
c) As mulheres turcas que viviam em haréns tinham uma existência profundamente privada e seu cotidiano era bastante isolado do espaço público.
d) Não pode ser observada uma diferença entre a vida pública e a vida privada das mulheres do harém, pois elas não tinham qualquer contato com o mundo exterior.
e) Toda vida doméstica das mulheres turcas pode ser considerada pública, afinal, jamais realizavam qualquer atividade completamente sozinhas.

5. A foto a seguir foi tirada em 1860, na cidade de Petrópolis, Rio de Janeiro. Considerando-se o que foi discutido anteriormente sobre as relações entre homens e mulheres, o que é possível concluir ao se analisar as vestimentas que aparecem nessa imagem?

Petrópolis, 1860

KLUMB, Revert Henry. **Petrópolis**: La Rue de Joinvile. 1860. Fotografia: p&b; 14 × 7,1 cm. Biblioteca Nacional, Rio de Janeiro, Brasil.

a) Existe uma grande liberalidade de vestimentas para as mulheres, demonstrando que a moda não se sujeitava aos preceitos sociais do período.
b) As pessoas da imagem estavam provavelmente se utilizando de fantasias, pois tais roupas pesadas não eram comuns em um país tropical como o Brasil.
c) Tanto as vestimentas masculinas quanto as femininas demonstram uma independência nacional, pois não parece existir influência da moda europeia.
d) Não há indícios históricos que sustentem a hipótese de que elementos do cotidiano, como vestimentas, mantenham relação com temas como economia e política.
e) As vestimentas escondem praticamente todo o corpo feminino e disfarçam suas formas, pois a exposição pública era considerada indecente pelos padrões do período.

Antonio Fontoura

Atividades de aprendizagem

Questões para reflexão

1. Com o desenvolvimento e a difusão da internet, as mídias sociais se tornaram fundamentais em nosso cotidiano. Cada vez mais de crianças a idosos transmitem, via diferentes plataformas, aplicativos e redes, detalhes de suas vidas, de seus gostos, de suas aventuras e tristezas. Sobre esse tema, leia o trecho da reportagem, a seguir.

   Uma autêntica tempestade está se criando em torno do papel desempenhado pelas redes sociais em nossa sociedade. E são os grandes papas do Vale do Silício os que começaram a levantar a voz. O Facebook e o Twitter são acusados de se transformarem em espaços que aumentam o debate e o contaminam com informação falsa. […]
   Pessoas escravizadas por seu perfil, pela imagem que devem dar aos seus seguidores; garotas que com o passar do tempo se fotografam com cada vez menos roupa no Instagram para conseguir mais likes; adolescentes que não se separam do celular pela quantidade de mensagens que eles se veem obrigados a responder e cuja amizade parece ser avaliada em termos de tracinhos que marcam suas interações no Snapchat. (Elola, 2018)

   Considerando o que foi discutido neste capítulo, quais são as características específicas da ideia de privacidade em nossos dias, especialmente tendo em conta a influência das redes sociais em nosso cotidiano?

2. O fato de existir um contexto estabelecido que condiciona as pessoas a cumprir determinadas obrigações sociais não implica a aceitação dessas obrigações. Em um de seus livros, *Virgindade inútil e anti-higiênica*, publicado em 1932, Ercília Nogueira Cobra (1891-?) critica as imposições da sociedade de sua época sobre o comportamento feminino. Leia adiante um trecho de sua obra.

Com a imposição de guardar uma virgindade inútil e fora das leis naturais, criam-se as moças como bonecas e só lhes ensinam a olhar ao espelho. Largam-nas depois sós no mundo, sem dinheiro, sem posição e sem apoio de qualquer espécie, uma vez que os homens, despidos dos preconceitos que impõem à mulher, gozam as pobres, mas só casam com as ricas.
(Cobra, 1932, p. 108)

As críticas de Ercília Cobra provocaram sanções de vários tipos: foi renegada pela família, as janelas do bairro onde morava eram fechadas quando ela passava, um padre católico a acusou de atuar em benefício do mal; durante o governo do Estado Novo de Getúlio Vargas (1937-1945), foi presa e, provavelmente, torturada por suas ideias. Note, no início da questão, o ponto de interrogação onde estaria a data de seu falecimento: isso porque nós, historiadoras e historiadores, ignoramos quando ela morreu. As sanções contra suas ideias foram tão grandes que, muito provavelmente, Ercília Cobra teve de mudar de nome e de país. É um mistério da nossa história nacional muito de sua trajetória de vida.

Considerando o que foi visto neste capítulo, elabore uma análise que abranja as duas questões seguintes: com base no trecho reproduzido anteriormente da argumentação de Ercília Cobra, de que forma as concepções sociais do período influenciavam o cotidiano das mulheres no Brasil do início do século XX? Como as sanções impostas a Ercília Cobra tinham por objetivo a manutenção da estrutura social no Brasil?

Atividade aplicada: prática

1. Analise com atenção o seguinte anúncio de um medicamento denominado *Saúde da mulher* e que tinha como objetivo auxiliar as mulheres durante suas menstruações. O anúncio aparecia em jornais do Rio de Janeiro, em 1924.

Anúncio de medicamento

"A Saude da Mulher" é a guarda vigilante da vida de uma Senhora, emquanto dura o período dos Incommodos, isto é, desde a mudança de Edade até a Edade Critica.

"A Saude da Mulher" evita todas as doenças provenientes dos Incommodos, combatendo com efficacia todas as enfermidades do Utero e dos Ovarios, tanto das mocinhas e das moças como das senhoras de certa edade (45 a 50 annos).

"A Saude da Mulher" é a garantia da Saude para as Senhoras; e, portanto, o principal collaborador da felicidade de um lar onde brilhe a graça feminina, porque este grande remedio é o Remedio das Esposas, das mães e das Filhas:

A Saude da Mulher

— é o Remedio das Esposas, porque, actuando beneficamente sobre o Utero e os Ovarios, prepara as Esposas para a geração de filhos sadios e robustos;

— é o Remedio das Mães, porque, dando-lhes a saude permanente, assegurando-lhes a normalidade de seus incommodos, permitte às Mães a continuidade de sua vigilancia sobre a ordem da casa e sobre a existencia domestica;

— é o Remedio das Filhas, isto é, das moças de casa, porque, já na mudança da Edade, actúa sobre o organismo abalado pelo apparecimento das regras, fazendo com que as regras se manifestem normalmente ou corrigindo toda e qualquer irregularidade da menstruação.

Fonte: A Saúde da Mulher, 1924.

Qual a ideia de feminilidade que é expressa por essa propaganda? Ou seja, quais são os ideais de mulher que aparecem definidos aqui e como são caracterizados? Procure analisar os diferentes termos e as imagens dessa propaganda e, a seguir, pesquise propagandas atuais de absorventes íntimos. Quais diferenças são possíveis de serem identificadas na comparação de propagandas de duas épocas diferentes sobre as ideias de "mulher" e de "feminilidade"?

Capítulo 5
A vida pública

Tendo viajado ao Brasil na década de 1820 na expedição organizada por Georg Heinrich von Langsdorff (1774-1852), o pintor alemão Johann Moritz Rugendas (1802-1858) procurou registrar as paisagens naturais que encontrou, mas não se furtou a registrar os ambientes urbanos e seus cidadãos das localidades que conheceu. Infelizmente, as dimensões físicas deste livro são muito tímidas para que seja possível apreciar todos os detalhes desta gravura da Rua Direita, no Rio de Janeiro, com todos os personagens e eventos que ocorrem simultaneamente.

Figura 5.1 – *Rua Direita*

RUGENDAS, Johann Moritz. Rua Direita: Rio de Janeiro. 1835. Litogravura: p&b. Biblioteca Nacional, Rio de Janeiro, Brasil.

No espírito de *Onde está Wally?*[1], convidamos você a identificar alguns eventos retratados na imagem[2]. Da esquerda para a direita: os carregadores conversando com um homem de casaca; um grupo provavelmente de escravos, sentados conversando; uma pequena discussão sobre mercadorias entre dois homens, enquanto um fumante observa, segurando seu cachimbo; trabalhadores amarrando cargas ao lado de um religioso. A ideia de movimento é dada também pelos soldados a cavalo, pela charrete logo ao centro da imagem, pela procissão na porta da igreja ao fundo, pelas pessoas à direita conversando à frente de uma loja de chapéus, pelas janelas das quais rostos surgem para observar a paisagem. Você consegue observar algo mais?

Como era comum entre artistas do início do século XIX, é bastante provável que essa não tenha sido uma cena vista, efetivamente, por Rugendas, mas uma composição de diferentes situações que testemunhou e que incluiu em sua gravura. De toda forma, transmite a pluralidade de personagens, situações, preocupações, afazeres, vestimentas, interesses que se dão em ambientes urbanos e são exemplos da cotidianidade vivida em diferentes espaços públicos. No dia a dia do trabalho, nas rotinas do transporte público, nos momentos de lazer em parques e praças, em cinemas ou estádios de futebol, na rotina da sala de aula, no x-salada da lanchonete da esquina ou no simples caminhar, passamos boa parte de nossa existência exercitando nossos papéis sociais rotineiros em relação a outros indivíduos ou grupos.

---

1   *Coleção de livros infantojuvenis criada pelo ilustrador britânico Martin Handford em que os leitores eram convidados a encontrar o personagem Wally nas fartamente ilustradas páginas das obras.*

2   *Caso você a ache muito pequena, utilize o endereço da internet na legenda para acessar uma versão maior da imagem. Você pode ainda fazer uma busca no acervo digital da Biblioteca Nacional, que está disponível em: <bn.gov.br>. Acesso em: 5 maio 2020.*

Sempre conforme nossos objetivos, dentro do momento histórico em que vivemos, seguindo os princípios socioculturais que nos formaram.

(5.1)
Cidades e paisagens urbanas

Foi o sociólogo canadense-americano Erving Goffman (1922-1982) quem famosamente teorizou que, em nossas relações sociais cotidianas, desempenhamos determinados e diferentes papéis conforme os contextos em que nos vemos envolvidos. Ser um marido, dentro do ambiente doméstico, é diferente de ser comerciante negociando com os clientes ou um pastor pregando aos fiéis, mesmo que um mesmo indivíduo desempenhe todas essas atividades. Isso se torna possível devido à aprendizagem cotidiana: como resultado de diferentes interações, as pessoas aprendem a modificar seu **Eu** em função das expectativas e objetivos pretendidos, em atos que, muitas vezes, são realizados de maneira inconsciente (Goffman, 2013).

A gravura de Rugendas é bastante feliz em capturar vários desses papéis sociais e em demonstrar sua historicidade, pois parece bastante evidente que aqueles diferentes indivíduos e suas funções existiam dentro de um contexto social e histórico particular. Compare-se com a fotografia a seguir, tirada em cerca de 1890, da mesma Rua Direita (neste momento, já com seu novo nome de *Primeiro de Março*, que persiste até hoje), a partir de um ângulo apenas um pouco diferente daquele adotado por Rugendas.

Figura 5.2 – Fotografia de Marc Ferrez; prédio dos Correios

FERREZ, Marc. **Prédio dos Correios**: Rua Primeiro de Março. [1890].
Fotografia: gelatina e prata, p&b, 18 × 24 cm. Instituto Moreira Salles, Brasil.

Ainda que, novamente, as dimensões do livro não ajudem, é possível notar que, nos cerca de setenta anos que separam as imagens, ocorreram mudanças na arquitetura, surgiram os bondes de tração animal, deu-se a ampliação da arborização. Menos a paisagem, interessa-nos por agora as pessoas: assim, procuremos nos aproximar de alguns indivíduos flagrados pelo fotógrafo.

Figura 5.3 – Detalhes da fotografia anterior

FERREZ, Marc. **Prédio dos Correios**: Rua Primeiro de Março. [1890].
Fotografia: gelatina e prata, p&b, 18 × 24 cm. Instituto Moreira Salles, Brasil.

Os personagens já não são mais os mesmos de 1820. Não há mais escravos e a pessoa negra identificada em primeiro plano parece vestir o uniforme de seu trabalho. No quiosque, as pessoas se encontram para comprar seus jornais, produtos como doces ou cigarros e se inteirar das atrações artísticas da cidade. As vestimentas também não são as mesmas, ainda que seja possível intuir as diferenças sociais por meio delas. Podem ser identificados, ainda, carregadores e carroceiros, indicando permanências do cotidiano urbano.

Presentes em um mesmo quadro, cada um desses personagens, em função de sua condição social, profissão, gênero, idade ou mesmo cor da pele, vivia específicas experiências de urbanidade. Não há dúvida de que, em certos momentos – como naquela tarde de 1890 – compartilhavam momentâneas vivências. Entretanto, uma cidade não possui apenas um cotidiano, senão múltiplos, por vezes mesmo contraditórios.

5.1.1 Cotidiano urbano e as elites

A vida cotidiana em uma cidade é bastante diferente de outras vidas cotidianas. Quanto maior a população, mais diversas costumam ser, também, as atividades urbanas: na década de 1820, é possível que o Rio de Janeiro não contasse com uma população de 100 mil pessoas (IBGE, 2020), mas em 1890 esse número era cinco vezes maior (IBGE, 2010). O aumento do número de habitantes foi acompanhado pela importação de valores europeus de culto a um ideal de progresso que se atrelava à modernidade. Na passagem para o século XX, os ambientes urbanos seriam indicadores preferenciais dessa modernidade, com locais especificamente destinados aos grupos sociais privilegiados, suas praças arborizadas indicando uma organização do espaço, a eletricidade a iluminar ruas e a movimentar máquinas, as lojas vendendo produtos oriundos das principais capitais europeias. Acompanhava esse desejo pela modernização a instituição da República no Brasil, pois muitos viam a Monarquia, em particular com sua associação à escravidão, como sinônimo de um atraso que se desejava superar. Consumia-se o cosmopolitismo europeu, em um modelo da **Belle Époque** que procurou se imitar no Brasil.

> Denomina-se **Belle Époque** ("bela época") um período da história francesa de finais do século XIX até cerca do início da Primeira Guerra Mundial (1914-1918), marcado pelo entusiasmo em relação à modernidade e ao progresso, pela reestruturação dos ambientes urbanos, bem como pela difusão de tecnologias (como a eletricidade, a fotografia e o cinema, por exemplo) e meios de comunicação, associados à ascensão burguesa e seus ideais de civilidade. Considera-se que a *Belle Époque*, no Brasil, tenha acompanhado, aproximadamente, a mesma duração que a francesa.

A utilização do termo francês – *Belle Époque* – evidencia a origem dos ideais civilizacionais que as elites brasileiras queriam implementar. Contudo, ainda que esse fosse um processo que se deu especialmente nos grandes centros urbanos, mesmo cidades pequenas e médias desejavam participar desse ideal de modernidade. Em 1910, Curitiba tinha cerca de 60 mil habitantes (IBGE, 2010). No entanto, como ocorria com um sem-número de cidades em todo o país, também desejava participar desse ideal modernizador. Isso fica evidente em uma crônica local, em que a cidade é comparada a uma mulher cuja modernidade é indicada pelo seu suposto modo de vestir e pela associação a específicos produtos de consumo.

> *Ela era uma caboclinha rústica, de tez morena e olhos azuis. Andava a errar pelas selvas sem fim, pelas matas seculares, o corpo apenas abrigado em peles brutas de animais ferozes, os pés descalços, acostumados a pisar espinhos.*

> *Um dia encontraram-na assim homens da civilização, agarraram-na, cingiram-lhe o corpo de uma beleza selvagem [...].*
>
> *Desde esse dia Curitiba tornou-se outra: já não era a mesma matutinha submissa; seu rosto agora fino e aformoseado pelo uso constante de pomadas odorantes, tinha uns ares altivos e próprios das damas da sociedade; seu corpo, agora delgado, vestia finíssimos trajes de seda pura, e seus delicados pezinhos calçavam reluzentes botinhas de verniz.* (Higino, 1910, p. 2)

As tecnologias desenvolvidas durante a Revolução Técnico-científica, acompanhadas pelos mais intensos deslocamentos populacionais, fizeram com que as grandes metrópoles (particularmente Paris e Londres) capitaneassem um modelo de progresso e desenvolvimento tecnológico que acabaria por se estabelecer como marca da modernidade burguesa. A elite brasileira, esforçando-se então para seguir as tendências europeias que via como paradigma de civilidade, procurou importar modelos de comportamento e ideais estrangeiros mesmo que estivessem em dissonância ou em franca contradição com as características do país (Sevcenko, 1998). Tais processos marcaram os cotidianos urbanos na passagem para o século XX, inclusive com radicais mudanças na paisagem das cidades, cujo modelo emblemático é, sem dúvida, do próprio Rio de Janeiro.

A intensa mudança do planejamento urbano da então capital do Brasil ocorreu nos primeiros anos do século XX, copiando o modelo parisiense. E, como também ocorreu na França, acabou por evidenciar os diferentes atores sociais em conflito, com suas distintas perspectivas e experiências. Em Paris, entre 1853 e 1870, Georges-Eugène Haussmann (1809-1891) foi o político responsável pela reformulação da cidade, seguindo determinações de Napoleão III (1808-1873), que desejava recriar a capital francesa com a construção de grandes espaços abertos, largas avenidas, parques arborizados. O projeto passou pela destruição de antigas vielas consideradas prejudiciais à saúde (algumas de origem medieval, como a que aparece na imagem a seguir) e pela relocação de seus habitantes, em geral pessoas de baixa condição social.

Figura 5.4 – *Rue St. Nicolas du Chardonnet*, cerca de 1853

MARVILLE, Charles. **Rue St. Nicolas du Chardonnet**. [1853-1870]. Fotografia: p&b; 35,5 × 27,2 cm. State Library of Victoria, Melbourne, Austrália.

Há muitas semelhanças entre os pressupostos, argumentos, objetivos e métodos de reformulação urbana empregados em Paris e aqueles adotados pelo prefeito do Rio de Janeiro, Pereira Passos (1836-1912), que, aliás, vivera e estudara na capital francesa. Durante sua administração, entre 1902 e 1906, construções de origem colonial no centro carioca, também ocupadas em geral por pessoas de baixa condição social, além de acidentes geográficos como morros, foram derrubados para dar lugar a uma nova configuração urbana, que aliava ideias **higienistas** a uma estética burguesa de organização do espaço.

> O chamado *higienismo*, originado na Europa do século XVII, foi uma corrente de pensamento ligada à medicina que defendia a interferência médica na vida social, em busca da melhoria das condições de vida da população. Surgido em um contexto de intenso crescimento urbano por conta da Revolução Industrial, o higienismo defendia a ação do Estado para acabar com moradias insalubres dos ambientes urbanos, responsabilizadas pela propagação de doenças, além de combater práticas consideradas socialmente perniciosas como a prostituição. No caso do Rio de Janeiro, a reforma urbana de Pereira Passos pretendia também intervir nas epidemias de varíola e febre amarela, recorrentes entre a população da cidade.

Livrar-se da população pobre que habitava grandes casarões coloniais no centro da capital passou a ser visto, por membros da elite local e nacional, como ação em prol da modernidade. O entusiasmo do escritor Olavo Bilac (1865-1918) com o *bota-abaixo*, nome pelo qual ficou conhecido o processo de demolição das antigas construções, fica evidente no trecho da crônica a seguir.

> *No aluir das paredes, no ruir das pedras, no esfarelar do barro, havia um longo gemido. Era o gemido soturno e lamentoso do Passado, do Atraso, do Opróbio. A cidade colonial, imunda, retrógrada, emperrada nas suas velhas traduções, estava soluçando no soluçar daqueles apodrecidos materiais que desabavam. Mas o hino claro das picaretas abafava esse protesto impotente.* (Bilac, 1904, p. 4)

Como demonstram imagens da época, a reformulação do traçado urbano do Rio de Janeiro foi acompanhada por uma modernização das próprias construções, com imponentes edifícios (mais famosamente, o Teatro Municipal) imitando a arquitetura dos novos prédios parisienses.

Figura 5.5 – Imagem de 1905, mostrando a construção da Avenida Central no Rio de Janeiro

MALTA, Augusto. **Avenida Central**: vista panorâmica durante os trabalhos de pavimentação. 1905. Fotografia: p&b. Museu da República, Rio de Janeiro, Brasil.

O resultado mais destacado da ação de Pereira Passos foi a construção da Avenida Central (atual Avenida Rio Branco). A amplitude da rua, ladeada pelas construções modernas e imponentes, servia de palco para a exposição e o desfile de valores burgueses. A imagem a seguir, uma fotografia de Marc Ferrez, mostra a avenida logo após a sua inauguração. Repare que foi colocado um destaque na imagem, dentro de um retângulo tracejado, que indica de onde foi extraída a ampliação da imagem seguinte.

Figura 5.6 – A Avenida Central, no Rio de Janeiro, em 1906, e um destaque da imagem

FERREZ, Marc. **Avenida Central, atual Avenida Rio Branco, na altura da Rua do Ouvidor com a Rua Miguel Couto**. 1906. Fotografia: cópia em gelatina e prata, p&b, 24 × 30 cm. Instituto Moreira Salles, Brasil.

Na Avenida Central desfilavam alguns elementos que eram próprios da modernidade que se desejava para o Brasil urbano no período. Amplas casas comerciais estavam presentes em ambos os lados das ruas, e em suas bem decoradas e iluminadas calçadas desfilavam, com roupas elegantes, os membros das classes privilegiadas da cidade. Os tílburis, pequenas charretes que serviam de transporte de aluguel como os táxis de hoje em dia, ainda estavam presentes, mas já dividiam espaço com o automóvel, um dos mais eminentes símbolos da modernidade e do progresso.

Antonio Fontoura

Nessas cidades remodeladas surgiu o *flanêur*. Por esse termo francês se designava um típico personagem surgido no contexto da modernidade urbana europeia: o indivíduo que vagava pela cidade, apreciando-a sem outro objetivo senão o de ser observador da vida social e de seus personagens. O "flanar" e o *footing* – ou o simples caminhar, com o termo em inglês denunciando a crescente influência da cultura estadunidense no Brasil – tornaram-se prática social e sinal de distinção. Repare, no trecho do artigo adiante, como a prática de flanar, que se difundia na elite carioca, tornara-se indício de diferenciação social.

> O **"footing"** é a última nota chic da nossa sociedade elegante. Assim, pelo cair da tarde, o smartismo nacional, feminino e masculino, parte em automóveis ou bonde, para a encantadora praia de Botafogo. Aí chega, desce do veículo que o conduziu e põe-se a flanar a pé, por aquela sugestiva extensão de praia. É um excelente hábito elegante, porque movimenta aquele trecho e dá uma boa impressão da nossa vida chic.

Fonte: O footing, 1913, p. 53.

A cidade moderna se tornava espetáculo e palco. Espaço que, em si mesmo, podia apresentar exemplos da modernidade e tela para a apresentação dos requintes de civilidade e distinção social, próprios aos costumes da burguesia em ascensão. Todavia, esse era apenas um lado desse cotidiano urbano modernizado.

5.1.2 Cotidiano urbano e as margens

Um personagem da própria modernidade carioca, o escritor João do Rio (1881-1921), que tinha João Coelho Barreto por nome de batismo, era, de certa forma, um *flanêur*. Ele procurou descrever, em suas crônicas, aspectos da vida cotidiana da cidade do Rio de Janeiro que contrastavam com o modelo de modernidade que as mudanças urbanas do início do século XX desejavam transmitir:

> *Ora, a rua é mais do que isso, a rua é um fator da vida das cidades, a rua tem alma! Em Benares ou em Amsterdão, em Londres ou Buenos Aires, sob os céus mais diversos, nos mais variados climas, a rua é a agasalhadora da miséria. Os desgraçados não se sentem de todo sem o auxílio dos deuses enquanto diante dos seus olhos uma rua abre para outra rua. A rua é o aplauso dos medíocres, dos infelizes, dos miseráveis da arte.*
> (Rio, 1908, p. 2)

Porque, afinal, as novas construções e as avenidas arborizadas não fizeram desaparecer a pobreza da então Capital Federal, mas apenas a relocou. Tendo o bota-abaixo provocado sensível impacto sobre o mercado local de imóveis, as pessoas desalojadas acabaram por ocupar os morros próximos, dando origem às favelas. Outras tantas procuraram se arranjar nos prédios suburbanos remodelados, muitos em precárias condições de saúde e higiene, para abrigar as famílias que buscavam um teto.

João do Rio visitou uma dessas construções. Sua descrição deixa evidente que a modernidade de um trecho da cidade era acompanhada pela miséria de outro.

> *Trepamos todos por uma escada íngreme. O mau cheiro aumentava. Parecia que o ar rareava, e, parando um instante, ouvimos a respiração de todo aquele mundo como o afastado resfolegar de uma grande máquina. Era a seção dos quartos reservados e a sala das esteiras. Os quartos estreitos, asfixiantes, com camas largas antigas e lençóis por onde corriam percevejos. A respiração tornava-se difícil.*
>
> *Quando as camas rangiam muito e custavam a abrir, o agente mais forte empurrava a porta, e, à luz da vela, encontrávamos quatro e cinco criaturas, emborcadas, suando, de língua de fora; homens furiosos, cobrindo com o lençol a nudez, mulheres tapando o rosto, marinheiros "que haviam perdido o bote", um mundo vário e sombrio, gargulejando desculpas, com*

a garganta seca. Alguns desses quartos, as dormidas de luxo, tinham entrada pela sala das esteiras, em que se dorme por oitocentos réis, e essas quatro paredes impressionavam como um pesadelo. (Rio, 1908, p. 73)

As consequências sociais do projeto de reformulação urbana do Rio de Janeiro foram percebidas quase que imediatamente. Em 1905, quando ainda acontecia o bota-abaixo, a revista *O Malho* apresentou o seguinte diálogo inventado entre um transeunte e um pai de família, expulso de sua casa:

> — Veja o senhor! Botam abaixo as nossas casas e não nos dão outras para morar. E os troços que fiquem no meio da rua!
> — Meu caro! Eles querem uma cidade só para inglês ver e daí só constroem casas para gente rica (Bota..., 1905, p. 21).

A charge que acompanhava o diálogo procurava evidenciar e criticar todo processo. A *canalha*, ou seja, a população pobre, era lançada à rua, sem destino certo, para a construção daquela cidade que era "para inglês ver".

Figura 5.7 – *Bota abaixo e rua! Com a canalha!*

Fonte: Cândido, 1905, p. 22.

A marginalidade espacial usualmente acompanha a marginalidade social. Se, com a reformulação urbana, personagens indesejáveis à elite foram removidos do centro em direção às franjas da cidade, desde o século XIX o movimento higienista, orientando ações políticas e policiais, procurou restringir e enquadrar os comportamentos e as práticas considerados inadequados à sociabilidade urbana a certas ruas ou bairros específicos. O consumo de bebidas alcoólicas, o funcionamento de bares e, especialmente, a prostituição não deixariam de existir, mas deveriam ser restringidos, da melhor forma possível e as visando a um melhor controle.

Ainda que, durante o dia, muitos dos indivíduos que frequentavam as chamadas *zonas de meretrício* (que tendem a se consolidar em certos locais urbanos em um curioso combate de forças entre a busca pelos clientes e as restrições dos poderes públicos) exercessem diferentes papéis sociais, à noite os clientes tendiam a se misturar nesses espaços. Em um depoimento já ao final de sua vida, o pintor Di Cavalcanti (1897-1976) narrou as condições em que se deu sua primeira experiência sexual, que ocorreu com uma prostituta, no Rio de Janeiro na década de 1910. Sua descrição evidencia certas características comuns de zonas de meretrício em várias cidades do Brasil:

> *Eu era adolescente quando decidi por mim mesmo que estava na hora de resolver meus problemas sexuais. E fui à Rua do Núncio, que era, naquele tempo, rua da barra pesada. Reunia marinheiros, prostitutas, marginais, arruaceiros, alcaguetes, viciados. Eu estava caminhando naquele dilema – entro, não entro – quando de repente rebentou uma briga terrível. Começou a correria. Fiquei morrendo de medo. Tratei de ir fugindo, encostado às paredes, quando vi na janela de uma casa uma grande, uma enorme mulher de cabelos cor de fogo. Ela me disse: "Entra menino, que vão te fazer mal".* (Di Cavalcanti, citado por Studart; Cunha, 1977, p. 64)

As políticas higienistas de busca de controle da prostituição começaram ainda no século XIX e foram animadas por duas concepções. A primeira, mais propriamente médica, lançava à prostituição a responsabilidade da disseminação de um sem-número de doenças, fossem relacionadas ou não aos atos sexuais. Lançava-se às prostitutas representações de degeneração física, tomando-as como culpadas por levar os homens, talvez pais de família, à ruína pela transmissão de enfermidades.

Contudo, para além dos problemas físicos, existiam aqueles morais, que não eram considerados menos importantes. Devemos lembrar que a medicina do século XIX, até as primeiras décadas do século XX, estava profundamente influenciada por um ideal biologicista que considerava as mulheres como seres inferiores quando comparadas aos homens e mais próximas à animalidade. O homem seria o ser racional, senhor de suas emoções, fisicamente mais forte e ápice do processo evolutivo. A mulher era tida como inferior física, intelectual e emocionalmente. Estaria em um estágio anterior do processo evolutivo, e isso corresponderia, supostamente, à sua pouca inteligência, à importância que concedia às emoções, à futilidade de seus interesses e à sua suposta necessidade instintiva de procurar um homem com quem pudesse se casar e ter filhos (satisfazendo, assim, seu instinto mais poderoso, o da maternidade).

Especialmente influentes eram as ideias do criminologista italiano Cesare Lombroso (1825-1909). Lombroso, sob o pretexto supostamente científico de descobrir as bases biológicas dos comportamentos criminosos, afirmava ser possível categorizar os seres humanos mediante a análise de sua fisiologia, especialmente craniana. Com isso, acreditava poder definir, com base em caracteres como tamanho da mandíbula, largura da testa, espessura dos lábios ou cor dos olhos, quais pessoas seriam naturalmente criminosas: fossem simples ladrões, piromaníacos ou assassinos.

O homem biologicamente degenerado, acreditava Lombroso, seria ladrão ou assassino. No entanto, o cúmulo da degeneração humana não estaria nele, mas na mulher, particularmente quando ela se prostituía. Em sua obra *A mulher delinquente*, originalmente de 1893, Lombroso afirmava que, na prostituição, a mulher concentrava as principais agressões à natureza humana: fosse por se render ao ato sexual desprovida de sentimentos amorosos e do pudor, fosse, especialmente, por violentar seu suposto instinto fundamental: o da maternidade. Tais teses fundamentaram uma boa parte das políticas sociais no Brasil, acabando por sintetizarem, com discurso supostamente científico, séculos de preconceitos misóginos de uma forma geral e contra a prostituta, mais especificamente.

Não compreendendo a prostituição como uma condição social, mas como uma característica (de fundo biológico) degenerada de certas mulheres (Lombroso chegou a afirmar que a "verdadeira mulher" preferiria o suicídio à prostituição), as instituições médicas, políticas e policiais passaram a defender que as meretrizes deveriam então ser registradas, controladas e, sempre que possível, confinadas em espaços bastante específicos do ambiente urbano. Em finais do século XIX, um delegado carioca estabeleceu as seguintes regras que deveriam ser seguidas pelas prostitutas da cidade:

a. *Que não são permitidos os hotéis ou conventilhos, podendo as mulheres públicas viver unicamente em domicílio particular, em número nunca excedente a três.*
b. *As janelas de suas casas deverão ser guarnecidas, por dentro de cortinas duplas e por fora de persianas.*

c. *Não é permitido chamar ou provocar os transeuntes por gestos e palavras e entabular conversação com os mesmos.*

d. *Das 6 horas da tarde às 6 horas da manhã nos meses de abril a setembro, inclusive, e das 7 horas da tarde às 7 horas da manhã nos demais deverão ter as persianas fechadas, de modo aos transeuntes não devassarem o interior das casas, não lhes sendo permitido conservarem-se às portas.* (Motta, citado por Rago, 1985, p. 93)

O medo estava no contágio físico e moral da ação das prostitutas. Nas representações sociais, um ser degenerado que violava as leis naturais e que, por conta disso, poderia corromper as famílias, além de transmitir sua degeneração a uma possível prole. Tem origem nessas concepções a ideia da prostituição como uma "vida fácil". E compreende-se também, devido a isso, as razões pelas quais a prostituição se tornou um dos alvos preferenciais da ação policial. No Paraná, nas primeiras décadas do século XX, cabia ao Gabinete de Identificação e Estatística, ligado ao Departamento do Serviço Médico-Legal, o registro obrigatório das mulheres que atuavam na prostituição. Cada uma recebia um determinado "Registo de Meretriz".

Figura 5.8 – Registro de Meretriz

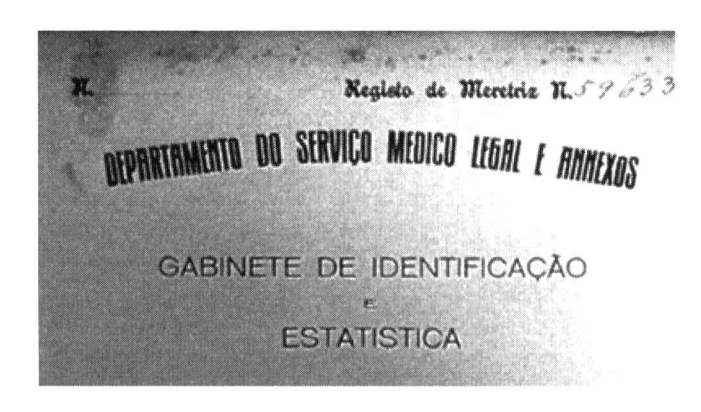

Além da evidenciação da profissão de meretriz, nesse documento, a foto da mulher aparecia acompanhada de dados familiares e físicos (altura, cor da pele, cor dos olhos). Perguntas como "Há quanto tempo abandonou o lar?", comuns nos prontuários, evidenciam os preconceitos relacionados à atividade da prostituição por parte dos órgãos públicos.

No capítulo anterior, discutimos estratégias relativamente sutis para o controle da sexualidade, como a confissão dentro do catolicismo e os manuais sexuais escritos com base em discursos médicos. Aqui, o controle da sexualidade considerada desviante aparece despido de qualquer sutileza: ao temor do ato sexual praticado fora das normas sociais era adicionada uma secular misoginia, que impelia as instituições públicas ao controle explícito da prostituição.

(5.2)
COTIDIANO, TRABALHO E LAZER

Uma das primeiras filmagens registradas pelos pioneiros do cinema, os franceses Auguste Marie Lumière (1862-1954) e Louis Jean Lumière (1854-1948), tem o título *Trabalhadores deixando a fábrica Lumière*. Datada de 1895, trata-se de um filme de menos de 50 segundos, em que uma câmera fixa, apontada para a porta da fábrica, registra a saída conjunta dos funcionários, logo encerrado o horário de trabalho.

Figura 5.9 – Instantâneos de *Trabalhadores deixando a fábrica Lumière*

LA SORTIE de l'usine Lumière à Lyon. Direção: Louis Lumière. França, 1985. 40s.

É um notável documento da história do cotidiano. Sendo um período em que as filmagens ainda estavam dando seus primeiros passos, os trabalhadores não parecem desempenhar qualquer papel diante da câmera e simplesmente a ignoram. Principalmente mulheres, mas também homens, um ciclista que espanta um cachorro e uma charrete aparecem deixando a fábrica e seguem para finalizar seu dia, a realizar outras rotineiras atividades necessárias à própria existência social. Se, no Capítulo 2, tanto foram criticadas as ideias que compreendem a história como túnel do tempo ou janela para o passado, diante desse curtíssimo filme tem-se a palpável tentação de mandar às favas as preocupações com o anacronismo e de buscar entender como era, efetivamente, "estar lá", saindo da fábrica Lumière, na França de 1895.

Pois a excepcionalidade do documento contrasta com a rotina do que foi registrado. Personalidades e estados de espírito quase se deixam adivinhar pelas diferentes roupas, pela velocidade do andar, pelo esperar a amiga que se atrasara, pelo brincar de agredir um colega, pelos curtos acenos e alguns sorrisos que parecem ser possíveis de serem identificados nas imagens granuladas. Se, como foi visto anteriormente, para alguns historiadores marxistas a ideia de cotidiano não poderia ser associada à esfera da produção (não existiria, portanto, um cotidiano no ambiente de trabalho), *Trabalhadores deixando a fábrica Lumière* é apenas um dos inúmeros argumentos e exemplos que poderiam ser invocados para evidenciar que o que vemos naquele filme, e em tantas outras saídas e entradas de fábrica, em tantos tempos e lugares, é parte de todo um cotidiano que se dá na específica esfera do mundo do trabalho.

5.2.1 Tempos de trabalho e não trabalho

São conhecidas três diferentes versões de *Trabalhadores deixando a fábrica Lumière*, usualmente diferenciadas como "versão com um cavalo", "versão com dois cavalos" e "versão sem cavalo", em referência à presença da charrete no filme. O fotograma da imagem anterior se refere à "versão com dois cavalos". Há várias coincidências entre as três filmagens, mas a mais explícita, e que se destaca por ser a característica fundamental do registro, é o fato de as pessoas estarem deixando a fábrica em conjunto, ao mesmo tempo.

A gravura seguinte foi produzida em 1868 e documenta a saída dos trabalhadores de uma fábrica têxtil, nos Estados Unidos. Ainda que cerca de três décadas e um continente de distância separem essa imagem e a filmagem dos irmãos Lumière, temos duas cenas que se assemelham em vários pontos. O detalhe mais notável é, porém, a saída em conjunto dos trabalhadores, marcando o encerramento de mais um dia de trabalho. A similaridade entre as duas representações não é, no entanto, uma coincidência, mas resultado de um determinado modelo de relacionamento com o tempo característico do capitalismo.

Figura 5.10 – Gravura de Winslow Homer, de 1868

HOMER, Winslow. **New England Factory Life**: "Bell Time". 1868. Xilogravura: p&b; 22,2 × 32,7 cm. Biblioteca Pública de New York, Estados Unidos.

Tanto a filmagem francesa quanto a gravura estadunidense demonstram que, no mundo do trabalho capitalista, o controle do tempo é feito de maneira absolutamente estrita: afinal, todos saem ao mesmo tempo das fábricas. Além disso, fica visualmente evidenciado, por ambos os documentos, a nítida diferença que existe entre o tempo do trabalho e o tempo fora dele. Usualmente referido como *tempo da fábrica* nos textos historiográficos, trata-se de uma compreensão da temporalidade, própria do sistema capitalista, que, entre outros fatores, tem como objetivo sinalizar que os períodos de trabalho seriam diferentes daqueles do cotidiano fora dele.

Na década de 1930, o compositor carioca Noel Rosa (1910-1937) registrou, em sua canção *Três apitos*, a forma pela qual o tempo da fábrica regulava o cotidiano da mulher por quem ele era apaixonado, evidenciando tanto parte do processo brasileiro de industrialização, quanto a relação entre o trabalho fabril e a instituição de uma temporalidade específica.

> Quando o apito
> Da fábrica de tecidos
> Vem ferir os meus ouvidos
> Eu me lembro de você
> [...]
> Você que atende ao apito
> De uma chaminé de barro
> Por que não atende ao grito tão aflito
> Da buzina do meu carro?

Mais do que em nenhum outro momento histórico, nas sociedades capitalistas parece ter se tornado radical a dissociação existente entre os tempos do trabalho e fora dele. Com a expansão da Revolução Industrial, o controle do tempo se tornou cada vez mais rígido e exigente, por imposição das características do processo fabril. Não apenas a fábrica demandaria uma disciplina de trabalho que exigiria sincronia e complementariedade das atividades, como a própria imposição de horários de trabalho fazia parte de um processo de controle social. A difusão de relógios populares pessoais é uma conhecida consequência dessas mudanças. Nosso amigo suicida Gôndolo, que abandonamos há alguns capítulos, de certa forma participou desse processo, oferecendo a seus clientes no Rio de Janeiro relógios baratos à "classe laboriosa" (É útil..., 1880, p. 2): importava-os em grande quantidade e buscava, assim, vendê-los a "preços excepcionais" (Dizem..., 1882, p. 4).

Na Europa, mais ou menos na mesma época, foram patenteados os relógios-ponto, equipamento que deixa também explícita essa específica relação que o trabalho fabril instituiu com o conceito de tempo. Afinal, trata-se de equipamentos que procuram registrar, com precisão mecânica (e, atualmente, digital), os exatos momentos de entrada e saída dos trabalhadores. Dizendo-se de outra forma, os momentos exatos em que se entra e em que se abandona o cotidiano do trabalho.

Figura 5.11 – Mulheres, na Inglaterra dos anos 1970, aprendendo a utilizar o relógio de ponto

Sally Greenhill/Alamy/Fotoarena

A modernização de tais equipamentos nos dias de hoje, inclusive com sua informatização, denuncia a ainda persistente característica desse controle temporal nas sociedades capitalistas.

5.2.2 Fragmentação entre trabalho e lazer

Os estudos históricos sobre a relação entre trabalho e lazer surgiram nos anos 1960, em trabalhos que procuravam, inicialmente, compreender as formas pelas quais o sistema capitalista influenciava a existência dos trabalhadores para além de sua vida econômica. Um dos historiadores que desbravaram esse então novo campo de pesquisas foi o britânico Keith Thomas (1933-). Tomando como fundamento os trabalhos antropológicos e buscando partir de uma perspectiva cultural sobre o tema, Thomas defendia que uma das características essenciais das sociedades capitalistas era a existência de uma diferenciação entre trabalho e lazer, algo que não havia em outras sociedades.

O mais óbvio contraste com os hábitos de trabalho do mundo industrial moderno é fornecido pelas sociedades primitivas, com as quais historiadores da pré-história e antropólogos estão familiarizados. Aqui não é possível

> *estabelecer uma distinção entre trabalho e lazer. A vida em tal mundo segue um padrão predeterminado em que trabalho e não trabalho estão inextricavelmente interligados. Os Dogons do Sudão empregam as mesmas palavras para indicar tanto o cultivo da terra quanto a dança em uma cerimônia religiosa, pois para eles ambos são formas de atividades igualmente úteis.* (Thomas, 1964, p. 51, tradução nossa)

Em certo sentido, portanto, a ideia da existência de momentos específicos ao lazer seria uma criação histórica do sistema capitalista e inexistente em outras culturas. Nesse sentido, trata-se de um raciocínio que se assemelha muito ao de pensadores marxistas que viam a própria ideia de cotidiano como construção histórica do sistema capitalista. Valem aqui os mesmos argumentos e exemplos apresentados no Capítulo 1. A noção da existência de uma era de ouro do passado, em que lazer e trabalho seriam indiferenciados, refletindo uma existência integral humana não alienada (para usarmos o vocabulário marxista), não é passível de ser comprovada por meio de documentos históricos – ou, mais objetivamente, não existe. E o apelo a sociedades "primitivas" do passado, sejam os dogons do Sudão, sejam os agricultores da Europa medieval, que apresentariam experiências de existência integral sem distinção entre trabalho e lazer, e que o capitalismo teria destruído, assemelha-se muito à ideia do chamado *bom selvagem*: próximos à natureza, não afetados pela civilização, apresentariam uma forma de vida mais pura que desejaríamos restaurar, em vista do que seria um suposto ideal de existência humana. É algo absolutamente comum, dentro das específicas características das diferentes culturas, a compreensão da existência de momentos de lazer diferenciados daqueles de trabalho.

E dito isso, parece ser característica das concepções de lazer nas sociedades capitalistas a sua estrita diferenciação em relação aos momentos de trabalho. Afinal, isso não estaria evidenciado pelos horários de entrada e saída das fábricas, pelos cartões-ponto, pela clara contraposição entre momentos de trabalho e aqueles de lazer? Não é isso que se conclui quando se observa todas as pessoas saindo ao mesmo tempo da fábrica Lumière, rumando a novas experiências de não trabalho?

Há que se cuidar com esse raciocínio. Em primeiro lugar, temos de considerar se essa suposta clara distinção entre trabalho e lazer não é uma representação de determinada moralidade que se pretendeu difundir socialmente. Em segundo lugar, existem evidências de que, mesmo nas sociedades capitalistas, a distinção entre lazer e trabalho não seria assim tão nítida quanto se poderia pensar a princípio. Vamos discutir esses dois pontos a seguir.

Primeiro, trataremos da distinção entre trabalho e lazer como uma representação de caráter ideológico. Em uma charge de 1937, intitulada *O campeão da favela* (em referência a um político que defendia melhorias nas favelas cariocas), o cartunista Belmonte (1896-1947) contrapõe duas realidades: de um lado, a do trabalho; de outro, a do lazer.

Figura 5.12 – *O campeão da favela*

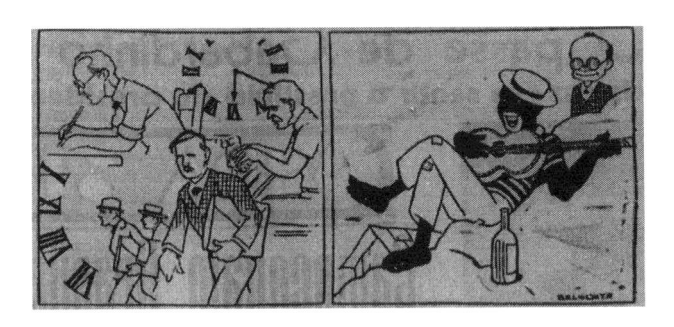

Fonte: Belmonte, 1937, p. 5.

Há uma infinidade de representações que podem ser discutidas a partir dessa imagem, mas todas convergem para a construção de uma polarização: de um lado, homens brancos, trabalhadores produtivos, preocupados em realizar suas atividades profissionais, com os relógios representando tanto a velocidade do mundo do trabalho quanto o eco da ideia de que "tempo é dinheiro". De outro aparece o negro favelado, em que a pobreza aparece associada à música, à bebida e à preguiça. Trabalho e lazer são apresentados como antíteses e a diversão é relacionada a uma condenação de caráter moral.

É possível identificar essa moralização do horário do trabalho e a condenação dos prazeres não produtivos já no século XVIII, a partir da expansão da Revolução Industrial na Europa. No entanto, mesmo em regiões periféricas do capitalismo, essa moral se difundiu. No mesmo século XVIII, a Coroa portuguesa pretendia regular o lazer no Brasil Colônia, procurando proibir e controlar o "conteúdo desordeiro das danças de preto", além de "jogos profanos e cantigas desonestas" (Priore, 2000). Porém, regulamentações semelhantes se tornaram mais comuns a partir de 1808, quando da vinda da família real portuguesa ao Brasil. Naquele mesmo ano, já ficava determinado que casas de jogos e botequins deveriam ser fechados às 10 horas da noite, para combater o "ajuntamento de ociosos e mesmo de escravos, que faltando ao serviço de seus senhores se corrompem uns aos outros, dão ocasião a delitos que se devem prevenir" (Sebadelhe, 2015, p. 39).

A charge de Belmonte nada mais é do que uma releitura dessas representações de caráter ideológico, temperadas aqui por meio de preconceitos raciais, que seriam fortalecidas pelo Estado Novo de Getúlio Vargas (1882-1954), instaurado alguns meses depois da publicação daquela charge. São bem conhecidos os versos do compositor Ataulfo Alves (1909-1969), em louvor à ideologia trabalhista do período: "Mas resolvi garantir meu futuro. [...] A boêmia não dá camisa a ninguém" (Alves; Batista, 1940).

O segundo ponto: mesmo nas sociedades capitalistas, e inclusive para os grupos sociais subalternos, parece não ser tão nítida a separação entre momentos de trabalho e lazer. O edital de 1808, controlando os horários do funcionamento dos botequins, já deixava implícito que um de seus objetivos era o de justamente evitar o que seria uma prática comum de utilizar os momentos de trabalho com diversões consideradas, como se dizia então, desonestas. Sempre foi bastante comum, aliás, a construção de bares e botequins próximos a fábricas, atestando uma realidade ainda comum nos dias de hoje: nos breves momentos de descanso, ainda em horário de trabalho, rápidas diversões ou algumas doses de bebidas tendem a acompanhar a rotina diária e as relações de sociabilidade entre trabalhadores.

Não se pode esquecer, por fim, da indústria do entretenimento, cuja natureza está, justamente, na íntima relação entre trabalho e lazer. Se, no século XVIII, o Brasil passou a ser objeto da visita de pesquisadores estrangeiros visando à exploração científica da fauna e da flora locais, no seguinte já existiam turistas que visitavam diferentes localidades do Brasil em função de suas atrações. Na década de 1880, o Rio de Janeiro contava, inclusive, com guias turísticos, que tencionavam apresentar a cidade e suas diferentes atrações aos viajantes. Assim, o capitalismo de fato possui uma específica relação com o controle do tempo, mas que não é capaz de anular a existência do lúdico no cotidiano, mesmo em momentos de trabalho.

5.2.3 Bakhtin: festa e contestação social

Homens fantasiados de mulher, mulheres mascaradas, princesas, marinheiros, havaianas, além de gritos, tamborins e apitos. Na imagem a seguir, de meados do século XX, o caráter transgressor que se tornou característico do carnaval brasileiro fica evidenciado. Se existem momentos de integração entre lazer e trabalho, historicamente existem festas cujo objetivo é criticar e, mesmo, subverter as convenções sociais cotidianas, ainda que por um curto momento. Ao mesmo tempo, e justamente por serem contestatórias, destacam os comportamentos socialmente esperados no restante do ano: observe, na figura a seguir, o homem à esquerda, de roupa clara. Você acredita que suas vestes são alguma espécie de fantasia? Tendemos a vê-las como roupas "normais", cotidianas, não transgressoras e que, nesse contexto, contrastam com as fantasias carnavalescas e são o exemplo da rotina que a carnavalização brevemente procura superar.

Figura 5.13 – Carnaval de rua no Rio de Janeiro, primeira metade do século XX

Acervo - Fundação Biblioteca Nacional - Brasil.

CARNAVAL de rua. [1900-193-]. Fotografia: cópia de gelatina e prata, p&b, 21,9 × 16,2 cm; papel, 23 × 17,3 cm. Biblioteca Nacional, Rio de Janeiro, Brasil.

O pensamento do filósofo e semiótico russo Mikhail Bakhtin (1895-1975), particularmente em sua obra *A cultura popular na Idade Média e no Renascimento* (de 1965), que busca estudar o contexto cultural de François Rabelais, tornou-se referência para as ciências humanas na análise do que Bakhtin denominava *carnavalização da realidade*. Aqui, o termo *carnaval* não se restringia às festividades que ocorrem antes da Quaresma, como tipicamente celebradas na atualidade, mas se referia a todos os festivos rituais medievais e renascentistas que tinham como característica o questionamento e a ridicularização dos poderes e comportamento socialmente estabelecidos.

Bakhtin investigou determinadas festas populares europeias da Idade Média e do Renascimento, como a *Festa Stultorum* (Festa dos tolos), a *Cœna Cypriani* (Ceia de Cipriano), o *Risus Paschalis* (Riso da Páscoa) e a Festa do Asno (fuga da sagrada família ao Egito), que tinham como características a zombaria e a paródia das celebrações católicas. Reis apresentados de maneira grotesca, passagens da escritura encenadas de forma cômica e rituais recriados de modo caricatural apresentavam uma interpretação carnavalesca da realidade. E, ainda mais significativo, segundo Bakhtin (1999), tais festas não se estruturavam de maneira aleatória, mas eram, antes, rituais em forma de espetáculo, que mostravam sua própria compreensão da realidade e a transgrediam por meio de linguagens e comportamentos específicos.

Um dos aspectos mais particulares dessas diferentes festas estaria nas consequências do uso das máscaras e das fantasias. Ao serem utilizadas, ocorria uma dissolução do indivíduo com a consequente construção de uma determinada identidade coletiva que se insurgia contra o *status quo*, mesmo que de uma maneira ritualizada e de duração predeterminada. Esses indivíduos, mascarados e fantasiados, tomavam o centro de determinado poder simbólico, permitindo que marginalizados e excluídos se tornassem temporariamente o centro da sociedade, com a elite lançada às margens. Nas palavras de Bakhtin (1999, p. 8-9), "ao contrário da festa oficial, o carnaval era o triunfo de uma espécie de liberação temporária da verdade dominante e do regime vigente, de abolição provisória de todas as relações hierárquicas, privilégios, regras e tabus".

Tais análises podem ser utilizadas para compreender o próprio carnaval no Brasil, desde suas origens. Santos Marrocos, o bibliotecário português trazido ao Brasil por D. João VI quando da vinda da família real ao Brasil, em 1812 lamentava a intensidade da Festa do Entrudo: introduzido no Brasil pelos portugueses, essa festa que antecederia o carnaval como o conhecemos e se caracterizava, então, pelas brincadeiras em que as pessoas lançavam entre si jatos de água e limões-de-cheiro (bolas de cera recheadas de água perfumada e polvilho).

"Entrudo horrível foi o que aqui se passou, houve desgraças e eu estive clausurado e mesmo assim fui atacado em casa, nunca vi jogar mais brutalmente. Enfim, tudo aqui vai uma maravilha" (Marrocos, 1811, p. 6).

Sendo membro da elite colonial, Santos Marrocos se ressentia de uma festa da qual ele não era, usualmente, participante voluntário. Cerca de uma década depois desse desabafo, o pintor francês Jean-Baptiste Debret produziu uma das mais emblemáticas representações do Entrudo, que evidencia a participação popular, e fundamentalmente negra, na folia das ruas.

Figura 5.14 – *Cena de Carnaval*

DEBRET, Jean-Baptiste. **Cena de Carnaval**. 1835. Litografia: p&b; 35,5 × 22,1 cm em f. 54,6 × 36 cm. Álbum: Voyage pittoresque et historique au Brésil. Pinacoteca do Estado de São Paulo, São Paulo, Brasil.

Usualmente relegados à marginalidade por conta, obviamente, da presença da escravidão e do preconceito racial, no Entrudo as pessoas negras se transformavam em protagonistas sociais e transformavam as ruas da cidade em um campo de batalha dentro das regras foliãs. A descrição da imagem, pelo próprio Debret, ajuda-nos a compreender o que está sendo representado.

> *A cena se passa à porta de uma venda, instalada como de costume numa esquina. A negra sacrifica tudo ao equilíbrio de seu cesto, já repleto de provisões que traz para seus senhores, enquanto o moleque, de seringa de lata na mão, joga um jato de água que a inunda e provoca um último acidente nessa catástrofe carnavalesca. Sentada à porta da venda, uma negra mais velha ainda, vendedora de limões e de polvilho, já enlambuzada, com seu tabuleiro nos joelhos, segura o dinheiro dos limões pagos adiantado, que um negrinho, tatuado voluntariamente com barro amarelo, escolhe, como campeão entusiasta das lutas em perspectiva.* (Debret, 1978, p. 301-302)

Um aspecto da carnavalização da realidade, que se pode notar por meio da imagem e da descrição de Debret, estava no "contato familiar e sem restrições, entre indivíduos que nenhuma distância separa mais" (Bakhtin, 1999, p. 14). Em outros momentos do ano, o tipo de relacionamento que se encontrava no Entrudo, e que seria possível de se encontrar também no carnaval, estava na proximidade e no contato físico entre os participantes. A própria erotização da festa, característica notada desde o final do século XIX, pode ser considerada uma consequência dessas novas possíveis regras de sociabilidade temporariamente estabelecidas. Segundo Bakhtin (1999, p. 14), "a eliminação de certas regras e tabus vigentes na vida cotidiana [como consequência das transgressões sociais que passavam a ser permitidas] criavam um tipo especial de comunicação ao mesmo tempo ideal e real entre as pessoas, impossível de estabelecer na vida ordinária".

Desde o princípio, porém, a festa de Carnaval apresentou diferenças sociais. Na mesma década de 1820 em que Debret apresentou o Entrudo como praticado nas ruas do Rio de Janeiro, o pintor e desenhista inglês Augustus Earle (1793-1838) registrou a festa sob uma diferente perspectiva: em um sobrado na cidade, apenas pessoas brancas são representadas lançando limões-de-cheiro umas às outras. Nessa representação, somente uma pessoa negra aparece: uma empregada, que oferece os limões-de-cheiro aos foliões. Também aqui existe a transgressão social, a qual se diferencia daquela praticada pelos participantes do entrudo nas ruas, bem como um significado, que também é outro.

Figura 5.15 – Augustus Earle, 1822

EARLE, Augustus. **Games During the Carnival at Rio de Janeiro**. 1822. Aquarela: color.; 21,6 × 34 cm.

Desde o século XIX, as versões mais livres do carnaval popular de rua sofreram perseguições dos poderes públicos. Um conjunto de festividades aceitáveis à elite nacional evoluiu sem problemas, especialmente em salões nos quais se dançavam os bailes carnavalescos conforme regras consideradas aceitáveis. Sua versão popular, "festa pública para o grande público, evento de rua e alvo designado das cacetadas da polícia" (Alencastro, 1997, p. 53), como definiu o historiador Luiz Felipe de Alencastro (1946-), de toda forma sobreviveu, estando ainda bastante viva, em suas múltiplas e contraditórias formas, no país de hoje.

Síntese

Grande parte de nossa vida cotidiana passamos em contato direto com outras pessoas, inclusive aquelas que não conhecemos bem: nas ruas, no transporte público, nos locais de trabalho, construímos redes de relacionamento e exercitamos nossa sociabilidade das mais diferentes formas. Grande parte de nossa vida cotidiana, e também rotineira, passamos no ambiente de trabalho, cumprindo determinadas funções que estão adequadas a nosso papel social. Porém, existe o cotidiano público que se dá fora do ambiente de trabalho, como nas festas, nos momentos de descanso, nos encontros com familiares e amigos. Em todos esses casos, o cotidiano é uma ocorrência pública, também sujeito a regras, e compreensível em seus específicos significados particulares.

Atividades de autoavaliação

1. A eletricidade foi implementada gradualmente no Brasil a partir do século XIX, mas foi apenas no século seguinte que se tornou parte constante do cotidiano da vida urbana. Inicialmente nos espaços públicos com a iluminação e o transporte (os bondes elétricos) para que, a seguir, passasse a ser utilizada também nos ambientes domésticos. Analise o anúncio a seguir, da Companhia Força e Luz do Paraná, de 1937.

Anúncio no *Diário da Tarde* (Curitiba)

> **sem fumaça e sem cansaço...**
>
> N'UM INSTANTE TUDO PASSO...
> *Seja moderna* —
> USE O FERRO ELECTRICO, E DEIXE QUE O SNR. KILOWATT, SEU CRIADO ELECTRICO, TENHA O TRABALHO DE PASSAR TODA A ROUPA A FERRO!
>
> **COMPANHIA FORÇA E LUZ DO PARANÁ**

Fonte: Companhia Força e Luz do Paraná, 1937.

Considerando-se os significados da eletricidade transmitidos pela propaganda e seu uso nos ambientes urbanos, é correto afirmar:

a) A eletricidade é representada como fazendo parte do mundo público.
b) Existe, no anúncio, uma clara desvalorização do trabalho doméstico feminino.
c) A propaganda apresenta um saudosismo de uma época passada, sem eletricidade.

Antonio Fontoura

d) Há, no texto e na imagem, destaque aos perigos ligados às novas tecnologias.
e) O anúncio associa a difusão da eletricidade à ideia de modernidade.

2. Na passagem transcrita a seguir, o filósofo alemão Walter Benjamin (1892-1942) analisa a ideia de modernidade na cidade de Paris, no século XIX. Note que, no contexto do texto, "casa comercial" seria o que denominamos *lojas de departamentos*, equivalente moderno de nossos atuais *shopping centers*.

> "Na multidão, a cidade é ora paisagem, ora ninho acolhedor. A casa comercial constrói tanto um quanto outro, fazendo com que a *flânerie* se torne útil à venda de mercadorias. A casa comercial é a última grande molecagem do *flâneur*". (Benjamin, 1991, p. 39)

Um dos aspectos da modernidade destacado por Benjamin (1991) nessa passagem refere-se:

a) ao respeito à natureza, indicado pelo desejo das caminhadas solitárias pela cidade.
b) à ausência de multidão, pois o *flâneur* tende a conhecer todos nas cidades.
c) à degradação urbana, por corromper a natureza humana tribal.
d) ao consumismo, com a compra de mercadorias associada ao ato de "flanar".
e) à presença do mundo doméstico, inexistente na realidade medieval.

3. Um vendedor de lentilhas no antigo Egito (século III a.C.) enviou um documento aos funcionários do governo pedindo anuência para pagar impostos atrasados, devido a problemas com seu comércio. Leia com atenção os argumentos de seu apelo.

Para Filisco, saudação de Harentotes, cozinheiro de lentilhas em Filadélfia[3]. Eu dou o produto de 35 artabae [cerca de 1.400 litros] por mês e faço o meu melhor para pagar o imposto a cada mês, a fim de que você não tenha qualquer reclamação contra mim. Agora as pessoas na cidade estão assando abóboras. Por essa razão, então, ninguém no momento compra minhas lentilhas. Eu imploro e suplico, então, se você achar conveniente, que me seja dado mais tempo, tal como foi feito em Crocodilópolis, para que eu possa pagar o imposto ao rei. De manhã, logo de manhã, sentam-se ao lado das lentilhas, vendendo suas abóboras, e não me dão nenhuma chance de vender minhas lentilhas. (Hunt; Edgar, 1934, tradução nossa)

Um dos aspectos da vida urbana que pode ser identificado nessa passagem, e que foi discutido no capítulo, refere-se:

a) à ideia do "flanar", característico das grandes metrópoles desde a Antiguidade e que se relaciona ao contato com a multiplicidade de experiências urbanas.

b) à ausência de documentos que nos informem sobre o cotidiano na Antiguidade, pois as únicas informações de que dispomos são de caráter oficial.

c) aos momentos de lazer dentro do cotidiano de trabalho, percebidos no relacionamento lúdico existente entre os vendedores de lentilhas e os de abóboras, no Egito Antigo.

---

3   *Hoje, Amã, na Jordânia. À época da escrita da carta, era dominada pelo Egito.*

d) ao fato de que, no cotidiano das grandes cidades, faz-se necessário o estabelecimento de relações com diferentes pessoas atuando em diferentes papéis sociais.

e) à ideia de que os povos mais antigos, como os egípcios, tinham uma realidade absolutamente incompreensível para nós, não permitindo que estudemos seu cotidiano.

4. A seguir, você lerá o depoimento de Risoleta, nascida em Arraial dos Sousas (hoje, parte de Campinas), em São Paulo. Neste trecho, ela relembra passeios que fez em sua infância com a família:

Minha família só fazia passeio quando tinha festa. Então a gente vinha tudo pra vila, na festa de são Benedito. Meu pai tinha lá muitas comadres, muitas primas parentes de minha avó, então a gente vinha pra Campinas. Mas que coisa! No Arraial a festa era bonita, mas muito bonita foi em Campinas sempre. [...] Todo mundo que tinha coisa pra levar, levava, contente de ajudar. Às vezes vinha aqueles fazendeiros da redondeza comprava tudo e levava. Era divertido, dona, muito divertido! (citada por Bosi, 2004, p. 373)

Uma das características sociais do lazer de Risoleta e de sua família está historicamente associada:

a) à carnavalização da realidade, como as festas religiosas das quais Risoleta participava.

b) ao conceito de modernidade das grandes metrópoles brasileiras, como era Arraial dos Sousas em 1900.

c) à construção de relações sociais no cotidiano em eventos públicos, como festas religiosas.

d) ao conceito de higiene, responsável também pelo controle social dos considerados socialmente desviantes.

e) ao patriarcalismo da sociedade brasileira no século XX, que vetava diversões públicas às mulheres.

5. Especialmente no século XIX e nas primeiras décadas do século XX, o transporte de pessoas e cargas a grandes distâncias era realizado em navios denominados *paquetes*. Como ocorre ainda na atualidade com outros meios de transporte, também os paquetes ofereciam diferentes qualidades de atendimento para as várias classes de passageiros, conforme podemos ver na Figura a seguir.

Os passageiros de 3ª classe nos paquetes do Lloyd: um inferno nas viagens do norte de Pernambuco a Manaus

Fonte: Leônidas, 1911, p. 28.

A revista O *Malho*, em 1911, apresentou, além das imagens anteriores, descrições – que foram inseridas logo abaixo da figura em questão e de outras semelhantes – detalhando os aspectos da viagem entre Pernambuco e Manaus realizada por passageiros da terceira classe dos paquetes da empresa Lloyd.

A carne seca sem lavar, sacudida nos caldeirões da cozinha da 3ª classe. [...] É a comida ordinária, que vai envenenar a pobre gente. O resultado não se faz esperar. A diarreia e as indigestões lavram no tombadilho. [...] Os porcos e outros animais são tratados de maneira mais benévola. [...] o convés emporcalha-se. As imundas latrinas são insuficientes. [...] Não há lugar para a pobre gente, o fedor das aves e da porcaria acabam de consumir o grande suplício. (Os passageiros..., 1911, p. 28)

Sobre a viagem nos paquetes e os problemas apresentados na reportagem, é correto dizer:

a) Como ocorre nos dias de hoje, a viagem por navios era um luxo para poucos e os eventos registrados na reportagem eram exceções.
b) Os navios jamais foram utilizados, no Brasil, como transporte cotidiano de passageiros e cargas, pois dependiam de tecnologia importada.
c) Com poucas opções de meios de transporte, a população pobre se via obrigada a se submeter às precárias condições de viagem oferecidas pelos paquetes.
d) A reportagem demonstra como o transporte de pessoas e cargas, no Brasil, não sofreu mudanças significativas desde o século XVI.
e) O texto e as imagens evidenciam que diferenças sociais não devem ser tomadas em consideração em análises do cotidiano.

Atividades de aprendizagem

Questões para reflexão

1. O texto a seguir foi publicado em 1937 em um jornal de Uberlândia, em Minas Gerais, e apresenta algumas concepções bastante comuns no período sobre as favelas do Rio de Janeiro e seus moradores. Leia o documento com atenção.

Sobre a pátina iluminada da cidade maravilhosa, que é a capital do Brasil, a Favela se projeta como um traço escuro. O casario esquisito e humilde, dependurado pelo morro, suja o quadro bonito. Ali se albergam os batedores de carteira, o vadio incorrigível da prisão, o desordeiro, a escória. Nele, não se acolhe a pobreza digna, sofredora de todos os tormentos no trabalho honesto. Mas a ralé ousada e perigosa. (Assis, 1937, p. 1)

Como essas representações sobre as favelas e seus moradores levavam o Poder Público a ignorar as demandas da população pobre? É possível dizer que tais representações ainda são comuns na descrição de comunidades pobres, em todo o Brasil, e seus moradores?

2. Leia, a seguir, o texto da historiadora britânica Julie Hardwick (1962-) sobre o conceito histórico de lazer:

O conceito de "lazer" pode parecer um fenômeno moderno, e certamente muitos dos passatempos e dinâmicas comercializados que associamos à prática contemporânea do lazer eram desconhecidos até às últimas décadas. Entretanto, o termo "lazer" surge nos séculos medievais tardios, e já há 500 anos o termo "lazer" possui as mesmas conotações conceituais da atualidade: tempo livre do trabalho ou de outros deveres para perseguir atividades da escolha pessoal. (Hardwick, 2008, p. 460, tradução nossa)

Se a distinção entre trabalho e lazer não surgiu com o capitalismo e não é um fenômeno contemporâneo, é possível afirmar que a ideia de lazer é atemporal? Se esse não for o caso, quais seriam as características do lazer no mundo atual que o diferenciariam historicamente?

Atividade aplicada: prática

1. Discutimos alguns aspectos do pensamento de Mikhail Bakhtin no texto do capítulo. Como auxílio à seguinte atividade prática, observe a reflexão empreendida pelo filósofo a respeito do conceito de "carnavalesco" e seus significados.

Damos ao termo "carnavalesco" uma acepção muito ampla. Enquanto fenômeno perfeitamente determinado, o carnaval sobreviveu até os nossos dias, enquanto que outros elementos das festas populares, a ele relacionados por seu caráter e seu estilo (assim como por sua gênese), desapareceram há muito tempo ou então degeneraram a ponto de serem irreconhecíveis. [...] Isso nos autoriza a utilizar o adjetivo "carnavalesco" numa acepção ampliada, designando não apenas as formas do carnaval no sentido estrito e preciso do termo, mas ainda toda a vida rica e variada da festa popular no decurso dos séculos e durante a Renascença. (Bakhtin, 1999, p. 189-190)

Se, como afirmou o historiador francês Marc Bloch (1886-1944), não é útil buscarmos conhecer o passado se nada soubermos do presente, é importante que possamos compreender o desenvolvimento histórico de festas como o Carnaval para sermos capazes de entender seus significados, tanto atuais quanto antigos.

Você deve ter percebido que, neste livro, discutimos apenas alguns fragmentos da realidade carnavalesca do Brasil, centrando-nos no exemplo do Rio de Janeiro. No entanto, em suas diversas formas e exemplos, o carnaval é uma festa nacional. Assim, a seguinte atividade se reveste de um caráter antropológico: De que forma o Carnaval é celebrado na região em que você mora? Você acredita que essa festa tem as características de transgressão como discutidas por Bakhtin?

E, aos leitores no Rio de Janeiro, uma questão diferente: diante da espetacularização e da comercialização das grandes escolas de samba da cidade, é possível ainda encontrar aspectos do carnaval carioca que preservam o caráter subversivo da festa? Lembre-se que esta questão exige a apresentação de sua opinião. Contudo, tal opinião deve estar fundamentada em documentos, como análise de reportagens, estudo de imagens, dados estatísticos, entrevistas.

Capítulo 6
Cotidiano e necessidades. Necessidades?

Caso você nunca tenha se interessado por teorias relacionadas à administração, gestão de pessoas, recursos humanos é bastante provável que seja um dos felizardos que jamais tenha entrado em contato com a pirâmide de necessidades de Maslow. Estranhamente popular nessas áreas do conhecimento, trata-se de uma interpretação da hierarquia das necessidades humanas proposta pelo psicólogo estadunidense Abraham Maslow (1908-1970) em um artigo publicado em 1943. E, ainda que seu texto originalmente não tivesse qualquer ilustração piramidal, foi dessa forma que sua teoria passou a ser usualmente apresentada e conhecida.

Figura 6.1 – Pirâmide de necessidades de Maslow

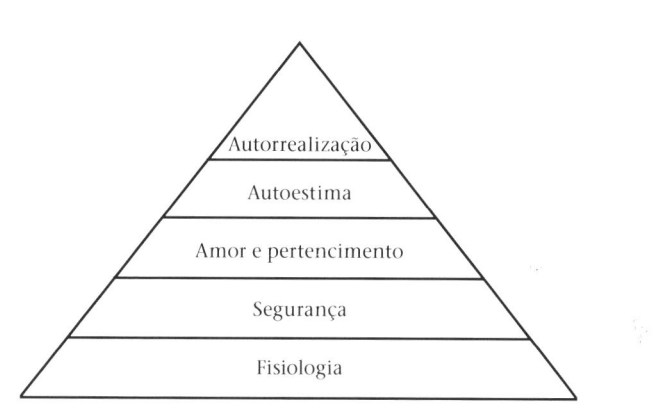

```
         /\
        /  \
       /Autorrealização\
      /------------------\
     /    Autoestima      \
    /----------------------\
   /   Amor e pertencimento \
  /--------------------------\
 /         Segurança          \
/------------------------------\
/           Fisiologia           \
----------------------------------
```

Trata-se de uma proposta de compreensão da psicologia humana em que as necessidades são apresentadas de maneira hierárquica. Ou seja, é necessário que as partes inferiores e mais fundamentais da pirâmide sejam preenchidas para que o indivíduo tenha condições de realizar as seguintes. Assim, a busca por segurança só se efetivaria quando as necessidades fisiológicas fossem satisfeitas; o desenvolvimento de relacionamentos visando a busca por amor e pertencimento social exigiria o preenchimento das necessidades de segurança; e o processo continua até o topo da pirâmide, onde se encontra a autorrealização.

A popularidade ainda persistente da pirâmide de Maslow parece estar fundada no suporte teórico e acadêmico a determinadas concepções ingênuas a respeito da psicologia e da vida social. Afinal, parece fazer sentido imaginar que alguém precisa antes estar alimentado para, então, buscar um abrigo, ou que a necessidade de abrigo antecede o desenvolvimento de relações sociais e assim por diante.

Há muito de anacronismo e de etnocentrismo na pirâmide de Maslow: tomam-se como verdades essenciais da psicologia humana determinados valores que são cultural e historicamente bastante específicos. Conceitos como autorrealização e autoestima, por exemplo, seriam absolutamente alienígenas para outras realidades que não as ocidentais contemporâneas. A essencialidade da fisiologia, óbvia à princípio, também deve ser relativizada: o sociólogo francês Émile Durkheim (1858-1917) acreditou ter demonstrado que as taxas de suicídio são maiores entre aquelas pessoas com mais frágeis relações sociais, o que indicaria o caráter fundamental que a sociabilidade desempenha para certos indivíduos – sendo algo, literalmente, mais importante que a vida. Em meados do século XX, os bengaleses consideravam o plantio e a colheita algo mais do que simples trabalho ligado à sobrevivência, e sim uma prática ritual ligada à própria cosmologia. Sendo assim, reduzir o seu plantio à ideia de subsistência seria descontextualizar absolutamente suas crenças, as quais são semelhantes às dos antigos egípcios, expressas de inúmeras formas em sua arte. Entre os cavaleiros medievais, valores como honra guerreira superavam outras "necessidades", com a morte social acompanhando os que desrespeitavam tais valores. Entre certos grupos hindus do sudeste asiático, esperava-se que a viúva se lançasse sobre a pira funerária do marido, um costume que acabou por se tornar ilegal apenas no século XIX. E o próprio feminicídio, tão comum no Brasil ainda nos dias de hoje, demonstra que, para certos homens, a ideia de honra tem antecedência em importância a outras "necessidades" como segurança ou sentido de pertencimento (ou a simples decência humana, mas essa não aparece representada no modelo de Maslow). Poderíamos citar jejuns, penitências, promessas etc. que contrariam a hierarquia rígida da pirâmide das necessidades.

Os exemplos do parágrafo anterior são absolutamente sintéticos, pois as ciências humanas, de uma forma geral, são fundamentadas em exemplos que comprovam a inexistência de uma hierarquia de necessidades que seja universal, descontextualizada, a-histórica, sem vínculos como diferenças sociais, de gênero, idade ou raça, como argumentada por Maslow, não importando em que tipo de figura geométrica seja representada. Seria algo semelhante a nos desgastarmos em argumentar contra a astrologia ou a homeopatia. Mais significativo, embora não seja o tema deste livro ou deste capítulo, seria buscar compreender as razões que explicam a popularidade da pirâmide de Maslow.

Não há dúvida de que atividades humanas como comer, dormir, praticar o ato sexual, parir e morrer são universais. Delas não se escapa, mas devem ser compreendidas dentro dos contextos em que são praticadas, segundo os significados culturais, históricos e sociais convencionalizados. Por isso, este capítulo não estudará *necessidades humanas* – um termo profundamente problemático e que reduz as sociedades às necessidades biológicas, aniquilando sua historicidade –, mas sim alguns aspectos dos contextos sociais e culturais que orbitam a corporalidade.

(6.1)
NASCER

Datada do século V a.C., a seguinte placa romana, encontrada na cidade de Óstia, é um exemplo da constatação de que, durante considerável parte do passado humano e na grande maioria das sociedades – mesmo nas mais complexas, em que já havia se desenvolvido um estudo sistemático sobre o corpo humano –, o parto tendeu a ser uma atividade específica das mulheres. Associados à feminilidade, eventos sociais como a gravidez, o parto, a amamentação e a maternidade eram regidos por códigos e simbolismos específicos, dos quais apenas as mulheres, via de regra, participavam.

Figura 6.2 – Placa encontrada em Óstia

MARBLE Plaque Showing Parturition Scene, Ostia, Italy. [400 a.C.-300 d.C.].
Mármore: 34 × 25 cm. Science Museum, Londres, Reino Unido.

Sorano de Éfeso foi um médico nascido na Grécia na passagem para o século II a.C. que praticou sua atividade em Alexandria e, posteriormente, em Roma. Em seu tratado sobre ginecologia, definiu uma série de características que uma parteira deveria possuir:

> *Ela deve ser respeitável, haja vista que as pessoas irão confiar a ela detalhes de sua família e os segredos de sua vida. [...] Ela não pode ter deficiência em relação a seus sentidos, pois há coisas que ela deve ver, respostas que deve ouvir quando fizer perguntas e objetos que deve tocar com seu senso de tato. Ela deve ter membros fortes [...], dedos longos e finos, e unhas curtas.* (Soranus, 1956, p. 5, tradução nossa)

Note que, para Sorano, o parto deveria estar fundamentalmente aos cuidados de uma mulher, ainda que ela devesse ter certas qualidades e estar disposta a aceitar orientações médicas. Esse protagonismo feminino se confirma pela análise da iconografia sobre o parto desde o mundo medieval europeu até, pelo menos, o século XVIII. Não é possível falar em continuidade entre a imagem anterior, da Antiga Roma, e a seguinte, uma gravura alemã do século XVI; mas, sem dúvida, é possível destacar as coincidências na representação: um ambiente restrito às mulheres que, sozinhas, se ocupam do atendimento à parturiente e ao parto em si.

Figura 6.3 – Cena de parto, séc. XVI

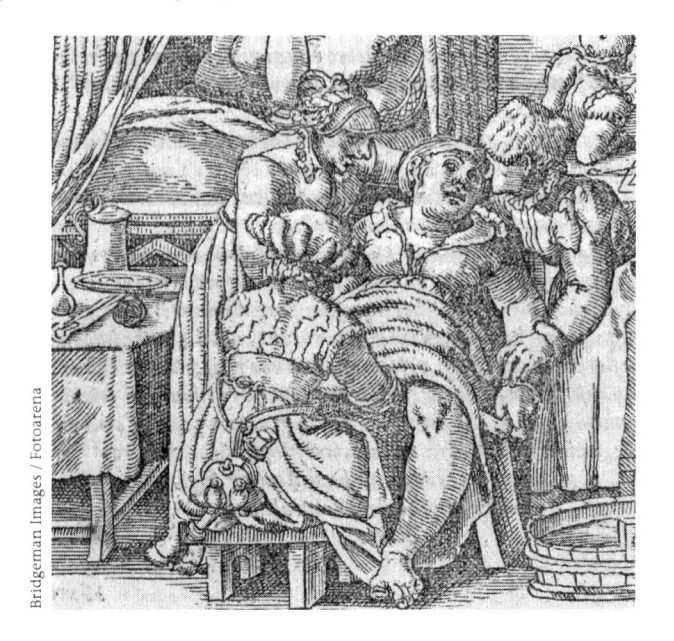

FEYERABEND, Sigismund. [Sem título]. 1580. Xilogravura e tipografia: p&b; 12,6 × 16,5 cm. In: RUEFF, J. **De conceptu et generatione hominis**. Frankfurt: Feyerabend, 1580. p. 3.

Na Europa, até o período moderno, mesmo com o gradual desenvolvimento dos conhecimentos sobre o corpo humano, os homens tinham muito pouco a fazer ou contribuir nos partos. Quando surgiam complicações, era possível que um cirurgião fosse chamado, mas não se poderia esperar dele um sucesso significativamente maior do que o conseguido pelas próprias parteiras mais experientes. Ainda que houvesse, por parte daqueles cirurgiões, uma empatia em relação ao sofrimento das parturientes, inexistia um conhecimento suficientemente adequado sobre os detalhes da fisiologia feminina que permitisse uma intervenção mais eficaz em partos mais difíceis (Martins, 2004).

Na Europa do século X, Sorano de Éfeso era ainda considerado uma autoridade no assunto, e é desse período uma edição latina de sua obra, em que bebês aparecem representados no útero. Mesmo levando em consideração que os esquemas adotados pela imagética medieval não buscavam a representação fiel da realidade, as gravuras certamente indicam uma compreensão bastante superficial, comparada à da atualidade, do processo de gestação.

Figura 6.4 – Ginecologia de Sorano de Éfeso, em manuscrito do ano 900, aproximadamente

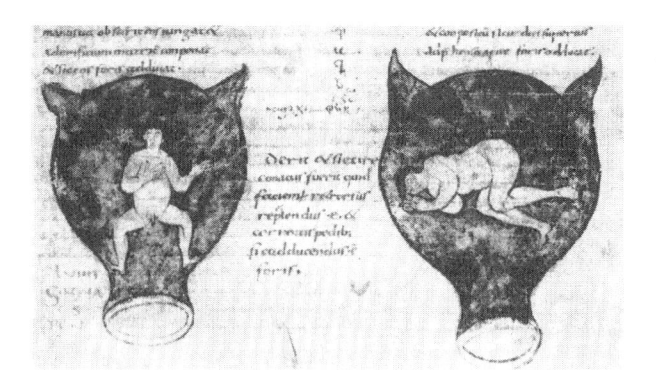

No final do século XVII, foi publicado na Inglaterra um manual sexual com o nome de *Obra-prima de Aristóteles*, que continha orientações a respeito da gravidez. O autor anônimo, que se utilizou do nome de Aristóteles como estratégia de divulgação de seu livro[1], visava a orientar leitores e leitoras sobre as técnicas ligadas ao parto, mas confessava sua ignorância em aspectos fundamentais do funcionamento do corpo feminino. Ele interpretava essa dificuldade segundo o paradigma médico da época, por meio da teoria dos humores:

---

1   Estratégia bem-sucedida, aliás; o livro continuou sendo continuamente reeditado na Inglaterra até as primeiras décadas do século XX.

> *Eu confesso que é um pouco difícil conhecer o tempo verdadeiro do parto de algumas mulheres, estando perturbadas com dores por muito tempo antes de sua verdadeira hora chegar; em alguns casos, isso acontece até algumas semanas antes: o motivo para isso é o calor dos rins, que se manifesta pelo inchaço das pernas. [...] Por isso, o meu conselho para essas mulheres é esfriar seus rins antes do momento do parto, o que pode ser efetivamente feito untando as costas com o óleo de papoulas e violetas, ou lírios d'água.* (Pseudo-Aristóteles, 2017 [1684])

A participação masculina no momento do parto começou a ser mais intensa apenas a partir do século XVIII. Com o desenvolvimento das ciências biológicas e, mais especificamente, da obstetrícia, iniciou-se um conflito entre os médicos e as parteiras. Os primeiros afirmando a superioridade da ciência, já as segundas defendendo suas técnicas e conhecimentos tradicionais. A ascensão da medicina e dos homens médicos no contexto dos partos ocorreu de forma concomitante à constante denúncia e difamação do trabalho das parteiras, acusadas de propagar crendices e responsabilizadas pelas mortes de parturientes e seus filhos.

O trecho seguinte, extraído de um manual para parteiras, foi escrito já no século XIX, quando os conflitos do período anterior haviam sido sanados e a obstetrícia conquistado o posto de indisputável autoridade sobre a técnica dos partos. Seu autor, o médico Joaquim Alves Ribeiro (1830-1875), não deixava qualquer dúvida do novo estatuto ao qual as parteiras haviam sido relegadas sob a nova ciência do corpo feminino: "As parteiras, entre nós, têm contra si a indisposição moral, que geralmente lhes têm granjeado o epíteto proverbial de ignorantes [...]; é, pois, infelizmente verdade que, entre nós, as parteiras são mulheres velhas ignorantes, geralmente cheias de preconceitos" (Ribeiro, 1861, p. IX).

A ascensão da obstetrícia na qualidade de autoridade médica sobre a "ciência dos partos" institucionalizou-se, também no Brasil, por sua difusão nas faculdades de Medicina; porém, não sem resistências dos próprios médicos e dos bastante peculiares padrões morais sobre o corpo e a feminilidade que se fortaleceram no século XIX. A entrada de estudantes homens da Faculdade de Medicina do Rio de Janeiro, por exemplo, era constantemente negada pelos administradores da Santa Casa, como nos informa um ofício de 1856: "Uma longa e dolorosa experiência leva a Santa Casa a pensar que se franquearem-se enfermarias de mulheres aos alunos de clínica cirúrgica como se lhes franqueiam as dos homens, hão de provir à disciplina e à moralidade do estabelecimento males incalculáveis" (citado por Martins, 2004, p. 147).

Com medo de ferir o pudor natural das mulheres com a presença de alunos de Medicina nas enfermarias, eles eram proibidos de entrar e, portanto, de realizar o aprendizado médico mediante o contato direto com o corpo feminino. Apenas a partir da década de 1880, no Brasil, com reformas nos currículos de Medicina, ampliou-se o ensino de obstetrícia e, efetivamente, difundiu-se essa prática médica. Estabelecia-se, assim, no país, uma nova relação da sociedade com a mulher e o parto: medicalizado, o ato de dar à luz se tornou um evento técnico, realizado no interior de hospitais, com a parturiente assessorada por profissionais especializados. Trata-se, essencialmente, do modelo disponível à grande maioria das mulheres no Brasil de hoje.

(6.2)
CRESCER

Nas primeiras décadas do século XIX, Santos Marrocos, o bibliotecário português vivendo no Brasil e cuja correspondência utilizamos tantas vezes neste livro, comentava sobre a opção de sua esposa em relação à filha recém-nascida: "a menina se acha muito boa, nutrindo-se do leite da mãe que não quer que negra a crie, como é costume" (Marrocos, 1811, p. 35). Marrocos se referia à prática de muitas mulheres no Brasil do período de não amamentar os próprios filhos, mas depender de amas de leite, usualmente mulheres escravizadas, para esse fim. Em jornais de finais do século XIX, anúncios buscando amas de leite eram bastante comuns, como é possível ver na figura a seguir.

Figura 6.5 – Anúncios no *Correio Paulistano*

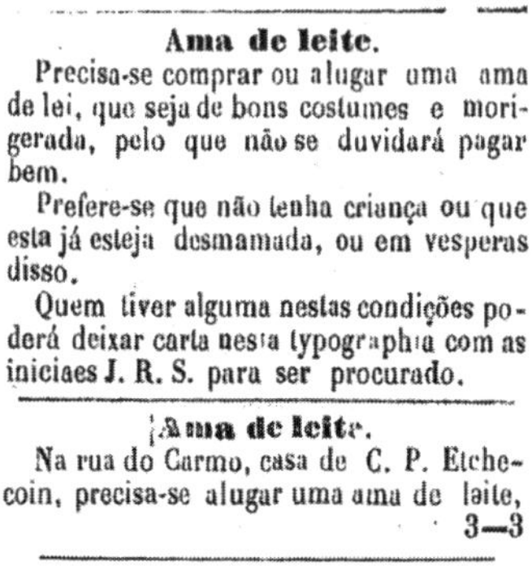

Ama de leite.
Precisa-se comprar ou alugar uma ama de lei, que seja de bons costumes e morigerada, pelo que não se duvidará pagar bem.
Prefere-se que não tenha criança ou que esta já esteja desmamada, ou em vesperas disso.
Quem tiver alguma nestas condições poderá deixar carta nesta typographia com as iniciaes J. R. S. para ser procurado.

Ama de leite.
Na rua do Carmo, casa de C. P. Etchecoin, precisa-se alugar uma ama de leite,
3—3

Fonte: Correio Paulistano, 1862, p. 4.

A utilização de amas de leite é um fenômeno histórica e culturalmente bastante comum, não específico do Brasil. Um documento do Egito, do século III a.C. (época do chamado *Egito ptolomaico*), apresenta o seguinte contrato: "A ama de leite Shepenese concorda em amamentar o filho do administrador Panese com ambos os seios, se a saúde o permitir, para desmamar e criá-lo e cuidar dele durante três anos, recebendo pensão e alojamento e pagamentos anuais de óleo e prata" (Wellcome Collection, 2020, tradução nossa).

Não é possível saber se a contratação de Shepenese fazia parte de um fenômeno social, semelhante àquele que ocorreu no Brasil, associado à resistência de muitas mães a amamentar; ou se fora resposta ao caso eventual de uma mulher que, por alguma razão, acabara se vendo impossibilitada de amamentar, obrigando-se a contratar os serviços de uma ama de leite. Historicamente, cada uma dessas situações traz consequências diferentes.

As relações entre mulheres e amamentação evocam um curioso caso sobre o antigo debate **natureza versus cultura**. Inicialmente, não parece haver dúvidas de que, desde a Antiguidade, as diferentes sociedades conheciam a importância do aleitamento. Pequenas estátuas domésticas da deusa Ísis amamentando seu filho Hórus devem ter sido relativamente comuns entre os egípcios à época em que viveu Shepenese. A imagem, certamente, evidencia a crença nos poderes nutritivos do leite materno, ao mesmo tempo em que se configura em uma representação da própria maternidade.

Figura 6.6 – Ísis amamentando Hórus

ISIS Nursing Horus, Egypt. [600 a.C.-30 a.C.]. Bronze e madeira: 18 × 6,7 cm. Science Museum, Londres, Reino Unido.

Representações míticas associando o leite materno a poderes divinos são comuns a diferentes sociedades em distintas épocas – se, para os antigos gregos, o leite da deusa grega Hera teria criado a Via Láctea, para os cristãos, a amamentação de Jesus por Maria se tornou um dos mais significativos símbolos da maternidade. E, embora na maioria das sociedades humanas a amamentação seja o método mais empregado para nutrir um recém-nascido, determinados eventos históricos podem fazer com que a prática seja considerada, ainda que brevemente, indesejada. Na França do século XVIII e início do século XIX, por exemplo, tornou-se prática comum de várias mulheres da elite negarem a amamentação aos seus filhos e, mesmo, rejeitarem criá-los nos primeiros anos de vida. Para a historiadora e filósofa francesa Élisabeth Badinter (1944-), tais eventos históricos seriam uma demonstração de que não existiria um instinto inato próprio às mulheres de afeição pelas crianças, sendo assim o "amor materno" uma construção social. Seus argumentos serão discutidos com mais cuidado e profundidade nas "Questões para reflexão", ao final do capítulo.

Desde finais do século XIX, a ciência médica, tendo expandido sua influência sobre o parto, passou a se preocupar com os cuidados que seriam considerados científicos e "higiênicos" das mães em relação às crianças. Argumentando também sobre a ignorância de muitas mulheres com seus recém-nascidos, os médicos se ocuparam em ensinar às novas mães como criar as crianças, em um processo que passou pela desautorização dos conhecimentos tradicionais femininos sobre o tema, em nome da ciência e das práticas higiênicas. Em um dos vários manuais de puericultura publicados no Brasil nas primeiras décadas do século XX, seu autor evidencia a culpa das mães na má criação dos filhos: "Quantos erros a corrigir, quanta desgraça evitável! Só é possível melhorar a situação lamentável da mortalidade das crianças entre nós pelo ensino sistemático da higiene infantil a todas as moças, para que elas, além de mães, se façam boas enfermeiras dos próprios filhos" (Rocha, 1939, p. 163).

E um dos símbolos mais significativos desse processo de educação médica às mães foi a amamentação. Símbolo da maternidade e difundido como ato quase místico – a imagem de Maria amamentando Jesus estabelece uma relação religiosa na relação mãe e filho –, o ato de amamentar passou a significar, além de obrigação da mulher, símbolo de responsabilidade, cuidado maternal e, mesmo, esperança no futuro. E, caso não fosse suficiente o apelo emocional às benesses do ato de amamentar, os médicos não se furtavam a construir/atribuir o sentimento de culpa a quem não correspondesse àqueles ideais.

> *É nossa obrigação, também, combater o egoísmo de muitas mães, principalmente nas classes abastadas, que não amamentam para não deixar a vida mundana a que estão habituadas ou que não amamentam pelo temor de perder suas linhas de elegância ou a beleza dos seus seios. Estas, não podem merecer o nome de MÃE, e os laços de amizade entre mãe e filho tendem a afrouxar-se fatalmente.* (Barros Filho, 1940, p. 148)

Historicamente, portanto, a chamada *primeira infância* esteve ligada às concepções sociais de gênero e, no caso do Ocidente, em processo do qual o Brasil também participou, à construção de certo ideal de maternidade sustentado pelo discurso médico.

6.2.1 Da criança ao adolescente

Segundo o historiador francês Philippe Ariès (1914-1984), estudando a realidade europeia e, mais especificamente, a francesa, o conceito de "infância" como o concebemos na atualidade teria origem na modernidade. Em outras épocas e sociedades, inexistiria a compreensão dessa época da vida como um momento específico.

> *Na sociedade medieval, que tomamos como ponto de partida, o sentimento de infância não existia [...]. O sentimento da infância não significa o mesmo que afeição pelas crianças: corresponde à consciência da particularidade infantil, essa particularidade que distingue essencialmente a criança do adulto, mesmo jovem. Essa consciência não existia. Por essa razão, assim que a criança tinha condições de viver sem a solicitude constante de sua mãe ou de sua ama, ela ingressava na sociedade dos adultos e não se distinguia mais destes.* (Ariès, 1981, p. 156)

Segundo Ariès (1981), a sociedade medieval europeia não distinguia as crianças como pertencentes a uma fase etária específica e as tratava como se fossem miniadultos, logo após não precisarem mais dos cuidados da mãe. Historicamente, afirmou o autor, a ideia de infância surgiria apenas na modernidade, configurando-se, assim, em um evento histórico relativamente recente (Ariès, 1981).

Devido à influência do trabalho de Ariès na historiografia brasileira e na ainda grande presença de textos acadêmicos que citam suas conclusões não para refutá-las, mas para concordar com elas, sejamos bastante diretos: Ariès estava errado. Em relação à tese principal de sua obra *História social da criança e da família*, abundam fontes históricas, dos mais variados tipos, que demonstram a presença do infantil nos mais diversos cotidianos medievais: brincadeiras infantis eram reconhecidas; existiam vestimentas próprias a crianças; documentos demonstram a preocupação com o mundo infantil e seus perigos; pais se preocupavam em ter recursos para sustentar as específicas necessidades da infância. Ainda que o trabalho de Ariès tenha seu valor, especialmente por ter inaugurado determinada perspectiva historiográfica sobre a infância, já passou o tempo de abandonarmos e, mais ainda, de repetirmos como verdades as suas conclusões.

De toda forma, deve-se reconhecer que existem inúmeros fatores históricos e culturais que condicionam a forma pela qual uma sociedade compreende a infância ou a adolescência. Podem ser períodos mais ou menos extensos e valorizados; os sujeitos nessas fases podem ou não ter obrigações específicas na sociedade; dispõem de significados particulares, diferentes momentos e rituais que os levam a serem considerados adultos. Ao mesmo tempo, e como seria de se esperar, as maneiras pelas quais a infância é vivida fazem parte de todo um conjunto de regras, símbolos, costumes, obrigações que formam o "tecido" da sociedade. Em imagem de Debret, das primeiras décadas do século XIX, revela-se como no interior doméstico as crianças, sejam filhas dos proprietários, sejam das pessoas escravizadas, compartilhavam, à sua maneira, a criação e as diferenças sociais. Afinal, parte da função da infância é a socialização das crianças, para que compreendam seus papéis sociais e atuem em consonância com eles. Na atualidade, a escola desempenha importante papel nesse sentido.

Figura 6.7 – *Uma mulher brasileira em seu interior*

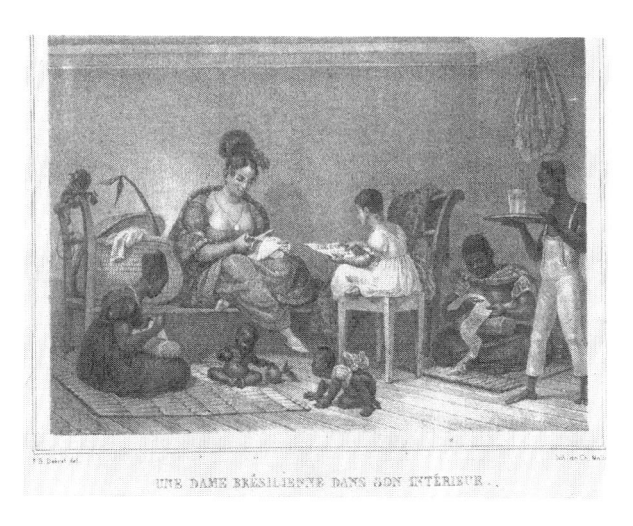

DEBRET, Jean-Baptiste. **Uma senhora de algumas posses em sua casa.** 1835. Aquarela: color.; 47,1 × 32,3 cm.

Antonio Fontoura

No caso brasileiro, as primeiras representações sobre a infância surgidas no período colonial procuravam associá-la a uma existência sem pecados, em contraposição ao mundo corrompido dos adultos. Especialmente entre os jesuítas, seu projeto de catequização associava-se à concepção da infância como uma importante época de formação, perfeita para que as crianças fossem moldadas de acordo com os princípios cristãos.

Entretanto, além disso, ser "criança" ou ser "jovem" não se restringia a determinado fato etário, simplesmente, mas a certa posição social. Tome-se, por exemplo, a seguinte confissão prestada aos visitadores do Santo Ofício, na Bahia, em fins do século XVI:

Confissão de Maria Grega [...]
31 de Janeiro de 1592
disse ser natural de Taparica [...], de idade de quinze ou dezesseis anos pouco mais ou menos, casada com Pero Dominguez que não tem ofício; e confessando disse que depois que casou com o dito seu marido [...] nunca até agora o dito seu marido dormiu com ela pelo seu vaso natural e com a mão a corrompeu e a deflorou com a mão. (Abreu, 1922, p. 173)

Uma menina com 15 ou 16 anos seria, na atualidade, considerada uma jovem, alguém que acabara mesmo de abandonar a infância. Na Bahia do século XVI, já era uma senhora casada e que buscava a ajuda do Santo Ofício por conta das violências que sofria de seu marido. Em sua confissão (no caso, mais uma denúncia), sua idade era fator menos importante, pois, naquele momento e contexto social, era corriqueiro que uma mulher com a idade de "quinze ou dezesseis anos pouco mais ou menos" estivesse casada.

Trata-se de uma concepção de infância e juventude que persistiu até o fim do período colonial. Lembrando que o casamento era fundado em acordos familiares, e não na atração dos amantes. Não era raro que as meninas se casassem bastante jovens com homens mais velhos e que, muito rapidamente, tivessem filhos. Assim, a infância era muito mais curta do que o é nos dias de hoje.

Sobre esse aspecto da sociedade também agiu a medicina higiênica. Desde finais do século XIX, no Brasil, os médicos passaram a ver, na educação de meninos e meninas, o próprio futuro do país. Argumentando contra a estrutura da família colonial, que devorava a infância em benefício da precoce instituição de novas famílias, os médicos higienistas defendiam o cuidado com a formação de crianças e jovens.

> *Sendo o homem em sua infância, como disse um ilustre escritor, semelhante à cera, em que se imprime a forma que se lhe quer dar e que a conserva por muito tempo e muitas vezes para sempre; porquanto nesta idade os seus órgãos têm tanta flexibilidade, que as impressões que recebem produzem sensações vivas, profundas e duradouras.* (Mello, 1846, p. 35-36, citado por Costa, 1983, p. 174)

Sendo os sujeitos moldáveis, tanto física quanto espiritualmente, na infância, o Estado deveria se preocupar e as famílias se responsabilizar em utilizar esse específico momento da vida para, efetivamente, formar adultos higiênicos. Uma das consequências da ação dos referidos médicos foi a extensão do período da infância e da adolescência, pois isso seria necessário à formação de famílias mais estáveis, bem como ao nascimento de uma prole mais sadia.

(6.3)
Comer

Desde o início do processo de colonização, a mandioca ficou conhecida como *pão da terra*: na ausência de trigo, matéria-prima para o pão que conheciam, os colonizadores adotaram práticas culinárias indígenas, integrando a mandioca à base de sua própria alimentação.

> *Mas o ordinário e principal mantimento do Brasil é o que se faz da mandioca, que são umas raízes maiores que nabos e de admirável propriedade, porque se as comem cruas, ou assadas são mortífera peçonha[2], mas raladas, espremidas e desfeitas em farinha fazem delas uns bolos delgados, que cozem em uma bacia, ou alguidar, e se chamam beijus, que é muito bom mantimento, e de fácil digestão, ou cozem a mesma farinha mexendo-a na bacia como confeitos, e esta se a torram bem, dura mais que os beijus.* (Salvador, 1627, p. 11)

Escrevendo no século XVII, a descrição de Vicente do Salvador evidencia os diálogos que as sociedades mantêm com os alimentos: muito mais do que simples fonte de nutrientes, a alimentação estabelece íntima relação com a história, com as práticas culturais, com a tradição das sociedades. Afinal, se a mandioca é um produto natural das Américas, seu preparo envolve cuidados (caso contrário, pode ser venenosa) que demandam conhecimento e técnica específicos; além disso, seu uso foi incorporado, ampliado e modificado pelo contato com os portugueses, participando, à sua maneira, do processo colonizador. E, aos poucos, seu uso foi modificado, em função de um desenvolvimento específico do paladar das diversas regiões do país.

---

2   *Ou seja, venenosas.*

Quando se discute a historicidade ligada à alimentação, o campo de pesquisas é bastante vasto. Pode-se estudar não apenas os alimentos e seus vínculos com a sociedade que os consome, mas as técnicas de produção, os costumes à mesa, as memórias afetivas, as receitas populares e eruditas, as máquinas e os equipamentos da cozinha, as relações de gênero no ato de cozinhar, o surgimento e o significado dos restaurantes, o processo de industrialização dos alimentos. Contudo, apesar dessa multiplicidade de possibilidades, a construção de uma história da alimentação tem uma origem relativamente recente, associada à pluralidade temática estimulada pelas considerações dos historiadores ligados à escola dos Annales. Antes disso, podiam ser encontradas apenas algumas referências históricas à alimentação no passado ou, mais comumente, abordagens de estudos folclóricos sobre diferentes tradições culinárias.

O Brasil tem uma tradição específica em relação à história da alimentação. Em toda sua obra, o sociólogo Gilberto Freyre (1900-1987) procurou compreender de que forma a culinária brasileira era tanto um produto da história quanto símbolo e característica de certa brasilidade. Para Freyre (2001), as características que seriam próprias do paladar do brasileiro refletiriam gostos específicos relacionados aos produtos à disposição das cozinheiras (não apenas os nativos, mas também os importados), como também integração de técnicas culinárias, bem como influências econômicas. De acordo com o autor, por exemplo, teria sido característico dos primeiros séculos da existência do Brasil a baixa nutrição de sua população: "dominou no Brasil escravocrata o latifúndio", argumentou, "sistema que viria a privar a população colonial do suprimento equilibrado e constante de alimentação sadia e fresca" (Freyre, 2001, p. 105) e que, ainda segundo Freyre, não teria sido superado mesmo nas primeiras décadas pós-independência. Trata-se de uma análise que procurava explicar os hábitos culinários nacionais a uma história socioeconômica ligada à colonização.

A originalidade do pensamento de Freyre a respeito da culinária nacional esteve, porém, em sua busca por capturar as relações que os alimentos mantinham com determinada constituição de regionalidade e, até mesmo, de uma memória afetiva. Nesse aspecto, o papel que o açúcar e os doces desempenharam na culinária brasileira seria protagonista. Nas palavras de Freyre (2007, p. 32):

> *Quatro séculos do continuado esmero no preparo de doces, de bolos, de sobremesas com açúcar, asseguram ao Nordeste neste particular um primado, no Brasil, que é hoje um dos orgulhos tão gerais da cultura brasileira como a arte mineira de escultura em pedra-sabão (que culminou nas criações geniais do Aleijadinho) ou a música, de sabor principalmente carioca, que atingiu seu máximo no gênio de Villa-Lobos sem deixar de continuar e exprimir-se, uma, nos choros dos Pixinguinhas, outra, num barroco moderno mas, ao mesmo tempo, tradicionalmente brasileiro.*

A íntima relação que o Brasil teria estabelecido com o açúcar, segundo Freyre, se estenderia para além da presença dos engenhos e da exportação desde o período colonial. Herdeiros de uma longa tradição de confecção e consumo de doces, os portugueses não teriam encontrado no Brasil as mesmas matérias-primas para sua criação, vendo-se obrigados a adaptar suas receitas em função dos produtos existentes no Brasil. Contribuiu para a criação de uma culinária nacional a presença dos saberes indígena e africano, fazendo com que o doce se tornasse símbolo "da interpenetração de etnias e de interpenetração de culturas e até de classes que vem crescentemente caracterizando o desenvolvimento do Brasil" (Freyre, 2007, p. 36). A passagem a seguir reforça essa ideia:

> *As sinhás e os meninos eram doidos por doce; doidos por açúcar até em forma de alfenim, de alfeolo, de confeito, tão saboreados pelos meninos e pelas moças quanto o doce e a geleia de goiaba e de araçá pelos senhores maduros e até pelos velhos.*
>
> *Os próprios senhores de engenho eram uns gulosos de doce e de comidas açucaradas. Houve engenho que ficou com o nome de "Guloso".* (Freyre, 1951, p. 166)

Deve-se contextualizar o entusiasmo de Freyre pela culinária brasileira no interior de seu pensamento intelectual: trata-se do mesmo modelo de interpretação do desenvolvimento histórico que se destacou em obras como *Casa grande & senzala*. A culinária seria, para Freyre, um símbolo da miscigenação racial, característica social e histórica do Brasil. Assim, da mesma forma que o Brasil teria tido uma escravidão branda e seria exemplo de uma integração racial pacífica, também a culinária demonstraria essa propensão à multiculturalidade. Concepções que, como se sabe atualmente, não condizem com a realidade social e histórica do país.

Um segundo exemplo das interpretações históricas sobre a alimentação está em Sérgio Buarque de Holanda (1902-1982). Em sua obra *Caminhos e fronteiras*, Holanda (1957) se dedica a estudar as trocas e apropriações culturais ocorridas especialmente entre os colonos paulistas e as várias sociedades indígenas com as quais eles entraram em contato. Confrontando determinada historiografia da primeira metade do século XX que tomava os bandeirantes como exemplos de uma bravura singular e de um nacionalismo precoce no Brasil colonial, Holanda objetivava compreender aspectos da realidade cotidiana dos paulistas e de sua sociedade, procurando explicar elementos de sua vida material em diálogo com sua realidade social. Por conta disso, denominou – de uma forma algo dramática – a sociedade paulista colonial uma *"civilização do milho"* (Holanda, 1957, grifo nosso).

Segundo Sérgio Buarque de Holanda, enquanto no Brasil Colônia a mandioca havia se tornado a base da alimentação, em São Paulo a preferência foi dada ao milho e a seus subprodutos. Holanda (1957) procura explicar essa diferença: ao mesmo tempo em que o milho seria um produto mais facilmente obtido na região, devido ao clima, adequava-se às andanças dos paulistas pelo interior do Brasil. Sendo a sociedade paulista caracterizada por uma economia que dependia das entradas ao interior do território americano, especialmente na busca pelo apresamento de indígenas, o milho seria mais prático, pois seria mais fácil de ser transportado. Além disso, sua colheita seria mais rápida, permitindo que as mudas plantadas no começo de uma viagem pudessem ser colhidas e utilizadas como alimento no retorno.

Na atualidade, como ocorreu com tantos outros elementos da realidade social, o ato de comer está intimamente atrelado à difusão do capitalismo e à industrialização. Um exemplo desta influência está nos horários de alimentação, que são, em grande parte, estabelecidos em função do funcionamento das empresas. Em praticamente todo o Brasil, o horário de almoço está padronizado. Como comparação, observe a seguir, em um anúncio de 1882 de um hotel em Nova Friburgo (Rio de Janeiro), os horários em que as refeições eram oferecidas naquele período.

Figura 6.8 – Anúncio do Hotel Central

Hotel Central
ANNEXO AO ESTABELECIMENTO HYDROTHERAPICO
EM NOVA FRIBURGO
PROPRIETARIO
CARL ENGERT

DOS PENSIONISTAS:		DAS REFEIÇÕES:	
Pessoas adultas	5$000	Café ou chá ás	7 horas da manhã
Creanças menores de 10 annos não comendo na meza commum	3$000	Almoço ás	9½ » » »
Creados livres	3$000	Jantar ás	4 » » tarde
Creados escravos	2$000	Ceia ás	8 » » noite

Os Pensionistas que preferirem comer fóra da meza commum pagarão 6$000

Fonte: Hotel..., 1882, p. 396.

Os horários em que as refeições eram oferecidas pelo Hotel Central, em 1882, estavam de acordo com a rotina de seus hóspedes. E, demonstrando como as convenções sociais influenciam nossa corporalidade, para a maioria de nós é bastante incomum que sequer tenhamos fome para conseguirmos almoçar às 9:30h ou jantar às 16:00h. Nosso cotidiano está estruturado com base em diferentes horários e, também, nossas refeições – e nossa fome. Ainda assim, para as pessoas do fim do século XIX, esses horários estavam adequados.

Convém salientar que seria uma indevida simplificação afirmar que a difusão do capitalismo no país tenha sido a única razão para a mudança nos horários de nossas refeições. A tecnologia desempenhou um importante papel: em uma sociedade em que praticamente era inexistente a energia elétrica e a iluminação era precária (fosse doméstica, fosse pública), os dias tendiam a ser mais curtos. Além disso, em praticamente todo o Brasil imigrantes oriundos de diferentes regiões trouxeram para o país seus costumes alimentares e, dentre eles, seus específicos horários de refeições, que acabaram por modificar também os costumes locais. A influência do processo de industrialização se destaca, de toda forma, quando constatamos os praticamente padronizados horários de refeições em nossa sociedade.

Não obstante, não apenas quando se come, o processo de desenvolvimento industrial e tecnológico influenciou também o que se come e como é preparado o que se come. Ao longo século XX, a tecnologia relacionada ao ato de cozinhar influenciou tanto a cozinha quanto modificou o próprio papel da mulher dentro da família. Fogão a gás, batedeiras, liquidificadores e geladeiras foram divulgados como máquinas da modernidade que auxiliariam as mulheres em suas tarefas diárias, permitindo que tivessem tempo para si mesmas. "Eu tenho quatro criadas elétricas", dizia a personagem de uma propaganda de 1950 que anunciava enceradeiras, batedeiras, liquidificadores e fogões elétricos: "Quatro criadas me ajudam no serviço doméstico. Criadas que estão sempre prontas a trabalhar, que são ativas, econômicas e fazem um serviço perfeito. Por isso tenho tempo para ler, costurar, ouvir o rádio e ao chegar a noite não estou nada cansada. Posso sair a passeio com mais disposição" (Walita, 1950, p. 32).

Apesar de serem apresentadas como facilitadoras do trabalho doméstico, o próprio anúncio deixa implícito que os eletrodomésticos estavam também ligados a novas obrigações domésticas femininas. Afinal, reduzidas as horas que passaria na cozinha ou no cuidar da casa, restava mais tempo para outras atividades ligadas a seu papel social, como costurar ou "sair a passeio com mais disposição", na provável presença do marido.

Já no final do século XX, a difusão dos *freezers* e dos fornos de micro-ondas reforçou a tendência de introdução da tecnologia no ambiente da cozinha, em um processo que contribuiu para a homogeneização dos paladares da alimentação industrializada. Em finais do século XIX, em São Paulo ainda era comum a venda do leite *in natura*, realizada diretamente nas portas das casas.

> *Às 6 horas da manhã, bateu à porta seu José Leiteiro. Trazia às costas a lata de leite das vacas do estábulo, um funil e uma colher redonda, para tirar da lata e despejar na garrafa em que o freguês trouxesse. Vinham também duas vacas e dois bezerros. Narcisa trouxe de dentro o copo de vidro graduado e o caldeirão. Seu José fez o bezerro chupar a teta da vaca e se pôs a mondá-lo, jorrando o leite no copo graduado. Encheu um litro e despejou no caldeirão. Jorrou mais meio litro no copo, que Narcisa despejou no caldeirão, disse até amanhã e foi fazer ferver.* (Americano, 2004, p. 103)

Tratava-se, todavia, de um momento de mudança em relação à alimentação. Aproximadamente no mesmo período eram lançadas no Brasil as latas industrializadas de leite condensado, divulgadas como sendo superiores em qualidade, especialmente devido a seu suposto padrão rigoroso de higiene. O processo de condensação a vácuo trazia ainda a vantagem de um longo armazenamento em temperatura ambiente com a preservação de vitaminas, comodidade tentadora especialmente quando da ausência de refrigeradores.

A "mcdonaldização" dos gostos seria consequência desse amplo processo de industrialização dos produtos alimentícios. O termo faz referência a uma famosa lanchonete de *fast-food* e se refere a uma homogeneização dos sabores, própria de nossa sociedade. Na atualidade – e com o auxílio das facilidades tecnológicas que aparelham as cozinhas – a compra de alimentos prontos, congelados ou semiprontos para o consumo reduz os momentos do preparo cuidadoso e demorado das refeições, característica de outros tempos. Consequência da atribulada rotina, a redução da variedade dos sabores é acompanhada por modificações na sociabilidade usualmente possibilitada pelas refeições em conjunto: cada vez são mais raros os momentos em que os membros de uma mesma família sentam-se e compartilham uma refeição (Santos, 2005).

(6.4)
ENVELHECER

Em uma era anterior ao Photoshop e aos filtros do Instagram, o fotógrafo Pacheco contava com sua habilidade técnica, além da artística, de escolher os melhores ângulos para realizar os mais precisos retoques, de forma a conseguir dar "vinte anos a quem já conta cinquenta puxados". Além de ser um exemplo das exigências sociais que valorizam a mulher por sua beleza física, o pequeno anúncio a seguir também reforçava as representações sobre a velhice, na passagem para o século XX: momento de degradação física, seria um período da vida indesejado que, associado a ideias de decadência, seria preferível evitar.

Figura 6.9 – Pacheco photographo

Fonte: Pacheco, 1872.

Algumas observações feitas em relação à infância podem ser repetidas aqui. O que se definiria como *idoso* ou *velhice* em cada período histórico é variável, bem como os valores sociais associados a tais concepções. O escritor romano Plínio, o Velho (23-79 d.C.), afirmava, em relação à vida, que "não devemos considerar os anos da infância, durante os quais não temos consciência de nossa existência, nem os anos da velhice, que se prolongam apenas para a punição daqueles que chegam a ela" (Pliny, The Elder, 1855, tradução nossa). Por sua vez, o escritor Michel de Montaigne (1533-1592), que se considerava velho aos 53 anos e lamentava as "tantas espécies de fraquezas na velhice", relativizava seu significado afirmando que "ora é o corpo que primeiro se rende à velhice, ora também é a alma. E vi muitos que ficaram com o cérebro enfraquecido antes do estômago e das pernas" (Montaigne, 2010, p. 199).

Da mesma forma, a velhice como um conceito não é invenção recente e não há qualquer fundamento em afirmar que "a noção de velhice como etapa diferenciada da vida surgiu no período de transição entre os séculos XIX e XX" (Silva, 2008, p. 158). A construção das representações sobre os patriarcas entre os antigos hebreus, o papel dos anciãos na Grécia Antiga, a reverência ao *pater familias* no mundo romano, a velhice como imagem da degeneração e pecado na Idade Média, as diferentes concepções humanistas sobre os idosos, as ações estatais em relação à velhice na contemporaneidade são formas específicas – e, cada uma delas, repletas de nuances – dos infindáveis exemplos que poderiam ser recuperados para demonstrar que as sociedades humanas buscaram, cada uma a seu modo, discutir a importância e as responsabilidades dos membros mais idosos de suas sociedades.

Escrevendo nos anos 1970, a filósofa francesa Simone de Beauvoir (1908-1986) afirmou ser impossível escrever uma história da velhice, ainda que isso não a tenha impedido de produzir um livro sobre o tema. E, embora não estejam entre os mais populares na historiografia, os estudos sobre o significado de ser velho demonstraram a ambivalência dos discursos e das práticas das sociedades, especialmente no interior das sociedades ocidentais. Discursos de idealização desse período da vida poderiam vir acompanhados de práticas de ostracismo aos idosos, ao mesmo tempo em que a ascensão de textos literários denegrindo a velhice poderiam ser contemporâneos de instituições políticas que valorizavam o poder dos mais idosos (Minois, 1999).

Já na contemporaneidade, afirmou Beauvoir (1970), uma das características mais destacadas da organização dos cidadãos está na chamada *"cronologização" da vida*. Pensando os papéis sociais dos cidadãos em função de sua idade, tornou-se função do Estado legislar e administrar questões que, em outras sociedades e épocas, seriam temas tratados inteiramente na esfera da vida privada. Nessa ação estatal em relação à velhice se destacam a preocupação com o amparo aos cidadãos mais idosos e a consequente instituição da aposentadoria. Estar ou não aposentado, ainda que represente certo valor político dado aos idosos, deve ser compreendido também dentro de discursos de moralidade: afinal, acabam associados ao envelhecimento debates a respeito dos conceitos de produtividade e improdutividade, influenciando decisões sociais e ações políticas em relação aos idosos.

(6.5)
Morrer

O tipo de texto apresentado a seguir, encontrado em estelas no Antigo Egito, é, na atualidade, conhecido como *chamado aos viventes*: trata-se de textos mortuários, colocados próximos a tumbas ou em caminhos aos templos, que serviam como pedidos de oração e oferendas aos passantes.

> *Oh, os que vivem sobre a terra e que passam por esta tumba, que amam a vida e que odeiam a morte, que digam "Que Osíris Kentimentu transfigure a Mentuhotep".* (Collier; Manley, 1998, p. 112, tradução nossa)

A alma do morto (no caso, Mentuhotep) solicitava àqueles que vissem sua estela que lembrassem de seu nome e realizassem uma pequena oração a Osíris – deus egípcio ligado à morte e à ressureição. Tais textos, por vezes, clamavam por oferendas: "que digam, 'mil pães, cervejas, carnes de boi e aves para o venerado Minnefer'" (Collier; Manley, 1998, p. 111, tradução nossa).

Para os antigos egípcios, a continuidade da existência da alma no outro mundo se relacionava com a lembrança, neste, pelos vivos. Preparar-se para a morte significava se preparar para uma nova vida, não totalmente diferente ou desconectada desta: preservar os corpos pelo processo de mumificação (algo possível apenas à elite), por exemplo, visava manter uma determinada identidade entre corpo físico e a alma *ba*[3].

As concepções dos antigos egípcios sobre a morte estavam associadas à sua própria percepção da realidade: anualmente, as cheias do rio Nilo eram responsáveis por trazer os nutrientes para uma nova

---

[3] *Ao contrário da concepção cristã, que apresenta uma dualidade entre corpo e alma, os egípcios antigos acreditavam que havia diferentes tipos de forças, ou "almas", que exerciam distintos papéis na existência humana. O* ba *é uma dessas almas.*

Antonio Fontoura

colheita, sendo exemplo do ciclo de morte e renascimento tão próprio à cosmogonia egípcia. Da mesma forma o Sol, que morria toda noite para renascer na manhã seguinte, assemelhava-se à jornada dos indivíduos nesta vida e seu ressurgimento no outro mundo – idealmente, com a alma sendo recepcionada e amparada pelos deuses.

Se a morte faz parte da experiência humana, as formas pelas quais as sociedades lidam com seus mortos variam grandemente. É próprio de nossa experiência com o morrer e com os mortos a distância que acabou sendo estabelecida com esse fato da vida. Ocorrência cotidiana em outros momentos históricos, em nossa sociedade a morte tende a ser abordada a partir de uma perspectiva técnica: morre-se em hospitais, em que há pouco contato com o momento da morte e mesmo com a própria pessoa falecida; serviços funerários são contratados para apresentar o corpo, devidamente preparado, à breve exposição nos velórios; enterramentos e cremações tendem a ser mais breves do que em outros tempos.

O cristianismo, no contexto cultural europeu, foi responsável pela aproximação dos indivíduos com a morte e os corpos dos mortos. Na Roma Antiga, por exemplo, era comum a prática da cremação dos corpos em piras fúnebres. Com a gradual expansão das igrejas cristãs, muitos devotos passaram a desejar que fossem enterrados próximos a mártires sepultados nas igrejas, o que acabou por trazer os enterramentos para dentro das próprias cidades. Ser enterrado dentro de uma igreja ou nas adjacências, gradualmente passou a significar uma aproximação entre a morte física do corpo e a continuidade da existência da alma, amparada pelo caráter sagrado do próprio templo.

No Brasil do século XIX, o enterramento dentro das igrejas ou em seu terreno próximo eram ainda as duas práticas mais comuns. O pintor Jean Baptiste Debret registrou alguns desses costumes fúnebres na cidade do Rio de Janeiro, nas primeiras décadas do século XIX.

Em uma era pré-cemitérios, o cortejo fúnebre se dirigia a uma igreja. Na gravura, é possível notar a presença da cor negra, identificando o luto, bem como os símbolos cristãos próximos ao caixão.

Figura 6.10 – *Comboio fúnebre*, Debret

DEBRET, Jean-Baptiste. **Divers convois funébres**. 1835. Litografia: color.; 47,1 × 32,3 cm.

Pessoas socialmente destacadas ou personagens importantes das irmandades religiosas poderiam ser enterradas dentro da própria igreja, indicação de distinção social, mesmo na morte. Diferentemente do que ocorre nas igrejas católicas da atualidade, nas primeiras décadas do século XIX a nave não possuía bancos e as pessoas se acomodavam no próprio piso para acompanhar a missa. Em uma cena representando o interior do uma igreja, Debret ilustra as mulheres sentadas ao chão sobre as carneiras, onde eram sepultadas as pessoas e os corpos cobertos com cal.

Figura 6.11 – *Manhã de quarta-feira santa na igreja*, Debret

DEBRET, Jean-Baptiste. **Une matinée du mercredi saint, à l´église**. 1835.
Litografia: color.; 51,4 × 33,4 cm.

Uma segunda forma de sepultamento era em catacumbas, em terrenos próximos às igrejas. Nesse caso, o corpo era depositado em pequenos nichos: na imagem de Debret, um corpo é representado diante do nicho no qual será sepultado, enquanto no solo aparecem os tijolos que seriam utilizados para selar o espaço.

Figura 6.12 – *Catacumbas da Igreja do Carmo*, Debret

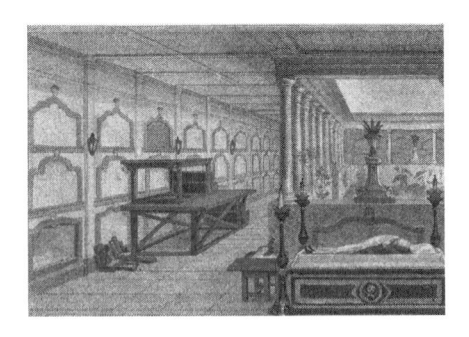

DEBRET, Jean-Baptiste. **Catacombes de la paroisse des Carmes**. 1839.
Litografia: color.; 31,9 × 24,6 cm em f. 52,6 × 34,6 cm. Biblioteca Nacional, Rio de Janeiro, Brasil.

Os primeiros cemitérios, no modelo como os conhecemos nos dias de hoje, surgiram no Brasil apenas no início do século XIX, como consequência da ação da medicina. Na Europa do século XVIII, surgiu uma preocupação com os impactos dos enterramentos na saúde da população: segundo a crença da época, que ainda desconhecia os microrganismos e seus efeitos na saúde dos indivíduos, as doenças seriam provocadas por miasmas, emanações que teriam capacidade de criar doenças e mesmo epidemias. Acreditando que os corpos em decomposição seriam fonte importante desses miasmas, começou-se um movimento político e sanitário de construir espaços específicos para o sepultamento dos corpos, os cemitérios, que fossem, a princípio, distantes das cidades e, se possível, em terrenos elevados, o que permitiria uma mais fácil dispersão do ar tido como contaminado.

No caso brasileiro, o processo de transposição dos enterramentos para os cemitérios ocorreu somente nas primeiras décadas do século XIX, mas não sem dificuldades e resistências. Afinal, para muitas pessoas, não se tratava simplesmente de uma alteração de local, mas de significado, pois o sepultamento em cemitérios não só significava uma mudança em relação a um costume já profundamente estabelecido, como também um distanciamento do terreno sagrado das igrejas. Considerava-se, portanto, uma afronta à dignidade dos mortos e um desrespeito aos costumes religiosos da população.

Exemplo do significado dessa mudança está no episódio conhecido como *Cemiterada*: em 1836, ordens terceiras e irmandades de Salvador organizaram um protesto contra a lei que estabelecia que uma companhia particular deteria o monopólio dos enterramentos por trinta anos naquela cidade. Com o dobrar dos sinos das igrejas, os fiéis foram convocados a um protesto, que acabou resultando na destruição do cemitério recém-construído. Uma testemunha contemporânea – o formando de medicina Antônio José Alves – que assistiu, em 1836, à destruição do cemitério de Salvador, afirmou que fora uma "cena de escândalo, que manchou uma das páginas da sua história", pois uma "ignorante e bárbara turba [...] destruía um dos abonos de sua civilização principiante" (Alves, citado por Reis, 1991, p. 18).

O episódio da Cemiterada não foi uma reação ensandecida da população local, mas o resultado de duas visões diferentes a respeito da morte. De um lado, a tradicional, que via o enterramento próximo às igrejas não apenas como um costume, mas como uma dignidade religiosa dada ao falecido. Nessa perspectiva, via-se como ofensa a transferência do corpo da esfera religiosa, onde se acreditava ser seu local natural, para o controle do Poder Público. Do outro lado, colocava-se o movimento médico higienista, que procurava "civilizar" a morte em função da melhoria das condições sanitárias das cidades e de suas populações. E foi apenas com o surgimento de epidemias que o Poder Público conseguiu superar as resistências à instituição dos cemitérios, que acabaram forçando a tomada de medidas sanitárias.

Síntese

A vida é repleta de diferentes cotidianidades, mesmo aquelas que não são rotineiras, como é o caso do nascimento ou da morte. No entanto, mesmo esses episódios – assim como aqueles nos quais nos vemos envolvidos por conta do simples viver – são sempre envoltos em valores, em símbolos, em significados. A própria passagem do tempo gera mudanças no estatuto social de um indivíduo, pois uma criança não tem os mesmos direitos ou obrigações que um adulto e muitos são os idosos que perdem espaço social simplesmente por conta do avançar da idade. A história das formas pelas quais esses diferentes fatos corporais se modificaram ao longo do tempo demonstra-nos como nosso cotidiano está repleto de historicidade.

Atividades de autoavaliação

1. Leia com atenção o trecho do artigo adiante, extraído de uma revista voltada à publicação de temas de interesse geral, publicada em meados do século XX.

> "A jovem mãezinha: não basta que o amor materno tenha a força de um sentimento instintivo: é preciso iluminá-lo com os conhecimentos da puericultura, para que todo o bem feito ao 'baby' seja um bem consciente e lúcido" (Oliveira, 1953, p. 34).

   O texto do artigo está se referindo:

   a) à força do instinto materno, que não necessitaria de intervenção médica para que fosse aperfeiçoado.
   b) à necessidade de as jovens mães seguirem as orientações médicas para melhor cuidarem de seus próprios filhos.
   c) à ação dos médicos higienistas, que defendiam a intervenção religiosa nos assuntos ligados à educação dos filhos.
   d) à criação das primeiras maternidades no Brasil, que buscavam conquistar clientes para seus serviços.
   e) ao conhecimento das parteiras, considerados mais importantes que o dos médicos do período.

2. Há poucas informações sobre a imagem a seguir. Sabe-se apenas que foi tirada no Brasil no final do século XIX. Nela, é possível vermos um religioso à frente e um soldado um pouco mais atrás. Ao redor, vestidos de branco, estão indígenas, cuja etnia também se desconhece.

Indígenas catequizados em fins do século XIX

Acervo - Fundação Biblioteca Nacional - Brasil.

ÍNDIOS catequizados com um missionário e dois soldados. Fotografia: p&b; 13,4 × 19,8 cm.

No entanto, considerando o método histórico e o que foi estudado neste capítulo, podemos extrair algumas conclusões ao analisarmos a figura.

É correto afirmar, por exemplo, que a imagem transmite a mensagem:

a) da sociedade indígena buscando impor seus valores à sociedade não indígena.
b) da resistência indígena diante da colonização dos povos não indígenas.
c) do respeito aos costumes indígenas por parte da sociedade não indígena.
d) do desejo de manter as crianças indígenas intimamente ligadas à sua própria cultura.
e) da sociedade não indígena buscando impor seus valores à sociedade indígena.

3. Analise com atenção o seguinte anúncio, publicado na revista *Fon-Fon*, em 1946.

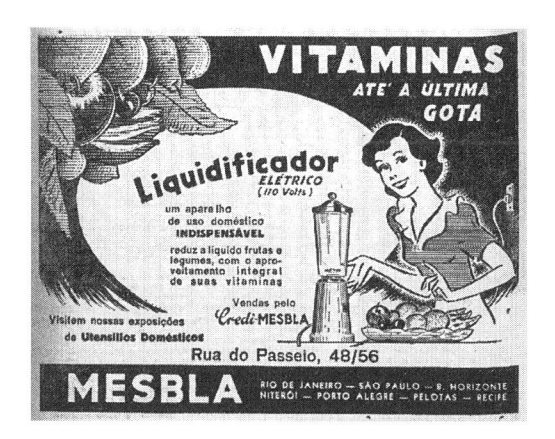

Anúncio de 1946

Fonte: Mesbla, 1946.

As mudanças na alimentação, durante o século XX, relacionam-se também às transformações tecnológicas, especialmente em relação aos novos aparelhos domésticos elétricos. Nesse anúncio de liquidificadores, a empresa anunciante – uma loja de departamentos – ainda via necessidade de ensinar o seu uso e seus benefícios aos consumidores, inclusive incentivando-os a levar suas próprias "frutas para uma demonstração". Analisando-se o texto e a imagem e considerado o que foi dito no decorrer do capítulo, é correto afirmar:

a) Os eletrodomésticos foram responsáveis pelas mudanças alimentares nos lares contemporâneos, por combaterem modos tradicionais de cozinhar.

Antonio Fontoura

b) O anúncio reforça a ideia da domesticidade feminina, agora associada à modernidade por conta do uso dos novos eletrodomésticos.
c) O anúncio demonstra uma dissociação entre mudanças gastronômicas e industrialização, pois dá às famílias novas opções de preparo de alimentos.
d) O anúncio contesta os padrões de gênero vigentes na sociedade brasileira, ao modificar as ideias sobre o feminino existentes no período.
e) O objetivo do anúncio é evidenciar a incapacidade feminina de trabalhar com máquinas, prerrogativa considerada essencialmente masculina.

4. Já apresentamos rapidamente, em outra parte deste livro, a obra de Cesare Lombroso, o criminologista italiano que acreditava ser capaz de identificar um homem criminoso ou uma mulher criminosa por suas características físicas. Observe o que Lombroso afirma sobre a chamada *Velha de Palermo*, Giovana Bonanno (1713-1789), uma suposta assassina em série italiana:

Certas rugas, como a fronto-vertical, as rugas nas bochechas, as rugas labiais e os pés-de-galinha são mais frequentes e profundamente marcados em criminosas mais idosas. A este respeito, podemos lembrar as proverbiais rugas das bruxas e o vil exemplo da chamada Velha do Vinagre de Palermo, que envenenava as pessoas simplesmente por amor ao dinheiro [...] O busto que possuímos dessa criminosa [...] tão enrugado, apresentando um sorriso satânico, seria suficiente para provar que aquela mulher havia nascido para fazer o mal. (Lombroso; Ferrero, 1893, p. 278-279, tradução nossa)

Veja a imagem adiante, que corresponde à descrição de Lombroso.

Imagem da "Velha do Palermo" no livro de Lombroso

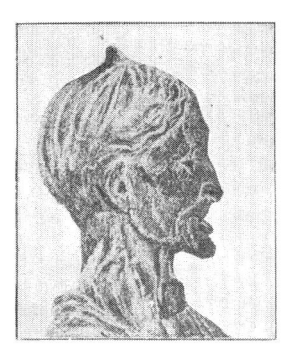

Fonte: Lombroso; Ferrero, 1915, p. 113.

Considerando o que foi afirmado no texto do capítulo, qual o significado construído pela associação de rugas faciais à maldade e à bruxaria? Assinale a alternativa mais adequada:

a) O texto recupera preconceitos que associam a velhice à maldade para construir uma suposta explicação sobre os crimes.
b) A evolução da ciência criminológica no século XIX permitia o reconhecimento físico de criminosos, em um conhecimento hoje perdido.
c) As conclusões apresentadas no texto estão de acordo com o que a ciência na atualidade conhece a respeito da relação entre velhice e criminalidade.
d) A velhice era uma faixa etária desconhecida no século XVIII, por isso crimes de idosos não foram considerados especialmente graves.
e) O documento original apresenta apenas fofocas, e, por não apresentar evidências, não deve ser entendido como documento histórico.

Antonio Fontoura

5. Sobre o sentido da morte na sociedade ocidental, assim afirmou o filósofo e sociólogo José Luiz de Souza Maranhão (1998, p. 31):

Durante o período medieval, até por volta do século XVIII, encontramos presente a crença muito difundida de que ser enterrado próximo aos túmulos dos santos ou de suas relíquias, perto do altar dos sacramentos, sob as pedras da nave ou no claustro do mosteiro (túmulo ad sanctos) garantia ao defunto uma intercessão especial dos santos e o direito assegurado de salvação.

O modelo de enterramentos surgido na Europa medieval, que fundou os costumes funerários presentes no Brasil até as primeiras décadas do século XIX, demonstra influência:

a) do poder político da Igreja, obrigando fiéis a serem enterrados em seus terrenos.
b) da presença dos costumes religiosos romanos antigos nos hábitos medievais.
c) do pensamento religioso cristão na formação dos costumes relacionados à morte.
d) das concepções médicas higiênicas na determinação dos locais de enterramento.
e) da universalidade dos modelos de enterramento, usados ainda nos dias de hoje.

Atividades de aprendizagem

Questões para reflexão

1. Em 1981, a historiadora e filósofa francesa Élisabeth Badinter (1944-) publicou a obra *L'Amour en plus: histoire de l'amour maternel*, que no Brasil está disponível com o título de *Um amor conquistado* e o subtítulo, algo dramático, de *O mito do amor materno* (uma tradução objetiva do subtítulo da versão francesa seria "história do amor materno"). Nela, Badinter (1985) afirma que o amor materno não seria um dado da natureza, um instinto biológico, mas uma construção histórica criada com o objetivo de manter as mulheres dentro do ambiente doméstico, além de restringi-las a um papel inferior, comparado ao masculino, na vida social.

   Como afirma Badinter (1985, p. 144):

   Veremos que se tornará necessário, no final do século XVIII, lançar mão de muitos argumentos para convocar a mãe para sua atividade "instintiva". Será preciso apelar ao seu senso do dever, culpá-la e até ameaçá-la para reconduzi-la à sua função nutritícia e maternante, dita natural e espontânea.

   Qual a origem desse argumento? Estudando as diferentes relações que mães e amas de leite estabeleciam, na França dos séculos XVIII e XIX, com a infância, Badinter acreditou ter encontrado uma situação social que, pelo descaso demonstrado por muitas mulheres com relação a recém-nascidos e crianças pequenas, evidenciaria a inexistência de um sentimento inato de maternidade.

   Uma intermediária leva seis bebês numa viatura pequena, dorme e não percebe que um bebê cai e morre esmagado por uma roda. Um transportador encarregado de sete lactentes perde um deles, sem que se possa saber o que foi feito do bebê. Uma velha encarregada de três recém-nascidos afirma não saber a quem os destina. [...] Gilibert, reconhecerá em 1770 que a razão de tantos erros, frequentemente mortais, é a pobreza indescritível dessas amas: "mulheres atoleimadas pela miséria, vivendo em pardieiros..." [...] que são obrigadas a trabalhar na lavoura com o suor de seu rosto, passando a maior parte do dia longe de casa. (Badinter, 1985, p. 86)

A obra de Badinter é ainda influente nos dias de hoje, sem mencionar controversa. Sem dúvida, levanta acalorados debates, pois toca valores ainda caros à nossa sociedade, que associam maternidade à bondade, pureza, entrega e, também, instinto. Seu objetivo nesta questão é o de construir seu posicionamento diante da argumentação de Badinter. Melhor fará você se consultar a obra original. De toda forma, procure discutir, sob um ponto de vista histórico, sobre a existência ou não de um "instinto materno".

O que se entende por *instinto*? Ele pode ser identificado em todas as sociedades e épocas? Há um fundo biológico nesse instinto ou é apenas cultural? Pode haver elementos de ambos – natureza biológica e cultura – na relação entre mãe e criança? Como explicar as sociedades ou os períodos em que a criança não é criada pela mãe? Por que às sociedades ocidentais importaria criar o conceito de "instinto materno"?

Essas são algumas das questões que visam a auxiliar você a construir sua própria reflexão sobre o tema.

2. Analise o seguinte documento histórico: trata-se de uma gravura intitulada *Enterro do filho de um rei negro*, de Jean-Baptiste Debret.

Enterro de um filho de rei negro, de Debret

DEBRET, Jean-Baptiste. **Convoi funèbre dun fils de roi nègre**. 1839. Litografia: p&b; 29,2 × 23,2 cm em f. 52,6 × 34,6 cm. Biblioteca Nacional, Rio de Janeiro, Brasil.

A seguir, leia alguns trechos da descrição da figura, elaborados pelo mesmo autor:

Não é extraordinário encontrarem-se, entre a multidão de escravos empregados no Rio de Janeiro, alguns grande dignatários etiópicos e mesmo filhos de soberanos de pequenas tribos selvagens. [...] Ao morrer, ele é exposto estendido na sua esteira com o rosto descoberto e a boca fechada por um lenço. [...]
A procissão é aberta pelo mestre de cerimônias. Este sai da casa do defunto fazendo recuar a grandes bengaladas a multidão negra que obstrui a passagem; erguem-se o negro fogueteiro soltando bombas e rojões e três ou quatro negros volteadores dando saltos mortais ou fazendo mil outras cabriolas para animar a cena. A esse espetáculo turbulento sucede a saída silenciosa dos amigos e das deputações escoltando gravemente o corpo carregado numa rede coberta por um pano mortuário. (Debret, 1989, p. 178-179)

Analisando os relatos sobre os enterramentos entre a elite branca do Rio de Janeiro e o de um filho de rei negro, estabeleça uma discussão sobre como os momentos da morte, do velório e do sepultamento ecoam diferenças sociais e culturais.

Atividade aplicada: prática

1. Uma pintura de 1560, de Pieter Bruegel, o Velho (1525-1569), tornou-se um dos mais citados e referenciados documentos históricos sobre jogos e brincadeiras infantis na Holanda do século XVI.

Jogos infantis, de Pieter Bruegel

BRUEGEL, Peter. **Jogos infantis**. 1560. Óleo sobre tela: color.; 161 × 118 cm. Kunsthistorisches Museum, Viena, Áustria.

Muitas dessas brincadeiras são similares às que existem ainda na atualidade, outras são bastante específicas do período. Trata-se quase de uma enciclopédia visual das diversões infantis da época. Algumas são de difícil interpretação, outras são mais facilmente reconhecíveis: uma menina enche uma bola feita de bexiga de porco, outras duas brincam de bonecas, outras crianças usam máscaras, participam de um jogo com pequenas bolas, plantam bananeira, fazem uma construção, brincam de se perseguir.

Analisar em detalhes essa imagem, em cores e em tamanho grande, é recomendável e instrutivo. Você não deve encontrar dificuldades para encontrá-la na internet.

Essa atividade prática possui dois passos. O primeiro busca que você faça uma pesquisa, a mais exaustiva possível, das brincadeiras infantis existentes na região em que você mora, procurando listar tanto os jogos tradicionais quanto as brincadeiras e jogos criados mais recentemente (como *videogames*, por exemplo). O segundo é, analisando a imagem de Bruegel, levá-lo a estabelecer continuidades e mudanças no ato de brincar: Que tipos de jogos são iguais ou semelhantes àqueles existentes na Holanda do século XVI? Quais são diferentes, específicos da região e da época que você pesquisou?

Antonio Fontoura

Considerações finais

> *Exausta, a pobre Lesma da vanglória,*
> *ao atingir o cume do obelisco,*
> *disse, olhando da própria baba o risco:*
> *Meu rastro ficará também na História!*
> (Trilussa, 1973, p. 323)

De autoria de Erbo Stenzel (1911-1980), a estátua de uma mulher negra carregando uma lata d'água na cabeça pode ser encontrada em uma praça no centro da cidade de Curitiba, aos fundos e de costas para o antigo prédio da prefeitura. O simbolismo dessa relação é tão óbvio que chega a ser constrangedor explicitá-lo: de frente, a sede do poder, espaço socialmente valorizado, por tantos anos ocupado por senhores certamente distintos cujos nomes, celebrados nos livros de história tradicional, batizam hoje as principais ruas da cidade e cujos retratos de qualidade artística duvidosa aparecem expostos nos mal preservados corredores do museu local. Logo adiante, a estátua do Barão do Rio Branco, o homem dos tratados, das negociações, das fronteiras, é solenemente ignorada pelos passantes. Aos fundos, como se estivesse nos próprios fundos da história, está a mulher negra, de costas para aquela realidade, ocupando-se das atividades de seu cotidiano, por alguns consideradas banais, corriqueiras e desimportantes. Talvez seja significativo – talvez – que esse específico canto da praça tenha se tornado um ponto de prostituição.

O contraponto entre a estátua e a prefeitura também apresenta algo que poderíamos denominar *"teoria da história"*: se aquela praça fosse um livro, a mulher e sua lata d'água estariam obviamente no rodapé. Como repensá-la como agente histórico? Descrevê-la, elogiá-la, romantizá-la é insuficiente, como também o é simplesmente recuperar os nomes daqueles que construíram a Tebas das Sete Portas. Isso seria meramente recuperar uma memória e, por mais que seja importante, memória não é história. História está aqui para demonstrar – saliente-se este verbo, **demonstrar** – que as ações cotidianas estão repletas de passado, que participam da construção da realidade e que não é possível compreender o mundo em que vivemos, ou os diferentes mundos já vividos, sem historicizar as maneiras pelas quais se viveu corriqueiramente a vida.

Pois, se desejamos pensar a existência cotidiana como mais do que a simples imposição das grandes forças sociais às quais não se pode resistir, ou como mais do que uma lista de curiosidades divertidas na vida de pessoas que não conheciam zíperes ou karaokês, devemos admitir que a vida cotidiana importa. Que as pequenas ações diárias realizadas por obrigação, diversão, necessidade, culpa ou costume não são cegas ou aleatórias. Não estão congeladas no tempo. Não são irrelevantes. Pois aquilo que é usualmente tido como banal é, em realidade, profundamente histórico. É histórico porque tem uma trajetória. Porque se relaciona com os demais elementos da vida social. Porque cria e é criado por ações humanas.

O que se pode, então, concluir ao final deste livro? Que a história do cotidiano é necessária e tem sido insuficiente. A presença ubíqua da história dita *tradicional* nos livros didáticos, nas provas de vestibulares, no Enem, por distorcida que seja sua narrativa, e inútil para a formação cidadã, continua reforçando a ideia de que história é algo que acontece lá fora, com outras pessoas, privilegiadas. Que os contextos sociopolíticos determinam as ações. Quando, na verdade, é exatamente o oposto: é o conjunto das ações individuais, das pequenas decisões independentes, que constrói novos contextos, que acabarão por guiar novas ações.

A história cotidiana é uma das formas pelas quais se percebe que a realidade é fruto principalmente das ações corriqueiras, banais, rotineiras, que preenchem muito de nossa existência. E, ao final, descobre-se o óbvio, que de forma tão recorrente escapou a historiadoras e historiadores: são as pessoas, afinal, que fazem a história.

Antonio Fontoura

Referências

6 VACINAS serão obrigatórias. **Folha de S.Paulo**, p. 6, 6 out. 1976. Disponível em: <https://acervo.folha.com.br/leitor.do?numero=5995&anchor=4264693&origem=busca&pd=7db7e944b2582f3003fbaef187a8a485>. Acesso em: 26 abr. 2020.

ABREU, C. de (Org.). **Confissões da Bahia (1591-1592)**. São Paulo: Paulo Prado, 1922. Disponível em: <https://archive.org/details/primeiravisita00sociuoft/page/174/mode/2up>. Acesso em: 4 maio 2020.

ADAMS, D. **Life, the Universe and Everything**. New York: Del Rey, 1996.

ADAMS, D. **The Ultimate Hitchhiker's Guide to the Galaxy**. New York: Del Rey, 2002.

ALENCASTRO, L. F. de. Vida privada e ordem privada no Império. In: NOVAIS, F. A.; ALENCASTRO, L. F. de (Org.). **História da vida privada no Brasil**. São Paulo: Companhia das Letras, 1997. v. 2: Império: a corte e a modernidade nacional. p. 11-93.

ALVES, A.; BATISTA, W. **O bonde de São Januário**. Cyro Monteiro. Rio de Janeiro: Victor, 1940. 1 disco.

AMERICANO, J. **São Paulo naquele tempo (1895-1915)**. São Paulo: Narrativa Um, 2004.

ANDRADE, A. S. de C. **Mulher e trabalho no Brasil dos anos 90**. 156 f. Tese (Doutorado em Economia Aplicada) – Universidade Estadual de Campinas, Campinas, 2004. Disponível em: <http://repositorio.unicamp.br/bitstream/REPOSIP/286472/1/Andrade_AdrianaStrasburgdeCamargo_D.pdf>. Acesso em: 5 maio 2020.

ARIÈS, P. **História social da criança e da família**. Tradução de Dora Flaksman. 2. ed. Rio de Janeiro: Zahar, 1981.

ARIÈS, P. Para uma história da vida privada. In: ARIÈS, P.; DUBY, G.; CHARTIER, R. (Org.). **História da vida privada**. Tradução de Hildegard Feist. São Paulo: Companhia das Letras, 2009. v. 3: Da Renascença ao Século das Luzes. p. 9-20.

ARNOLD, J. H. **History**: a Very Short Introduction. Oxford: Oxford University Press, 2000.

A SAÚDE DA MULHER. **As esposas, as mães e as filhas**. 1924. Propaganda. Disponível em: <http://memoria.bn.br/docreader/DocReader.aspx?bib=089842_03&pagfis=18908>. Acesso em: 14 set. 2020.

ASSIS, J. de. Campeão da favela. **O Bandeirante**, Uberlândia, n. 7, p. 1, 4 set. 1937. Disponível em: <http://memoria.bn.br/DocReader/docreader.aspx?bib=761931&pasta=ano%20193&pesq=favela%20se%20projeta>. Acesso em: 29 abr. 2020.

AU PETIT Trianon. 1872. Propaganda. Disponível em: <http://objdigital.bn.br/objdigital2/acervo_digital/div_iconografia/icon1466259/icon1466259.jpg>. Acesso em: 14 set. 2020.

AZEVEDO, A. **O dote**. Peça de teatro. 1905. Disponível em: <https://www.literaturabrasileira.ufsc.br/documentos/?action=download&id=88451>. Acesso em: 7 jan. 2020.

AZEVEDO, T. de. **As regras do namoro à antiga**. São Paulo: Ática, 1986.

BADINTER, E. **Um amor conquistado**: o mito do amor materno. Tradução de Waltensir Dutra. Rio de Janeiro: Nova Fronteira, 1985.

BAKHTIN, M. **A cultura popular na Idade Média e no Renascimento**: o contexto de François Rabelais. Tradução de Yara Frateschi Vieira. 4. ed. São Paulo: Hucitec; Brasília: Ed. Universidade de Brasília, 1999.

BARBIER, J-M. **Le quotidien et son économie**. Paris: CNRS, 1981.

BARROS FILHO, J. M. **O médico e a criança**: estudos de puericultura e eugenia. São Paulo: Revista dos Tribunais, 1940.

BEAUVOIR, S. de. **A velhice**: a realidade incômoda. Tradução de Heloysa de Lima Dantas. São Paulo: Difel, 1970.

BELMONTE. O campeão da favela. **Diário da Tarde**, Curitiba, p. 5, 27 ago. 1937.

BELMONTE. No quartel, em dia de visita. **Careta**, Rio de Janeiro, ano XVII, n. 823, p. 19, 29 mar. 1924. Disponível em: <http://memoria.bn.br/DocReader/docreader.aspx?bib=083712&pasta=ano%20192&pesq=o%20tuberculoso%20ou%20o%20miser%C3%A1vel&pagfis=32487>. Acesso em: 10 set. 2020.

BENJAMIN, W. Paris, capital do século XIX. In: KOTHE, F. R. (Org.). **Walter Benjamin**. São Paulo: Ática, 1991. p. 30-43.

BILAC, O. Crônica. **Revista Kósmos**, Rio de Janeiro, n. 3, mar. 1904. Disponível em: <http://memoria.bn.br/pdf/146420/per146420_1904_00003.pdf>. Acesso em: 5 maio 2020.

BLUTEAU, R. **Vocabulario portuguez e latino, aulico, anatomico, architectonico, bellico, botânico**. Lisboa: Officina de Pascoal da Sylva, 1728. Disponível em: <https://www.bbm.usp.br/pt-br/dicionarios/vocabulario-portuguez-latino-aulico-anatomico-architectonico/>. Acesso em: 28 abr. 2020.

BOSI, E. **Memória e sociedade**: lembranças de velhos. São Paulo: Companhia das Letras, 2004.

BOURDÉ, G.; MARTIN, H. **As escolas históricas**. Tradução de Ana Rabaça. Lisboa: Europa América, 1990.

BOURDON, J. R. **A intimidade sexual**. Tradução de Odilon Galloti. Rio de Janeiro: Civilização Brasileira, 1935.

BOURDON, J. R. **A intimidade sexual**. Tradução de Odilon Galloti. Rio de Janeiro: Civilização Brasileira, 1958.

BRAUDEL, F. **Civilização material, economia e capitalismo**: séculos XV-XVIII – as estruturas do cotidiano. Tradução de Telma Costa. São Paulo: M. Fontes, 1995. 3 v.

CÂNDIDO, A. Bota abaixo e rua! Com a canalha! **O Malho**, Rio de Janeiro, n. 150, p. 22, 29 jul. 1905. Disponível em: <http://memoria.bn.br/docreader/DocReader.aspx?bib=116300&Pesq=bota+abaixo+e+rua&pagfis=4229>. Acesso em: 11 set. 2020.

CARLOS, J. O talento do Juquinha. **O Tico-Tico**, n. 36, p. 1, 13 jun. 1906. Disponível em: <http://memoria.bn.br/pdf/153079/per153079_1906_00036.pdf>. Acesso em: 10 set. 2020.

CARVALHO, M. P. de. **Uma ideia ilustrada de cidade**: as transformações urbanas no Rio de Janeiro de D. João VI (1808-1821). Rio de Janeiro: Odisseia, 2008.

CERTEAU, M. de. A invenção do cotidiano. Tradução de Ephraim Ferreira Alves. Petrópolis: Vozes, 2008 [1980].

CHAMBERLAIN, H. **Vistas e costumes da cidade e arredores do Rio de Janeiro em 1819-1820**. Tradução de Rubens Borba de Moraes. Rio de Janeiro: Kosmos, 1943. (Coleção de Temas Brasileiros, v. 1). Disponível em: <https://www2.senado.leg.br/bdsf/handle/id/227375>. Acesso em: 29 abr. 2020.

COBRA, E. N. **Virgindade inútil e anti-higiênica**: novela libelística contra a sensualidade egoísta dos homens. Edição do autor. Rio de Janeiro: [s.n.], 1932.

COLLIER, M.; MANLEY, B. **How to Read Egyptian Hieroglyphs**. Los Angeles: University of California Press, 1998.

COMPANHIA FORÇA E LUZ DO PARANÁ. **Sem fumaça e sem cansaço**... 1937. Propaganda.

CONGRESSO DE HABITAÇÃO EM SÃO PAULO, 1., 1931, **Anais**... São Paulo: Escolas Profissionais do Liceu Coração de Jesus, 1931.

CORREIO PAULISTANO. São Paulo, p. 4, 6 ago. 1862. Disponível em: <http://memoria.bn.br/docreader/DocReader.aspx?bib=090972_02&pagfis=7020>. Acesso em: 14 set. 2020.

COSTA, J. F. **Ordem médica e norma familiar**. 2. ed. Rio de Janeiro: Graal, 1983.

DEBAY, A. **Hygiène et physiologie du mariage**. Paris: E. Dentu, 1862.

DEBRET, J-B. **Viagem pitoresca e histórica ao Brasil**. Tradução de Sérgio Milliet. São Paulo: Edusp, 1978.

DEBRET, J-B. **Viagem pitoresca e histórica ao Brasil**. Tradução de Sérgio Milliet. Belo Horizonte: Itatiaia, 1989.

DEBRET, J-B. **Voyage pittoresque et historique au Brésil**. Paris: Firmin Didot Frères, 1839. v. 3. Disponível em: <https://digital.bbm.usp.br/handle/bbm/4716>. Acesso em: 5 maio 2020.

DECCA, M. A. G. **A vida fora das fábricas**: cotidiano operário em São Paulo – 1920-1934. Rio de Janeiro: Paz e Terra, 1987.

DIZEM os jornais da Corte. **O Globo**, Rio de Janeiro, p. 4, 16 dez. 1882.

DUBY, G. Prefácio. In: VEYNE, P. (Org.). **História da vida privada**. Tradução de Hildegard Feist. São Paulo: Companhia das Letras, 2009. v. 1: do Império Romano ao ano mil. p. 7-10.

DUDGEON, J. The Small Feet of Chinese Women. **Chinese Recorder and Missionary Journal**, Shangai, n. 2, p. 93-96, 1869. Disponível em: <http://chnm.gmu.edu/wwh/p/62.html>. Acesso em: 7 jan. 2020.

DUPONT, F. **Daily Life in Ancient Rome**. Cambridge: Blackwell, 1993.

ELE ELA, n. 24, p. 44, 63, abr. 1971.

ELIAS, N. **O processo civilizador**. Tradução de Ruy Jungman. 2. ed. Rio de Janeiro: J. Zahar, 2011. v. 1: Uma história dos costumes.

ELIAS, N. Zum Begriff des Alltags. In: HAMMERICH, K.; KLEIN, M. **Materialien zur Soziologie des Alltags**. Opladen: Westdeutscher Verlag, 1978. p. 22-29.

ELLIS, A. **Arte e ciência do amor**: a felicidade através do sexo sadio e sem inibições. Tradução de Isabel Paquet de Araripe. São Paulo: Record, 1966.

ELOLA, J. Rebelião contra as redes sociais. **El País**, 19 fev. 2018. Disponível em: <https://brasil.elpais.com/brasil/2018/02/16/tecnologia/1518803440_033920.html>. Acesso em: 7 jan. 2020.

ESCARRADEIRA Hygéa. 1926. Propaganda. Disponível em: <http://objdigital.bn.br/acervo_digital/div_periodicos/fonfon/fonfon_1926/fonfon_1926_019.pdf>. Acesso em: 14 set. 2020.

ESCOLA Doméstica. 1916. Propaganda. In: ESTEVES, A. (Ed.). Almanach de Juiz de Fora. Juiz de Fora: Typ. Commercial, 1916. p. 298.

ESTACHESKI, D. de L. T. Da promessa ao processo: crimes de defloramento em Castro (1890-1916). In: SIMPÓSIO SOBRE ESTUDOS DE GÊNERO E POLÍTICAS PÚBLICAS, 1., 2010, Londrina. **Anais**... Londrina: Ed. da UEL, 2010. Disponível em: <http://www.uel.br/eventos/gpp/pages/arquivos/2.Dulceli.pdf>. Acesso em: 5 maio 2020.

É ÚTIL saber. **Gazeta de Notícias**, Rio de Janeiro, p. 2, 23 maio 1883.

EVANS-PRITCHARD, E. E. **Los Nuer**. 2. ed. Barcelona: Anagrama, 1992.

FIRTH, R. **Nós, os Tikopias**. Tradução de Mary Amazonas Leite de Barros e Geraldo Gerson de Souza. São Paulo: Edusp, 1998.

FONTOURA, A. **Pedagogia da sexualidade e relações de gênero**: os manuais sexuais no Brasil (1865-1980). 324 f. Tese (Doutorado em História) – Universidade Federal do Paraná, Curitiba, 2019. Disponível em: <https://www.prppg.ufpr.br/siga/visitante/trabalhoConclusaoWS?idpessoal=2724&idprograma=40001016009P0&anobase=2019&idtc=127>. Acesso em: 24 set. 2020.

FONTOURA, A. **Teoria da história**. Curitiba: InterSaberes, 2016a.

FONTOURA, A. **Teorias da história**. Lapa: Fael, 2016b.

FOREL, A. **A questão sexual**. Rio de Janeiro: Civilização Brasileira, 1928.

FOREL, A. **A questão sexual**. 10. ed. Rio de Janeiro: Civilização Brasileira, 1957.

FOUCAULT, M. **História da sexualidade**. Tradução de Maria Thereza da Costa Albuquerque e J. A. Guilhon Albuquerque. Rio de Janeiro: Graal, 1988. v. 1: A vontade de saber.

FREYRE, G. **Açúcar**: uma sociologia do doce, com receitas de bolos e doces do nordeste do Brasil. São Paulo: Global, 2007.

FREYRE, G. **Casa grande & senzala**. Rio de Janeiro: Record, 2001.

FREYRE, G. **Nordeste**: aspectos da influência da cana sobre a vida e a paisagem do nordeste do Brasil. 2. ed. Rio de Janeiro: J. Olympio, 1951.

GARRITY, J. **A mulher sensual**. Tradução de Mario Fabricio. Rio de Janeiro: Artenova, 1970.

GAZETA DA TARDE. Rio de Janeiro, ano I, n. 3, 13 jul. 1880. Disponível em: <http://memoria.bn.br/DocReader/DocReader.aspx?bib=226688&Pesq=preto%20Izidro&pagfis=12>. Acesso em: 9 set. 2020.

GELLIUS, A. C. **The Attic Nights**. London: Heinemann, 1927. (Loeb Classical Library, v. II).

GINZBURG, C. **O queijo e os vermes**: o cotidiano e as ideias de um moleiro perseguido pela inquisição. Tradução de Maria Betânia Amoroso e José Paulo Paes. São Paulo: Companhia das Letras, 2006.

GOFFMAN, E. **Representação do eu na vida cotidiana**. Tradução de Maria Célia Santos Raposo. 19. ed. Rio de Janeiro: Vozes, 2013.

GRUPO de estudos sobre a ditadura. **Cartas enviadas à censura 3**, p. 31. Disponível em: <http://www.gedm.ifcs.ufrj.br/documentos_lista.php?page=2&ncat=24>. Acesso em: 9 set. 2014.

HABITAÇÕES. **A Plebe**, São Paulo, p. 1, 14 maio 1927.

HALID, H. **The Diary of a Turk**. London: Adam and Charles Black, 1903. Disponível em: <http://www.gutenberg.org/files/50048/50048-h/50048-h.htm>. Acesso em: 28 abr. 2020.

HARDWICK, J. Sex and the (Seventeenth-Century) City: a Research Note towards a Long History of Leisure. **Leisure Studies**, v. 27, n. 4, p. 459-466, 14 Oct. 2008.

HELLER, A. **O cotidiano e a história**. Tradução de Carlos Nelson Coutinho e Leandro Konder. São Paulo: Paz e Terra, 1992.

HELLER, A. **Renaissance Man**. London: Routledge, 1978.

HIGINO. Coritiba. **O Paraná**, Curitiba, ano 4, n. 36, p. 2, 15 jun. 1910. Disponível em: <http://memoria.bn.br/DocReader/DocReader.aspx?bib=351814&pesq=era%20a%20mesma%20matutinha&pasta=ano%20191>. Acesso em: 26 abr. 2020.

HOLANDA, S. B. de. **Caminhos e fronteiras**. Rio de Janeiro: J. Olympio, 1957.

HORNE, C. F. **The Sacred Books and Early Literature of the East**. New York: Parke, Austin, & Lipscomb, 1917. v. II: Egypt. Disponível em: <https://archive.org/details/sacredbooksearly02hornuoft/page/n7/mode/2up>. Acesso em: 26 abr. 2020.

HOTEL Central. 1882. Propaganda. In: CARDOSO, J. A. dos S. (Org.). **Guia das cidades do Rio de Janeiro e Nictherohy para 1883**. Rio de Janeiro: Antonio Maria Coelho da Rocha, 1882. p. 396. Disponível em: <http://memoria.bn.br/pdf/707465/per707465_1882_00001.pdf>. Acesso em: 14 set. 2020.

HUNT, A. S.; EDGAR, C. C. **Select Papyri**: Non-Literary Papyri – Public Documents. London: Heinemann, 1934. (Loeb Classical Library, v. II).

IBGE – Instituto Brasileiro de Geografia e Estatística. **População do Rio de Janeiro**: 1799-1900. Disponível em: <https://biblioteca.ibge.gov.br/visualizacao/monografias/GEBIS%20-%20RJ/RJ1799_1900.pdf>. Acesso em: 7 jan. 2020.

IBGE – Instituto Brasileiro de Geografia e Estatística. **Sinopse do censo demográfico 2010**. Rio de Janeiro, 2010. Disponível em: <https://censo2010.ibge.gov.br/sinopse/index.php?dados=6&uf=00>. Acesso em: 7 jan. 2020.

JORGE, J. G. de A. **Os mais belos sonetos que o amor inspirou**. Rio de Janeiro: Vecchi, 1965.

JOSÉ, O. Uma vida só (pare de tomar a pílula). In: JOSÉ, O. **Odair José ao vivo**. São Paulo: Universal Music, 1999. Faixa 10.

JOURDAIN, E.; MOBERLY, C. **An Adventure**. London: Macmillan, 1913.

KAHN, F. **A nossa vida sexual**. Rio de Janeiro: Civilização Brasileira, [1940] 1960.

KELLEY, D. R. (Ed.). **Versions of History**: from Antiquity to the Enlightenment. New Haven: Yale University Press, 1991.

KONDER, L. **A poesia de Brecht e a história**. Rio de Janeiro: Zahar, 1996.

KRAFFT-EBING, R. von. **Psychopathia Sexualis**. New York: Physicians and Surgeons Book Company, 1906.

LADURIE, E. L. R. **Montaillou**: cátaros e católicos em uma aldeia francesa – 1294-1324. Lisboa: Edições 70, 1983.

LADURIE, E. L. R. **The Territory of the Historian**. Chicago: University of Chicago Press, 1979.

LAPLANTINE, F. **Aprender antropologia**. Tradução de Marie-Agnès Chauvel. São Paulo: Brasiliense, 2000.

LEFEBVRE, H. **Critique de la vie quotidienne**. França: Grasset, 1947.

LEFEBVRE, H. **Critique of Everyday Life**. London: Verso, 1991. v. 1.

LE GOFF, J. A história do cotidiano. In: LE GOFF, J. et. al. **História e nova história**. Lisboa: Teorema, 1986. p. 73-82.

LEÔNIDAS. Os passageiros de 3ª classe nos paquetes do Lloyd. **O Malho**, Rio de Janeiro, ano X, n. 471, p. 28, 23 set. 1911. Disponível em: <http://memoria.bn.br/DocReader/DocReader.aspx?bib=116300&PagFis=19808&Pesq=A%20carne%20seca%20sem%20lavar&pagfis=19781>. Acesso em: 11 set. 2020.

LEVI, G. **A herança imaterial**: trajetória de um exorcista no Piemonte do século XVII. Tradução de Cynthia Marques de Oliveira. Rio de Janeiro: Civilização Brasileira, 2000.

LEVI, P. **É isto um homem?** Tradução de Luigi Del Re. Rio de Janeiro: Rocco, 1988.

LIBRARY OF CONGRESS. **A high caste lady's dainty "lily feet"**: showing method of deformity (shoe worn on great toe only) – China. Digital file from original. Disponível em: <http://loc.gov/pictures/resource/stereo.1s19819/>. Disponível em: 1º set. 2020.

LIBRARY OF CONGRESS. **Woman with bound feet reclining on chaise lounge, China**. China, None. [Between 1890 and 1923] [Photograph]. Disponível em: <https://www.loc.gov/item/2001705601/>. Acesso em: 1º set. 2020.

LIMA, E. C. de. De documentos etnográficos a documentos históricos: a segunda vida dos registros sobre os Xetá (Paraná, Brasil). **Sociologia & Antropologia**, Rio de Janeiro, v. 8, n. 2, p. 571-597, maio/ago. 2018. Disponível em: <http://www.scielo.br/pdf/sant/v8n2/2238-3875-sant-08-02-0571.pdf>. Acesso em: 28 abr. 2020.

LOMBROSO, C.; FERRERO, G. **La donna delinquente**: la prostituta e la donna normale. Turim: Editori L. Roux e C., 1893. Disponível em: <https://archive.org/details/b28066716/page/n5/mode/2up>. Acesso em: 6 maio 2020.

LOMBROSO, C.; FERRERO, G. **The Female Offender**. New York: Appleton & Company, 1915. Disponível em: <https://babel.hathitrust.org/cgi/pt?id=mdp.39015005273423&view=1up&seq=113>. Acesso em: 24 set. 2020.

LÜDTKE, A. Introduction. In: LÜDTKE, A. (Org.). **The History of Everyday Life**: Reconstructing Historical Experiences and Ways of Life. Princeton: Princeton University Press, 1995. p. 3-40.

MACDONALD, F. **Como seria sua vida na Grécia Antiga?** Tradução de Maria de Fátima S. M. Marques. São Paulo: Scipione, 1996a.

MACDONALD, F. **Como seria sua vida na Idade Média?** Tradução de Maria de Fátima S. M. Marques. São Paulo: Scipione, 1996b.

MACEDO, J. M. de. **Lições de História do Brasil**. Rio de janeiro: H. Garnier, 1907. Disponível em: <http://lemad.fflch.usp.br/sites/lemad.fflch.usp.br/files/lemad_dh_usp_historia%20do%20brasil_joaquim%20manoel%20de%20macedo_0.pdf>. Acesso em: 31 ago. 2020.

MACINTYRE, S.; MAIGUASHCA, J.; PÓK, A. (Ed.). **The Oxford History of Historical Writing**. Oxford: Oxford University Press, 2011. v. 4: 1800-1945.

MAIA, C. de J. **A invenção da solteirona**: conjugalidade moderna e terror moral – Minas Gerais (1890-1948). 302 f. Tese (Doutorado em História) – Universidade de Brasília, Brasília, 2007. Disponível em: <https://repositorio.unb.br/bitstream/10482/2331/1/2007_ClaudiadeJesusMaia.PDF>. Acesso em: 26 abr. 2020.

MAIS VALE prevenir que remediar. **Fon Fon**, Rio de Janeiro, n. 39, p. 69, 29 set. 1928. Disponível em: <http://memoria.bn.br/DocReader/docreader.aspx?bib=259063&pasta=ano%20192&pesq=prevenir%20do%20que%20remediar&pagfis=66314>. Acesso em: 26 abr. 2020.

MANDLER, P. **The English National Character**: the History of an Idea from Edmund Burke to Tony Blair. London: Yale University Press, 2006.

MANECO. A escarradeira. **Don Quixote**, Rio de Janeiro, ano 5, n. 199, p. 7, 2 mar. 1921. Disponível em: <https://www2.senado.leg.br/bdsf/handle/id/506563>. Acesso em: 14 set. 2020.

MARANHÃO, J. L. de S. **O que é morte?** São Paulo: Brasiliense, 1998. (Coleção Primeiros Passos, v. 150).

MARROCOS, L. J. dos S. **Memórias e cotidiano do Rio de Janeiro no tempo do rei**. Rio de Janeiro, Fundação Biblioteca Nacional, 21 jul. 1811. Disponível em <http://objdigital.bn.br/Acervo_Digital/livros_eletronicos/memorias%20do%20rio%20de%20janeiro.pdf>. Acesso em: 7 jan. 2020.

MARTINS, A. P. V. **Visões do feminino**: a medicina da mulher nos séculos XIX e XX. Rio de Janeiro: Fiocruz, 2004.

MÉDICOS do Rio denunciam a ação da Bemfam. **Folha de S. Paulo**, p. 6, 24 maio 1977. Disponível em: <https://acervo.folha.com.br/leitor.do?numero=6225&anchor=4317077&origem=busca&pd=f85891b61ea84e75a86884b886d8b8b9>. Acesso em: 26 abr. 2020.

MELLO, J. P. de. **Considerações acerca da educação física dos meninos**. Tese (Doutorado em Medicina) – Faculdade de Medicina, Rio de Janeiro, 1841.

MESBLA. **Vitaminas até a última gota**. 1946. Propaganda. Disponível em: <http://memoria.bn.br/docreader/DocReader.aspx?bib=259063&pagfis=119344>. Acesso em: 14 set. 2020.

MINOIS, G. **História da velhice no Ocidente**: da Antiguidade ao Renascimento. Lisboa: Teorema, 1999.

MONTAIGNE, M. de. **Os ensaios**: uma seleção. Tradução de Rosa Freire D'Aguiar. São Paulo: Companhia das Letras, 2010.

MORTIMER, I. The Historian as Time Traveller. **History Today**, London, v. 58, n. 10, Oct. 2008a. Disponível em: <https://www.historytoday.com/archive/historian-time-traveller>. Acesso em: 7 jan. 2020.

MORTIMER, I. **The Time Traveler's Guide to Medieval England**: a Handbook for Visitors to the Fourteenth. London: The Bodley Head, 2008b.

NAZZARI, M. **O desaparecimento do dote**: mulheres, famílias e mudança social em São Paulo, Brasil, 1600-1900. Tradução de Lólio Lourenço de Oliveira. São Paulo: Companhia das Letras, 2001.

NOVAIS, F. A. Prefácio. In: NOVAIS, F. A.; SOUZA, L. de M. e. (Org.). **História da vida privada no Brasil**. São Paulo: Companhia das Letras, 2009. v. 1: Cotidiano e vida privada na América portuguesa. p. 4-8.

O FOOTING. **Fon-Fon**, Rio de Janeiro, ano VII, n. 48, p. 53, 29 nov. 1913. Disponível em: <http://objdigital.bn.br/acervo_digital/div_periodicos/fonfon/fonfon_1913/fonfon_1913_048.pdf>. Acesso em: 14 set. 2020.

OLIVEIRA, F. de. Oração junto ao berço. **O Cruzeiro**, Rio de Janeiro, n. 52, p. 34, 10 out. 1953. Disponível em: <http://memoria.bn.br/DocReader/DocReader.aspx?bib=003581&pesq=%22ora%C3%A7%C3%A3o%20junto%20ao%20ber%C3%A7o%22&pasta=ano%20195&pagfis=88319>. Acesso em: 26 abr. 2020.

PACHECO. **Dar vinte anos a quem já conta cinquenta puxados. 1872**. Propaganda. Disponível em: <http://objdigital.bn.br/objdigital2/acervo_digital/div_iconografia/icon1466259/icon1466259.jpg>. Acesso em: 14 set. 2020.

PLINY, THE ELDER. **The Natural History**. London: Taylor and Francis, 1855. v. VII. Disponível em: <http://www.perseus.tufts.edu/hopper/text?doc=Perseus%3Atext%3A1999.02.0137%3Abook%3D7%3Achapter%3D54#note10>. Acesso em: 24 abr. 2020.

PLINY, THE YOUNGER. **Letters and Panegyricus**. London: Heinemann, 1969. (Loeb Classical Library, v. I).

PLUMMER, K. Sexual Diversity: a Sociological Perspective. In: HOWELLS, K. (Ed.). **The Psychology of Sexual Diversity**. Oxford: Basil Blackwell, 1984. p. 219-253.

PRIORE, M. del. **Festas e utopias no Brasil colonial**. 2. ed. São Paulo: Brasiliense, 2000.

PRIORE, M. del. História do cotidiano e da vida privada. In: CARDOSO, C. F.; VAINFAS, R. (Org.). **Domínios da história**: ensaios de teoria e metodologia. São Paulo: Campus, 1997a. p. 259-274.

PRIORE, M. del. Ritos da vida privada. In: NOVAIS, F.; SOUZA, L. de M. e. (Org.). **História da vida privada no Brasil**. São Paulo: Companhia das Letras, 1997b. v. 1: Cotidiano e vida privada na América portuguesa. p. 276-330.

PSEUDO-ARISTÓTELES. **A obra-prima de Aristóteles**. Amazon, 2017. E-book.

RAGO, M. **Do cabaré ao lar**: a utopia da cidade disciplinar e a resistência anarquista – Brasil, 1890-1930. Rio de Janeiro: Paz e Terra, 1985.

REIS, J. J. **A morte é uma festa**: ritos fúnebres e revolta popular no Brasil do século XIX. São Paulo: Companhia das Letras, 1991.

REUBEN, D. **Tudo o que você queria saber sobre sexo, mas tinha medo de perguntar**. Tradução de Miécio Araújo J. Honkis. Rio de Janeiro: Record, [1969] 1971.

RIBAIXINHO. Os lenços. **Careta**, Rio de Janeiro, n. 784, p. 33, 30 jun. 1923. Disponível em: <http://memoria.bn.br/DocReader/docreader.aspx?bib=083712&pasta=ano%20192&pesq=o%20tuberculoso%20ou%20o%20miser%C3%A1vel>. Acesso em: 26 abr. 2020.

RIBEIRO, J. A. A. **Manual da parteira**. Fortaleza: [s.n.], 1861. Disponível em: <https://archive.org/details/67340390R.nlm.nih.gov/mode/2up>. Acesso em: 26 abr. 2020.

RIO, J. do. **A alma encantadora das ruas**. Rio de Janeiro: Ministério da Cultura/Fundação Biblioteca Nacional, 1908. Disponível em: <http://objdigital.bn.br/Acervo_Digital/livros_eletronicos/alma_encantadora_das_ruas.pdf>. Acesso em: 24 abr. 2020.

ROCHA, J. M. **Cartilha das mães**. 7. ed. Rio de Janeiro: Civilização Brasileira, 1939.

ROSA, F. F. da. **O lupanar**: estudo sobre o caftismo e a prostituição no Rio de Janeiro. Rio de Janeiro: [s.n.], 1906.

SALVADOR, V. do. **História do Brasil**. 20 dez. 1627. Disponível em <http://www.educadores.diaadia.pr.gov.br/arquivos/File/2010/sugestao_leitura/2011/historia/4vicente_salvador.pdf>. Acesso em: 7 jan. 2020.

SANTOS, C. R. A. dos. A alimentação e seu lugar na história: os tempos da memória gustativa. **História: Questões & Debates**, Curitiba, n. 42, p. 11-31, 2005. Disponível em: <https://revistas.ufpr.br/historia/article/view/4643/3797>. Acesso em: 24 abr. 2020.

SANTOS, C. R. A. dos. **História da alimentação no Paraná**. Curitiba: Juruá, 2005.

SANTOS, T. M. **Brasil, minha pátria**. Rio de Janeiro: Agir, 1967. Livro III. Disponível em: <http://lemad.fflch.usp.br/sites/lemad.fflch.usp.br/files/2018-06/brasil_minha_patria_1967.pdf>. Acesso em: 28 abr. 2020.

SEBADELHE, Z. O. Origens. In: MELLO, P. T. de; SEBADELHE, Z. O. (Org.). **Memória afetiva do botequim carioca**. Rio de Janeiro: J. Olympio, 2015. p. 39.

SEVCENKO, N. A capital irradiante: técnica, ritmos e ritos do Rio. In: NOVAIS, F. A.; SEVCENKO, N. (Org.). **História da vida privada no Brasil**. São Paulo: Companhia das Letras, 1998. v. 3: República: da Belle Époque à era do rádio. p. 513-619.

SILVA, L. R. F. Da velhice à terceira idade: o percurso histórico das identidades atreladas ao processo de envelhecimento. **História, Ciências, Saúde – Manguinhos**, Rio de Janeiro, v. 15, n. 1, p. 155-168, jan./mar. 2008. Disponível em: <https://www.scielo.br/pdf/hcsm/v15n1/09.pdf>. Acesso em: 1º set. 2020.

SORANUS. **Gynecology**. Baltimore: John Hopkings University, 1956.

SOUSTELLE, J. **Daily Life of the Aztecs**: on the Eve of the Spanish Conquest. Redwood City: Stanford University Press, 1970.

STEEGE, P. et al. The History of Everyday Life: a Second Chapter. **The Journal of Modern History**, v. 80, n. 2, p. 358-378, June 2008.

STONE, L. O ressurgimento da narrativa: reflexões sobre uma nova velha história. **Revista da Universidade de Campinas**, Campinas, v. 2, n. 3, p. 13-46, 1991.

STUDART, H.; CUNHA, W. **A primeira vez... à brasileira**. Rio de Janeiro: Nosso Tempo, 1977.

SUICÍDIO. **Gazeta de Notícias**, Rio de Janeiro, n. 6, p. 1, 6 jan. 1885. Disponível em: <http://memoria.bn.br/DocReader/docreader.aspx?bib=103730_02&pasta=ano%20188&pesq=%22cama%20de%20ferro,%20com%20colch%C3%A3o,%20uma%20mesa%22>. Acesso em: 24 abr. 2020.

TAYLOR, C. A Tale of Two Cities: the Effectiveness of Ancient and Medieval Sanitation Methods. In: MITCHELL, P. D. (Ed.). **Sanitation, Latrines and Intestinal Parasites in Past Populations**. New York: Routledge, 2015. p. 69-98.

THE TIMES. p. 3, col. B, 18 July 1797.

THOMAS, K. Work and Leisure in Pre-Industrial Society. **Past and Present**, v. 29, p. 50-66, Dec. 1964.

THOMPSON, E. P. **A formação da classe operária inglesa**. Tradução de Renato Busatto Neto e Cláudia Rocha de Almeida. Rio de Janeiro: Paz e Terra, 1987.

THOMPSON, E. P. **Costumes em comum**: estudos sobre a cultura popular tradicional. Tradução de Rosaura Eichenberg. São Paulo: Companhia das Letras, 1998.

THOMPSON, E. P. History from Below. **The Times**, Literary Supplement, p. 279, 7 abr. 1966.

TRILUSSA. **Versos de Trilussa**. Tradução de Paulo Duarte. São Paulo: Marcus Pereira, 1973.

TUBERCULOSE a maior doença. **Revista da Semana**, Rio de Janeiro, n. 14, p. 40, 31 mar. 1923. Disponível em: <http://memoria.bn.br/pdf/025909/per025909_1923_00014.pdf>. Acesso em: 28 abr. 2020.

UCHARD. **Segredos do leito conjugal**. São Paulo: Magalhães, 1910.

VAINFAS, R. História da vida privada: dilemas, paradigmas, escalas. **Anais do Museu Paulista**, São Paulo, v. 4, p. 9-27, jan./dez. 1996. Disponível em: <https://www.scielo.br/pdf/anaismp/v4n1/a02v4n1.pdf>. Acesso em: 24 abr. 2020.

VEJA. São Paulo: Abril, n. 10, p. 3, 13 nov. 1968. Disponível em: <https://acervo.veja.abril.com.br/#/edition/34546?page=2&section=1>. Acesso em: 26 abr. 2020.

VELDE, Th. H. van de. **O matrimônio perfeito**. Tradução do Dr. Pedro Gouvêa Filho. Rio de Janeiro: Civilização Brasileira, 1957.

VIEIRA, G. N. **Amor, sexo e erotismo**. São Paulo: Casa Publicadora Brasileira, 1978.

VOLTAIRE. **Essai sur les mœurs**. Paris: Garnier, 1878.

WALITA Eletrodomésticos. **Revista Seleções**, São Paulo, p. 32, nov. 1950.

WELLCOME COLLECTION. **Egypt, Contract**. Disponível em: <https://wellcomecollection.org/works/dzj78q5e>. Acesso em: 7 jan. 2020.

Bibliografia comentada

ARIÈS, P.; DUBY, G. (Dir.). **História da vida privada**. Tradução de Hildegard Feist. São Paulo: Companhia das Letras, 2009. v. 1-5.

Trata-se de uma coleção em cinco volumes que difundiu, entre historiadores e historiadoras, as pesquisas históricas ligadas à vida privada. Abordando desde a Antiguidade até a Contemporaneidade, procura analisar aspectos do cotidiano com base nos princípios teóricos da escola de Annales. Profundamente influente, trata-se de uma coleção ultrapassada em certos conceitos teóricos, especialmente aqueles referentes à própria definição de privacidade. Apesar disso, seus vários artigos, que formam a coleção, são leitura fundamental para quem pretende se aprofundar nas discussões sobre a historicidade da vida cotidiana em diferentes sociedades e épocas.

ELIAS, N. **O processo civilizador**. Tradução de Ruy Jungman. 2. ed. Rio de Janeiro: Zahar, 2011. v. 1-2.

Obra da década de 1930 em que o autor procura analisar de que maneira se construíram, na Europa, os sentimentos de vergonha e de autocontrole. Seu objetivo não é estudar a construção de práticas e sensações de privacidade em si mesmas, mas sim a participação delas nas próprias mudanças sociais e culturais europeias do período. Importante, ainda, por permitir que se compreenda como as pequenas ações cotidianas, mesmo as banais, participam da configuração da sociedade como um todo.

GINZBURG, C. **O queijo e os vermes**: o cotidiano e as ideias de um moleiro perseguido pela inquisição. Tradução de Maria Betânia Amoroso e José Paulo Paes. São Paulo: Companhia das Letras, 2006.

Clássico da micro-história e uma das mais influentes obras relacionadas ao estudo da vida das chamadas *pessoas comuns* na historiografia. Com base em documentos da Inquisição, procura analisar as singulares ideias de um moleiro italiano do século XVI, construindo um diálogo entre o indivíduo e a sociedade em que vive.

NOVAIS, F. A.; SOUZA, L. de M. e. (Org.). **História da vida privada no Brasil**. São Paulo: Companhia das Letras, 1997. v. 1: Cotidiano e vida privada na América portuguesa.

Trata-se do primeiro volume da coleção que aborda a vida privada dentro do contexto da história do Brasil. É importante tanto por perceber a relação teórica e historiográfica com a coleção francesa que lhe deu origem quanto por reconhecer diferentes aspectos da realidade histórica cotidiana propriamente brasileira. Ainda que algo de seus princípios teóricos e metodológicos tenha sido superado, segue essencial para a compreensão da historicidade do cotidiano nacional.

THOMPSON, E. P. **Costumes em comum**: estudos sobre a cultura popular tradicional. Tradução de Rosaura Eichenberg. São Paulo: Companhia das Letras, 1998.

E. P. Thompson apresenta, nesta obra, uma coleção de estudos fundamentados na história vista de baixo, procurando compreender as ações da população comum dentro de seus respectivos contextos históricos. Discute a realidade dos motins da fome, desenvolve o conceito de economia moral, analisa o costume da venda de esposas, estuda a construção contemporânea do tempo da fábrica, enfim, pesquisa historicamente diferentes elementos que formam o cotidiano popular.

Antonio Fontoura

Respostas

Capítulo 1

1. e
2. d
3. b
4. a
5. a

Capítulo 2

1. a
2. e
3. d
4. a
5. d

Capítulo 3

1. a
2. a
3. e
4. d
5. c

Capítulo 4

1. c
2. b
3. a
4. c
5. e

Capítulo 5

1. e
2. d
3. d
4. c
5. c

Capítulo 6

1. b
2. e
3. b
4. a
5. c

Sobre o autor

Antonio Fontoura é doutor em História pela Universidade Federal do Paraná (UFPR) e professor de História para o ensino superior. É autor de livros didáticos de Estudos Sociais (para o ensino fundamental) e História (para os ensinos fundamental e médio), bem como de jogos educativos digitais em História. É autor, entre outras obras, de *Teoria da história* e *Recursos audiovisuais nas aulas de História*, ambos pela Editora InterSaberes, e *Introdução aos estudos históricos*, pela Editora Fael.

Impressão:
Setembro/2020